日蓮宗と戦国京都

河内将芳
KAWAUCHI Masayoshi

淡交社

日蓮宗大本山 具足山妙顕寺（京都市上京区寺之内通新町西入）

日蓮宗本山 具足山妙覚寺 （上京区新町通鞍馬口下ル）

【京都二十一箇本山】

日蓮宗の教線が大いに伸長した戦国時代の京都では「京都二十一箇本山」とよばれる日蓮宗寺院が勃興した。その二十一ヶ寺、妙顕寺・妙覚寺・本覚寺・本能寺（本䏻寺）・立本寺・妙蓮寺・本隆寺・大妙寺・弘経寺・本国寺（本圀寺）・宝国寺・本禅寺・本満寺・上行院・住本寺・妙満寺・妙泉寺・本法寺・頂妙寺・学養寺・妙伝寺は、世にいう天文法華の乱ですべて焼かれ、そのうち十五ヶ寺が乱後に復興された。現在も京都に寺号をもって所在するところを写真で紹介する。

法華宗本門流大本山 本能寺（中京区寺町通御池下ル）

日蓮宗本山 具足山立本寺（上京区七本松通仁和寺街道上ル）

本門法華宗大本山 卯木山妙蓮寺（上京区寺之内通堀川西入）

法華宗真門流総本山 慧光山本隆寺（上京区智恵光院通五辻上ル）

日蓮宗大本山 大光山本圀寺（山科区御陵大岩）

法華宗陣門流本山 光了山本禅寺（上京区寺町通広小路上ル）

日蓮宗本山 広布山本満寺（上京区寺町通今出川上ル）

日蓮本宗本山 多宝富士山要法寺（左京区新高倉通孫橋上ル）

顕本法華宗総本山 妙塔山妙満寺（左京区岩倉幡枝町）

日蓮宗本山 叡昌山本法寺（上京区小川通寺之内上ル）

日蓮宗本山 聞法山頂妙寺 （左京区仁王門通川端東入）

日蓮宗本山 法鏡山妙伝寺 （左京区東大路通二条下ル）

日蓮宗と戦国京都

日蓮宗と戦国京都◆目次

はじめに

天正《てんしょう》十年（一五八二）六月二日の早朝、織田信長は京都の本能寺《ほんのうじ》で明智光秀の軍勢におそわれ、その命を落とすことになる。いわゆる本能寺の変である。それからまもなくして明智勢は、本能寺からほど近くにあった妙覚寺《みょうかくじ》も攻撃することになるが、このことについては、ドラマや小説でもとりあげられることが少ないため、思いのほか知られていない。

それでは、なぜこのとき明智勢は妙覚寺を攻撃したのか、といえば、それは、妙覚寺に信長の後嗣《こうし》（あとつぎ）である織田信忠《のぶただ》が寄宿していたためであった。つまり、信長の命をうばった明智勢は、信忠の命もうばおうとしたわけだが、実際には、信忠は妙覚寺から東隣にあった「下御所《しもごしょ》」（二条屋敷）へ「取り籠《こ》もり」、そこで「打ち死に」して果てたことが、公家の山科言経《やましなときつね》の日記『言経卿記《ときつねきょうき》』六月二日条などから読みとれる。

また、同じく公家の吉田兼見《よしだかねみ》の日記『兼見卿記《かねみきょうき》』同日条には、「本応《(能)》寺・二条御殿など放火」とみえるので、本能寺や下御所（二条屋敷・二条御殿）には火がかけられたこともわかる。逆に、妙覚寺は焼けなかったこともここからはうかがえるわけだが、しかしながら、そもそも信長や信忠は、なぜ本能寺や妙覚寺にいたのであろうか。

本能寺の変については、研究者もふくめ関心が高いことはよく知られている。それに対して、このようなもっとも基本的なことがらについては、これまで議論が重ねられてきたとはいいがたい。実際、本能寺や妙覚寺が寺院であることは知っていても、いったい何宗の寺院であるのかまで知っている人というのはそれほど多くはないのではないだろうか。

現在の宗派名でいえば、本能寺は法華宗（法華宗本門流《ほんもんりゅう》）の寺院、妙覚寺は日蓮宗の寺院となるが、もっとも、当時の史料のうえでは、かならずしも区別されておらず、「法華宗」とも「日蓮宗」とも出てくる。しかしながら、のちにもふれる門流《もんりゅう》とよばれる流派の違いは当時からすでに存在していたので（本能寺は日隆門流《にちりゅうもんりゅう》、妙覚寺は四条門流《しじょうもんりゅう》）、ともに鎌倉時代の僧侶日蓮を宗祖といただきつつも、宗派としては、当時においても違いがみられたといえよう。

このようなことからもわかるように、本能寺の変を考えていくにあたっても、この時期の京都における法華宗や日蓮宗の歴史をかえりみることなく、その実際に近づくのがむずかしいことはあきらかといえる。本書の目的は、信長の時代をふくめた戦国時代の京都における法華宗や日蓮宗の歴史について、主に古文書や古記録など、できるかぎり当時の人々によって記された史料、すなわち同時代の文献史料でもって歴史を考える歴史学（文献史学）の手法によりみていこうと試みるものである。

もっとも、これまでこのような試みがまったくなされてこなかったというわけではけっしてない。たとえば、中世の日蓮宗全体の歴史については、すでに一九五〇年（昭和二十五）に発表された辻善之《つじぜんの》助《すけ》氏著『日本仏教史　第五巻　中世篇之四』(1)におさめられる「法華宗」という論考が知られているし、また、簡にして要を得た中尾《なかお》堯《たかし》氏著『日蓮宗の歴史—日蓮とその教団—』(2)も知られている。

いっぽう、京都に限定しても、京都市の自治体史として一九六〇年代（昭和三五～四四）末に刊行された『京都の歴史』におさめられる藤井《ふじい》学《まなぶ》氏による「新旧仏教の教線」や「法華一揆と町組」、あるいは「日蓮宗徒の活躍」(3)という一連の論考が、その事実の正確さにおいても、またわかりやすさにおいても基本中の基本というべき先行研究としてよく知られているからである。

しかしながら、藤井氏の論考からでもすでに半世紀近くの年月がたっている。しかも、そのあいだに新たな史料や研究も発見・発表されてきている以上、それらをふまえたものも必要といえよう。そのうえ、近年、戦国時代の法華宗・日蓮宗を鎌倉仏教（鎌倉新仏教）ではなく、「戦国仏教」としてとらえ直していこうという動き(4)もみられることを考えたとき、戦国時代の京都における法華宗や日蓮宗の歴史をあらためてみていく試みもけっして無駄にはならないように思われる。

本書は、以上のようなことを念頭におきつつ、叙述をすすめていこうとするものであるが、そのまえに、藤井氏による論考以降に発見・発表された史料や研究にはどのようなものがあるのかという点についてもふれておくことにしよう。

そこでまず史料のほうからであるが、その代表といえるものが、一九八二年（昭和五十七）に京都の頂妙寺《ちょうみょうじ》で発見された『京都十六本山会合用書類《きょうとじゅうろくほんざんかいごうようしょるい》』とよばれる古文書群となる。そのくわしい内容についてはのちにふれたいと思うが、この史料の発見によって、これまで知られてこなかった戦国時代から信長・秀吉の時代にかけての京都の法華宗・日蓮宗全体の動きがかなり具体的にあきらかとなってきたからである。

この古文書群を発見した中尾堯[5]氏や古川元也《ふるかわもとや》[6]氏らによる研究がその代表といえようが、著者もまた、そのうしろすがたを追いかけつつ検討を重ねてきたので、その内容（『中世京都の民衆と社会』『中世京都の都市と宗教』[7]）についても本書では紹介していくこととなろう。

ついで、研究そのものについては、京都の門流に関する糸久宝賢《いとひさほうけん》氏の研究やいわゆる天文法華《てんぶんほっけ》の乱・法華一揆の再検討が一九八〇年代（昭和五十五〜平成元）以降にすすんだことがあげられる。後者については、西尾和美《にしおかずみ》[8]氏や今谷明《いまたにあきら》[9]氏らの研究がその代表となるが、藤井氏の段階では一体のものと考えられていた、法華宗・日蓮宗の信者らによって組織された法華一揆と町《ちょう》や町組《ちょうぐみ》などといった都市自治組織とが異質なものであるということがあきらかにされた点は大きな成果といえよう。

さらには、戦国時代の畿内近国を支配したことで知られる三好氏と法華宗・日蓮宗との関係に注目する天野忠幸《あまのただゆき》[10]氏の研究、あるいは京都における法華宗・日蓮宗の動きと関東の教団との動きとを関連づけて検討をすすめる佐藤博信《さとうひろのぶ》[11]氏・都守基一《つもりもとかず》[12]氏・湯浅治久《ゆあさはるひさ》[13]氏らの研究も注目すべきものといえよう。

本書では、おおよそ以上のような点をふまえて、戦国時代京都の法華宗・日蓮宗の歴史をみていきたいと思うが、先にものべたように、その手法は、あくまで歴史学（文献史学）のそれであるため、教義をめぐる議論や思想史などについては基本的にふれることはしない。また、そのような能力もないことをあらかじめことわっておきたいと思う。

さらには、法華宗や日蓮宗の歴史とはいっても、本書では、宗派そのものの歴史というよりも、僧侶や信者（檀徒・信徒）たちによって構成された人間集団（社会集団）としての教団（「衆」や「宗」として史料に出てくる）や寺院というものに注目し、それらが戦国時代の京都という都市社会のなかでどのようなすがたをみせていったのかについてみていきたいと思う。

そのさい、社会におけるその立ち位置を少しでもみえやすくするため、京都に拠点をおいた朝廷（公家）や室町幕府（武家）といった世俗の権力との関係、あるいは、中世京都においてもっとも宗教的な力をおよぼしたことで知られる比叡山延暦寺《ひえいざんえんりゃくじ》といった既存の宗教勢力との関係を意識しつつ、その変化についてもみていきたいと思う。

すでに宗門の立場からの歴史としては、その決定版として知られる『日蓮教団全史　上[14]』が刊行されているが、本書の内容は、あるいは宗門の立場からすれば、違和感をもつようなものになるかもしれない。しかしこれまで先人がそうしてきたように、おのおの立場から言及できるぎりぎりのところをぶつけあうことで、また新たな歴史もうきぼりとなってくるのではないだろうか。本書がそのための捨て石にでもなれれば、さいわいに思う。

なお、ここまで先にのべたような事情から、法華宗と日蓮宗とを併記してきたが、便宜上、ここから後は、どちらかといえば一般の読者にもわかりやすいであろう日蓮宗（宗祖日蓮の宗教を継承する教団全体の意）ということばで統一していくこともことわっておきたいと思う。

それではさっそく第一章へとすすんでいくことにしよう。その第一章では、「京都おおかた題目の巷《ちまた》」（『昔日《せきじつ》北《ほっ》花《か》録《ろく》』）といわれるまでに繁昌の様相をみせるようになる戦国時代の前提ともなる時期、すなわち京都での布教がはじめられた鎌倉時代後期から室町時代のようすについて、やや焦点をしぼりながらみていくことにする。

＊本文のなかで引用する史料（文献史料）については、読みやすさを考えて読みくだしにしている。また、二行以上にわたる長めの史料の引用は、区別がつきやすいよう二文字ほど下げて引用している。ただし、長めの史料を読むのがめんどうだという人もいるかもしれないので、そこを読み飛ばしても文章がつながるようにしておいた。なお、本文中の寺院名については、史料に出てくる表記を優先した。

（1）辻善之助『日本仏教史　第五巻　中世篇之四』（岩波書店、一九五〇年）。
（2）中尾堯『日蓮宗の歴史―日蓮とその教団―』（教育社歴史新書、一九八〇年）。
（3）藤井学「新旧仏教の教線」「法華一揆と町組」（京都市編『京都の歴史3　近世の胎動』学芸書林、一九六八年）、「日蓮宗徒の活躍」（京都市編『京都の歴史4　桃山の開花』学芸書林、一九六九年）。

（4）湯浅治久『戦国仏教―中世社会と日蓮宗―』（中公新書、二〇〇九年）。
（5）中尾堯「寺院共有文書と寺院結合―『京都十六本山会合用書類』をめぐって―」（『日蓮真蹟遺文と寺院文書』吉川弘文館、二〇〇二年、初出は一九九一年）。
（6）古川元也「天正四年の洛中勧進」（『古文書研究』三六号、一九九二年）。
（7）河内将芳『中世京都の民衆と社会』（思文閣出版、二〇〇〇年）、『中世京都の都市と宗教』（思文閣出版、二〇〇六年）。
（8）西尾和美「『町衆』論再検討の試み―天文法華一揆をめぐって―」（『日本史研究』二二九号、一九八一年）。
（9）今谷明『言継卿記―公家社会と町衆文化の接点―』（そしえて、一九八〇年、のちに『戦国時代の貴族―『言継卿記』が描く京都―』講談社学術文庫、二〇〇二年として再刊）、『天文法華の乱―武装する町衆―』（平凡社、一九八九年、のちに『天文法華一揆―武装する町衆―』洋泉社ＭＣ新書、二〇〇九年として再刊）。
（10）天野忠幸『戦国期三好政権の研究』（清文堂出版、二〇一〇年）、「三好氏と戦国期の法華宗教団―永禄の規約をめぐって―」（『市大日本史』一三号、二〇一〇年）。
（11）佐藤博信『中世東国日蓮宗寺院の研究』（東京大学出版会、二〇〇三年）。
（12）都守基一「永禄の規約をめぐる中世日蓮教団の動向」（『興風』一八号、二〇〇六年）。
（13）注（4）、湯浅氏前掲『戦国仏教―中世社会と日蓮宗―』参照。
（14）立正大学日蓮教学研究所編『日蓮教団全史　上』（平楽寺書店、一九六四年）。

【第一章】

題目の巻へ

南北朝・室町時代

1 日像と大覚

日像の書状

日蓮宗は、一般に鎌倉時代にひらかれた鎌倉仏教（鎌倉新仏教）のひとつとしてよく知られている。しかしながら、ほかの鎌倉仏教諸宗派（浄土宗・浄土真宗・時宗・臨済宗・曹洞宗）とは大きく異なる点がみられることについては思いのほか知られていない。それは、宗祖日蓮が唯一の東国出身者であり、それゆえ、その東国社会でうまれ育った宗派であるという点である(1)。

したがって、ほかの宗派とくらべて、もっともおそく京都で布教がはじめられるようになったというのも無理からぬことであった。その京都布教の大役をになったのが、日蓮の弟子、あるいは孫弟子とされる日像《にちぞう》である。

その日像が京都に入り、布教をはじめたのは、鎌倉時代後期の永仁《えいにん》二年（一二九四）四月十四日のこととされている。これは、日像の弟子大覚《だいがく》が七月十九日付けでしたためた書状（手紙）（『妙顕寺文書《みょうけんじもんじょ》』）のなかに「同（永仁）二年四月十四日、寅《とら》の刻《こく》、京着」とみえることによる。

もっとも、この書状には年が記されていない。また、戦国時代に書かれた『与中山浄光院書《なかやまじょうこういんにあたうるのしょ》』には、これとは異なり、日像が布教をはじめたのは、「永仁二年二月十五日」とみえる。時代をへるにつれ、さまざまな異説も登場していたことがここからは知られるが、いずれにしてもこのように、時代をさかのぼればさかのぼるほど、同時代に書かれた史料でもって確定することがむずかしくなるのはやむをえないことといえよう。

日像像（京都市上京区・妙顕寺所蔵）

そのようななか、さいわいにも日像自身がしたためた書状などが、日像によって創立された京都の妙顕寺には多数残されている。現在、それらは、先にみた大覚の書状と同様、『妙顕寺文書』として伝えられているが、それらを一覧表にしてみると表1のようになろう。

これをみてみると、書状の宛所（宛先）すべてが、のちに妙顕寺住持となる弟子の大覚であることにすぐに気がつく。

このことから、これらの文書は、弟子の大覚が大切に保管していたため、『妙顕寺文書』の一部として伝わるようになったことがあきらかとなる。もっとも、そのうちの書状（手紙）については年が記されていない年未詳のものがほとんどとなっている。

しかしそれでも、その内容からおおよそ十四世紀前半、鎌倉時代末期から南北朝時代の日像のようすが自身の書状からうかがえる点では貴重な史料といえよう。

たとえば、そのひとつ、（年未詳）四月十五日付けの日像譲与状案《じょうよじょうあん》（『妙顕寺文書』）という文書をみてみると、そこには、建武《けんむ》元年（一三三四）四月十四日に「日像上人御房《しょうにんごぼう》」に対して出された後醍醐《ごだいご》天皇の綸旨《りんじ》（『妙顕寺文書』）が書き写されていることがわかる。

綸旨とは、天皇の命令をうけて出された文書のことであるが、この綸旨こそ、ときの朝廷（公家）によって「妙顕寺」が「勅願寺《ちょくがんじ》」（天皇の帰依をうけた寺）として「一乗円頓《いちじょうえんどん》の宗旨」をひろめることをみとめられた、宗門[2]ではとりわけ重要な文書として知られているものであった。

この綸旨の原本（現物）も、さいわいなことに『妙顕寺文書』のなかに残されているが、その存在は、永仁二年の入京からかぞえておよそ四十年におよぶ日像の布教活動がひとつの成果を得たことを示すものであったことはまちがいないであろう。

実際、日像の実弟で、鎌倉比企谷《ひきがやつ》の妙本寺《みょうほんじ》住持であった日輪《にちりん》が日像に送った（建武元年）六月十四日付けの書状（『妙顕寺文書』）のなかでも「一乗弘通《いちじょうぐづう》の綸旨」として、ひとときわたたえられていることからもそのことがうかがえるからである。

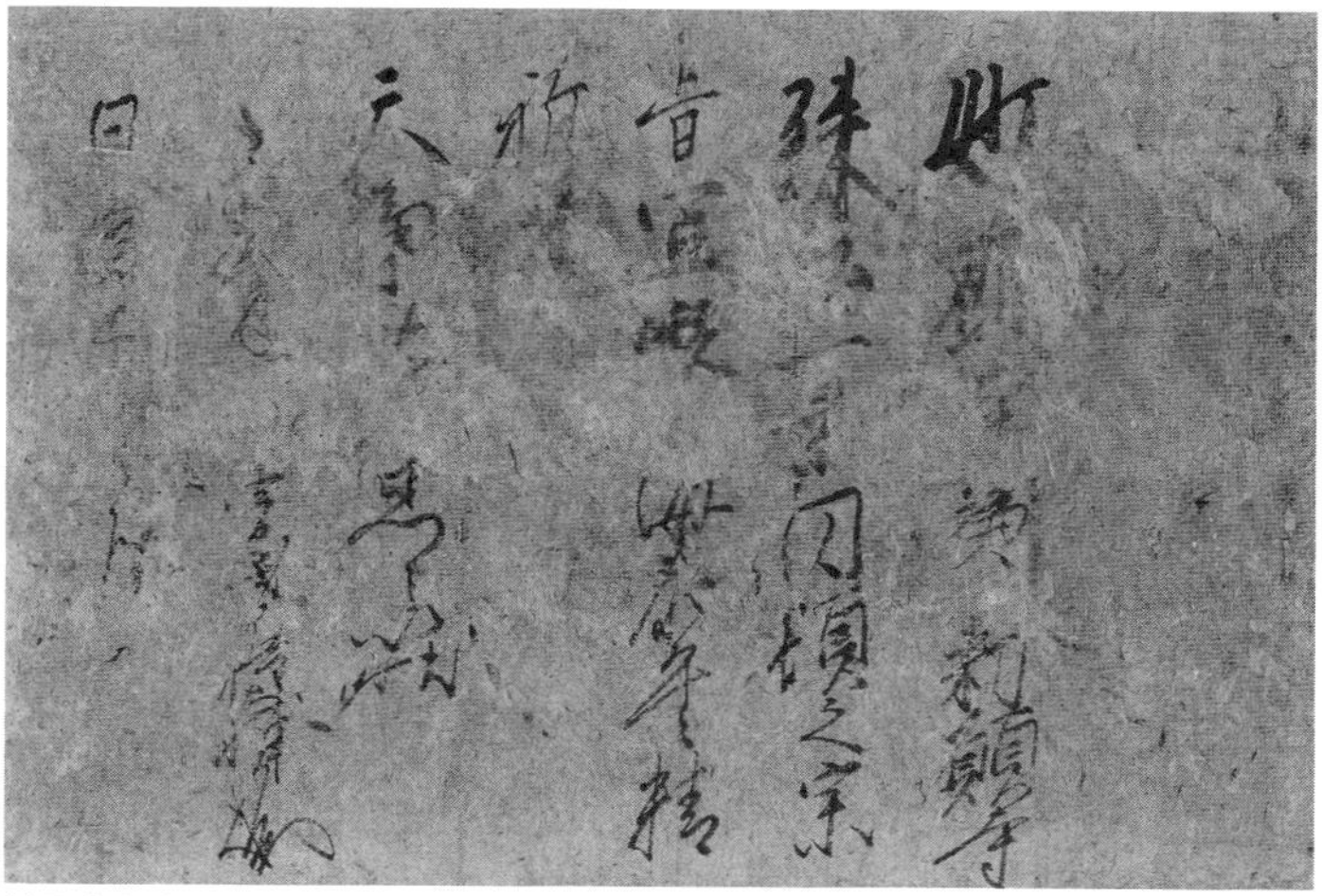

妙顕寺文書　後醍醐天皇綸旨（重文・妙顕寺所蔵）
妙顕寺を勅願寺となし、京都での伝道を認めた文書。

西暦	年月日	文書名	宛所
1309	延慶 2 年 7 月 8 日	日像伝授状案	妙実上人
1334	(年未詳・建武元年ヵ) 4 月 15 日	日像譲与状案	大覚僧都　妙実上人
	(年未詳) 8 月 21 日	日像書状	謹上　大覚僧都御房
	(年未詳) 正月 11 日	日像書状	謹上　大覚僧都御房
	(年未詳) 3 月 11 日	日像書状	謹上　二位権少僧都御房
	(年未詳) 5 月 8 日	日像書状	［欠］
	(年未詳) 後 7 月 5 日	日像書状	謹上　大覚僧都御房
	(年未詳) 8 月 17 日	日像書状	謹上　大覚僧都御房
	(年未詳) 8 月 29 日	日像書状	大覚僧都御房
	(年未詳) 10 月 16 日	日像書状	僧都御房
	(年未詳) 11 月 22 日	日像書状	謹上　大覚僧都御房
	(年未詳) 11 月 27 日	日像書状案	謹上　大覚僧都御房
1340	暦応 3 年 8 月 5 日	日像書状	謹上　大覚僧都御房
1341	(年未詳・暦応 4 年ヵ) 3 月 19 日	日像置文	謹上　大覚僧都御房
1341	暦応 4 年 7 月 24 日	日像定妙顕寺禁制	授与之妙実上人
1341	暦応 4 年 9 月 17 日	日像書状	謹上　僧都御房
1342	康永元年 10 月 26 日	日像書状	僧都御房
1342	康永元年 11 月 8 日	日像譲状案	寺主上人

表 1　日像書状一覧
［注］『妙顕寺文書目録』（文化庁文化財保護部美術工芸課、1992 年）、『妙顕寺文書』二（妙顕寺、2013 年）、東京大学史料編纂所写真帳「妙顕寺文書」も参照とした。

ところで、通常、中世においては、天皇や朝廷など世俗の権力から文書を得るには、それなりのコネクションと費用が必要と考えられている。したがって、京都の政情にはかならずしも精通していなかったであろう東国出身の日像をささえる強力な支援者のすがたもそこにあったとみるのが自然であろう。

弟子、大覚

そこで注目されるのが、日像の弟子となった大覚の存在である。宗門では、その出会いは、鎌倉時代末期の正和《しょうわ》二年（一三一三）、大覚が「十七才」のときであったとされている。しかしながら、これは江戸時代後期に編纂された『龍華秘書《りゅうげひしょ》』に記されていることであり、しかも『妙顕寺文書』には、それをさかのぼること四年前の延慶《えんきょう》二年（一三〇九）七月八日付けで日像が「妙実上人《みょうじつしょうにん》」にあてて出した伝授状案《でんじゅじょうあん》という文書が残されている。

この「妙実上人」が大覚をさすことは、先の（年未詳）四月十五日付けの日像譲与状案に「大覚僧都《そうず》妙実上人」とあることからもあきらかであり、したがって、その出会いは正和二年より前であった可能性のほうが高いであろう。

ここで注目されるのは、大覚の名につけられている「僧都」という僧官《そうかん》である。僧官とは、僧正《そうじょう》・僧都・律師《りっし》など、朝廷から任じられる僧侶の官を意味するが、中世では、僧侶の世界も、世俗の世界と同様、出身身分がそのまま僧侶としての上下関係に反映されていた。
したがって、大覚が若くして僧都に任じられているということは、おのずとその出身身分（おそらく公家階層）が高いことを示しており[3]、おそらく大覚もまた、もともとは天台宗や真言宗といった、いわゆる顕密仏教《けんみつぶっきょう》（旧仏教）の僧侶であったと考えられよう。

大覚像（妙顕寺所蔵）

ここから逆に、「妙実上人」というのが、日蓮宗僧としてあらためてつけられた名であったこともわかるわけだが、ここで問題となるのが、『妙顕寺文書』に残される日像の書状（表1）では、その宛所がことごとく「大覚僧都御房」か「僧都御房」となっている点である。

それはつまり、大覚が日蓮宗僧となって以降も大覚の名と僧都の僧官を表立ってつかっていたことを意味するからである。おそらくは、そのようにしておいたほうが、実家などを通じて世俗の権力との交渉には有利と判断されたためであり、したがって、先の後醍醐天皇綸旨を日像が得ることができたのもまた、やはり大覚の存在があったればこそとみたほうが当時の状況にてらしてみれば、自然なことといえよう。

備前法華

ところで、日像が大覚に送った書状は、おおよそ南北朝時代の建武年間（一三三四〜三八）から暦応《りゃくおう》年間（一三三八〜四二）のものと考えられている。しかしながら、普通に考えても、このふたりが日常的に顔をあわすことができるほどの距離にいたならば、わざわざ書状などをかわす必要はない。ということは、おのずとこの時期、日像と大覚は、おのおの離れたところにいたと考えられよう。

実際、そのうちの一通、（年未詳）八月十七日付けの日像の書状（『妙顕寺文書』）には、「京都の飢饉は、いまだ申すばかりなくそうろう、万事そなたをこそたのみ申しそうらえ、なにもそうらわん物は送りたまうべくそうろう」とみえ、「京都」では「飢饉」がおこっており、日像が「そなた」（大覚）に対してその支援を要請していたことが読みとれる。

ここから逆に、大覚が「京都」以外のところにいたこともあきらかとなるわけだが、それがいったいどこだったのか、といえば、たとえば、（年未詳）三月十一日付けの日像の書状（『妙顕寺文書』）に「松田上洛のとき、用途一結《ようといっけつ》たしかにたまわりそうらいぬ、また野山《のやま》よりの便宜《びんぎ》に用途一結たまわりそうらいぬ」とみえることがその手がかりとなる。

というのも、ここにみえる「松田」や「野山」とは、おのおの備前国（岡山県東南部）の松田氏(4)、備《びっ》中国《ちゅうのくに》（岡山県西部）の野山伊達氏のことと考えられており、京都の日像からの支援要請に対して、備前や備中の有力者から「用途」（銭）が「一結」（千枚）送られてきたということがあきらかとなるからである。当然、大覚もまた備前や備中にいたと考えるのが自然であろう。

大覚といえば、宗門では、いわゆる「備前法華《びぜんほっけ》」をきずいた人物として知られている。また、現在でも岡山県下では大覚によって開創されたという伝承をもつ寺院が二十ヶ所以上あるといわれている。それらの伝承すべてが事実かどうかの判断はむずかしいが、史料からみても、まぎれもなく大覚がある時期、備前・備中（さらには備後《びんご》）に滞在し、京都の日像を支援していたことはまちがいないといえよう。

このように、『妙顕寺文書』に残された日像の書状など、同時代の史料をとおしてみると、大覚は、日像の単なる弟子というよりむしろ、政治的にも、経済的にも、もちろん宗教的にも日像をささえた、かけがえのない存在であったことがわかる。その意味では、大覚が日像の弟子となって以降の京都の日蓮宗は、日像と大覚のいわば二人三脚によってその存在感を確実なものにしていったといえるであろう。

祈禱寺院としての妙顕寺

よく知られているように、宗門では、大覚は「大覚大僧正」として、大僧正という最高の僧官をつ

宛所	住持	備考（内容抄出）
日像上人御房	日像	勅願寺　一乗円頓之宗旨
妙顕寺衆徒等中		将軍家御祈禱
妙顕上人		御祈禱
法華寺権少僧都御房		将軍家御祈禱
法華寺		将軍家御祈禱所
妙顕寺上人		祈禱
妙顕寺上人		祈禱巻数
妙顕寺別当御房	大覚	天下静謐祈禱
謹上　妙顕寺長老		堀河殿畠作毛
謹上　妙顕寺別当御房		凶徒退治祈禱
妙顕寺		
妙見（ママ）寺大覚上人御返事		歳末之御祈禱
謹上　妙顕寺別当御房		天下静謐祈禱
妙顕寺院主僧都御房		近江国佐津河東方田地等寄附
妙顕寺大僧都御房		天下静謐祈禱
妙顕寺僧正御房		将軍家御祈禱巻数
妙顕寺僧正御房		四海静謐之懇祈
妙顕寺僧正御房		天下静謐祈禱
妙顕寺僧正御房		将軍家御祈禱
妙顕寺僧正御房		四海唱導
妙顕寺朗源上人御坊	朗源	天下静謐祈禱
中納言僧都御房		天下静謐御祈禱
妙顕寺長老		二条堀河敷地
妙顕寺	日霽	御祈禱
妙顕寺通源上人御房		四条以南、綾小路以北、壬生以東、櫛笥以西敷地
日霽上人		押小路以南、姉小路以北、堀河以西、猪熊以東地
進上　妙本寺禅室		上野国戸矢郷
妙本寺長老日霽上人御房		勅願
［欠］	月明	法華堂歳末御巻数
住持		妙本寺事　祈願寺
［欠］		妙本寺僧都極官所望
［欠］		妙本寺僧都極官所望
妙本寺住持		祈禱

西暦	年月日	文書名
1334	建武元年 4 月 14 日	後醍醐天皇綸旨
1336	建武 3 年 6 月 26 日	足利直義御判御教書
1336	建武 3 年 8 月 4 日	足利直義御判御教書
1336	建武 3 年 8 月 20 日	足利直義御判御教書
1336	建武 3 年 8 月 20 日	足利直義禁制
1336	建武 3 年 8 月 23 日	足利直義御判御教書
1336	建武 3 年 9 月 6 日	足利直義御判御教書
1350	貞和 6 年 2 月 21 日	足利義詮御判御教書
1350	観応元年 4 月 11 日	散位某奉書
1350	観応元年 8 月 27 日	室町幕府巻数返事
1351	観応 2 年 9 月 22 日	足利尊氏禁制
1352	文和元年極月 27 日	室町幕府巻数返事
1354	文和 3 年 6 月 27 日	室町幕府巻数返事
1355	文和 4 年 8 月 29 日	足利尊氏御教書
1357	延文 2 年正月 22 日	足利尊氏御判御教書
1357	延文 2 年 7 月 19 日	室町幕府巻数返事
1357	(延文 2 年) 8 月 25 日	後光厳天皇綸旨(伝奏洞院実夏奉書)
1358	延文 3 年 3 月 25 日	室町幕府巻数返事
1358	延文 3 年卯月 27 日	室町幕府巻数返事
1358	(延文 3 年) 7 月 19 日	後光厳天皇綸旨(伝奏洞院実夏奉書)
1366	貞治 5 年 2 月晦日	足利義詮御判御教書
	(年未詳) 3 月 26 日	足利義詮御判御教書
	(応安 6 年カ) 後 10 月 20 日	堀川具言(カ)安堵状
1385	至徳 2 年 10 月 11 日	室町幕府御教書
1387	嘉慶元年 8 月 15 日	後小松天皇綸旨
1393	明徳 4 年 7 月 8 日	足利義満御判御教書
1393	明徳 4 年 11 月 15 日	権大納言中院通氏寄進状
1399	応永 6 年 12 月 7 日	後小松天皇綸旨
1410	(応永 17 年) 12 月 28 日	後小松天皇綸旨
1411	応永 18 年 7 月 28 日	足利義持御判御教書
1413	(応永 20 年 3 月 16 日)	後小松上皇宸翰消息
1413	応永 20 年 5 月 3 日	後小松上皇宸翰消息
1437	永享 9 年 2 月 25 日	足利義教御判御教書

表 2 南北朝・室町時代の妙顕寺・妙顕寺住持宛文書一覧

[注]『妙顕寺文書目録』(文化庁文化財保護部美術工芸課、1992 年)、東京大学史料編纂所写真帳「妙顕寺文書」、東京大学史料編纂所編『花押かがみ六 南北朝時代二』(吉川弘文館、2004 年)も参照とした。

けてよばれることが多い。ところが、大覚が大僧正に任じられたことを示す古文書などは、じつは残されていない。表2は、『妙顕寺文書』に伝えられた古文書のうち、南北朝・室町時代に朝廷（公家）や室町幕府（武家）から妙顕寺や妙顕寺住持に対して出された原本（現物）だけを年代順に一覧表にしたものだが、このうち、大覚が住持だった時期をみてもわかるように、大覚のことを「僧正御房」とはよんでも、大僧正とよんだものがないことがあきらかとなるからである。

もっとも、文和《ぶんな》四年（一三五五）の段階で「僧都御房」とされていたものが、延文《えんぶん》二年（一三五七）では「大僧都御房」となり、同じ年のうちに「僧正御房」となっているので、大覚が延文二年に僧正にまで昇進したことはまちがいない。とはいえ、大覚が貞治《じょうじ》三年（一三六四）に「年六十八」で亡くなったことを伝える『常楽記《じょうらくき》』という記録にも、「大宮法花堂《おおみやほっけどう》坊主僧正頓滅《とんめつ》す」とあるので、亡くなるまで大覚は大僧正ではなく、「僧正」であった可能性のほうが高いであろう。

このように、大覚が僧正だったのか、あるいは大僧正だったのかという問題は、同時代の史料によっても確定することがむずかしいわけだが、ここでむしろ注目しなければならないのは、僧都から大僧都、そして僧正へと昇進していったことからもうかがえるように、大覚が積極的に公家・武家といった世俗の権力とのあいだに交流をもちつづけたことのほうであろう。

具体的には、それは、表2にみえるように、妙顕寺が「天下静謐祈禱《てんかせいひつ》」や「将軍家御祈禱」、あるいは「凶徒《きょうと》退治祈禱」を命じられる祈禱寺院として世俗の権力からみとめられることで目にみえるもの

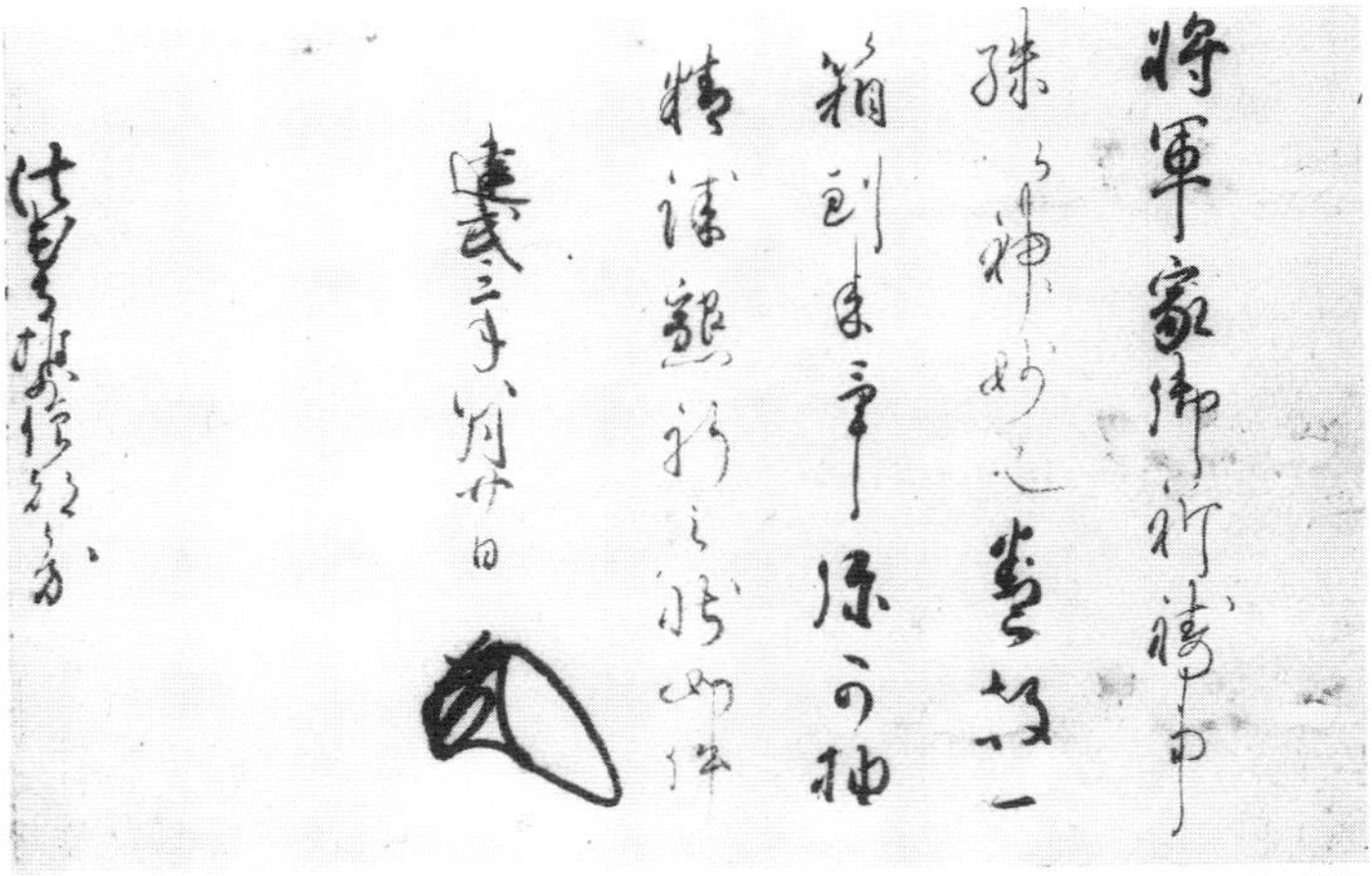

妙顕寺文書　足利直義御判御教書（重文・妙顕寺所蔵・東京大学史料編纂所写真提供）
日像の時代である建武3年8月20日付の文書であるが、宛先にある「法華寺権少僧都御房」は大覚のことと思われる。

となったが、[5]もっとも、このように祈禱を命じられること自体はすでに日像の時代にもみられた。

ただ、ここでも注意しなければならないのが、表2の日像の時代、建武三年（一三三六）八月二十日に出された足利《あしかが》直義《ただよし》御判《ごはん》御教書《みきょうじょ》にみえる「法華寺権《ごん》少僧都《しょうそうず》御房」という宛所であろう。ここにみえる「法華寺」とは、妙顕寺のことをさしていると思われるが、しかしながら日像は上人号を帯びていても、「権少僧都」といった僧官に任官された形跡を確認することはできない。とすれば、この「法華寺権少僧都御房」もまた、大覚をさす可能性が高く、ここからすでに日像の時代から妙顕寺での祈禱の中心を大覚がになっていたと考えられよう。

そういえば、大覚といえば、祈雨《きう》の祈禱をおこなったことでも知られている。残念ながら、それがいつのことだったかについても同時代の史料によって確定することはできないが、『龍華秘書』によれば、「三月五日降雨以後、一百五日雨降らず」であったにもかかわらず、「六月二十日」に大覚と「供奉僧《ぐぶそう》三百余人」が祈雨の祈禱をおこなったところ、「六月二十日より七月十日にいたり三七日《さんしちにち》降雨」したという。

先にもふれたように、『龍華秘書』は江戸時代後期に編纂されたものなので、その内容をどこまで信用してもよいのかという点については判断がむずかしい。しかし、日像の実弟である日輪が大覚へ送った（年未詳）二月九日付けの書状（『妙顕寺文書』）にも、「祈雨のこと、不思議に存じそうろう」とみえる以上、大覚による祈雨の祈禱が実際におこなわれ、また大覚がそのような祈禱能力をそなえていたということはまちがいないところといえよう。

二十一本山へ

このように、日像・大覚の時代に妙顕寺は、公家・武家の世俗の権力より祈禱寺院としてみとめられることになったわけだが、妙顕寺が祈禱寺院となった意義については、日像が大覚へ送った（年未詳）八月二十一日付けの書状（『妙顕寺文書』）のなかで「当御代《とうごだい》より、当寺御祈願所になされおわんぬ、日本国の法華宗面目と存じそうろう」と語っているように、「日本国」の「法華宗」（日蓮宗）の「面目」をほどこすできごとであったことがわかる。

また、それればかりではなく、暦応三年（一三四〇）八月五日付けの日像の書状（『妙顕寺文書』）に「妙

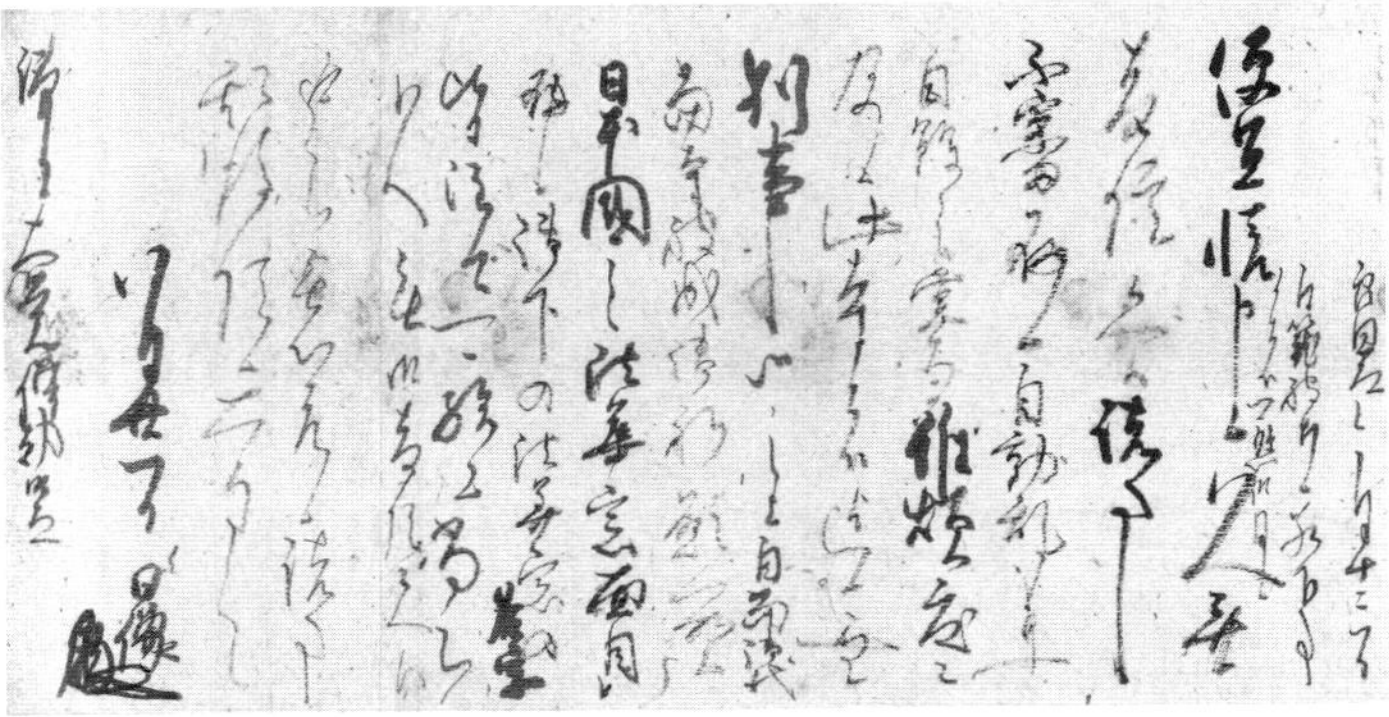

妙顕寺文書　日像書状（重文・妙顕寺所蔵）
妙顕寺が祈祷寺院となって「日本国之法華宗面目」をほどこしたと語っている。

顕寺の挙状《きょじょう》・申状《もうしじょう》を帯びず、御用あるべからざるのよし、公家・武家一同の御沙汰《ごさた》そうろうなり」とあることからもわかるように、京都では、妙顕寺の「挙状」（推薦状）などがなければ、同じ日蓮宗だからといっても、「公家・武家」から用いられないようにもなっていた。

そのようになった背景には、妙顕寺のうわさを耳にして、「諸方《しょほう》より法華宗と名乗りそうらいて、院宣《いんぜん》・御教書《みきょうじょ》を望み申」す人々の動きがあったことも同じ書状から読みとれるが、これによって京都における日像と大覚の名声が刺激となり、東国の日蓮宗寺院や僧侶たちによる京都進出への流れが加速していたようすもうかがえよう。そのようすをくわしくみていく余裕まではないが、その流れの特徴としては、日像や大覚が属していた門流とは別の門流による京都進出ということがあげられる。

日蓮宗の門流とは、宗祖日蓮の死後、教団を集団指導していた六人の弟子（六老僧《ろくろうそう》という）たちがおのおのみずからを日

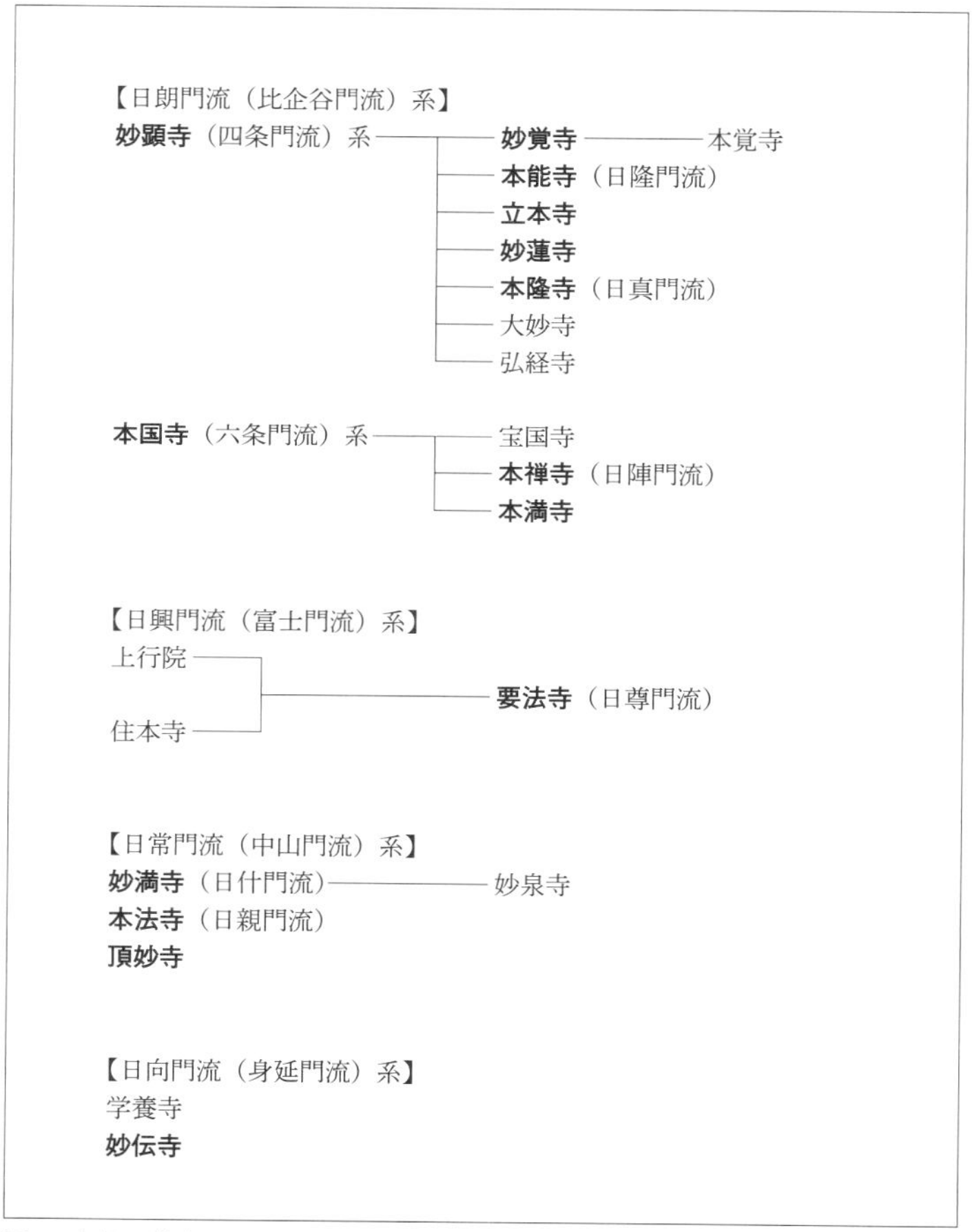

図１　京都に進出した門流と寺院一覧

［注］糸久宝賢『京都日蓮教団門流史の研究』（平楽寺書店、1990 年）所収の図をもとにした。ゴシック体で記載した寺院は、現在も寺号をもって所在するもの（巻頭口絵写真参照）。

『日蓮宗事典』による「京都二十一箇本山」は、妙顕寺・妙覚寺・本覚寺・本能寺・立本寺・妙蓮寺・本隆寺・大妙寺・弘経寺・本国寺・宝国寺・本禅寺・上行院・住本寺・妙満寺・妙泉寺・本法寺・頂妙寺・学養寺・妙伝寺をいう。

蓮の嫡弟《ちゃくてい》（正しく師の系統を継いでいる弟子）と位置づけたことからはじまるとされている。また、史料のうえでは、「門徒」や「門家《もんけ》」ともみえ、僧侶の名や寺院の所在地名でもってよばれることも一般的である。

そのような門流のうち、京都に進出した門流とは、具体的には、日朗《にちろう》門流（比企谷門流）・日興《にっこう》門流（富士門流）・日常《にちじょう》門流（中山《なかやま》門流）・日向《にこう》門流（身延《みのぶ》門流）となるが、日像や大覚が属していたのは、このうちの日朗門流とよばれるものであった。

ただし、「四条大宮に妙顕寺とて一堂を建立あり、京都に四条門徒と申し習わしたるはこれなり」（『与中山浄光院書』）とあるように、日像や大覚以降の系統は、妙顕寺の所在地にちなんで「四条門徒」とか四条門流とよばれていた。

このように門流のなかにさらに門流がつくられていくことも日蓮宗の特徴といえるが、のちに京都の日蓮宗寺院の総称として知られる二十一本山（二十一箇本山）に対応させて一覧表にしてみると、図1のようになろう。

これをみてみると、たとえば、四条門流では、その門流のなかにさらに複数の寺院や門流が分かれていったようすも知られる。このうち、妙覚寺・本能寺・立本寺《りゅうほんじ》・妙蓮寺《みょうれんじ》の分派は、いずれも大覚のあとに妙顕寺住持となった朗源《ろうげん》・日霽《にっせい》・月明《がつみょう》の時代、つまりは室町時代であったという点が特徴的である。

このように、はげしく分派がおこった背景には、住持個人の指導力もさることながら、組織が大きくなると必然的におこってくるであろう意見対立や路線対立などもあったのだろう。また、京都では、戦国時代にかけて、このような門流同士の対立、あるいは寺院同士の対立がはげしさを増していくようになるが、ただ、そのような対立がお互いのつぶしあいにはならず、むしろ日蓮宗全体を活性化させていった点にも大きな特徴がみられる。その結果として、京都には、室町時代から戦国時代にかけて二十一本山とよばれる多数の寺院が立ちならぶこととなった。

それでは、それら日蓮宗寺院や宗派としての日蓮宗の存在は、当時の京都宗教界において、どのような位置づけがなされていたのであろうか。節をあらためてみていくことにしよう。

2 日蓮宗と延暦寺

鎌倉仏教と顕密仏教

日本史の教科書などをひもといてみると、中世日本を代表する仏教といえば、日蓮宗など、いわゆる鎌倉仏教（鎌倉新仏教）の諸宗派と記されている。しかしながら、この常識は現在の歴史学の理解とは大きなへだたりがみられる。

というのも、現在の歴史学では、中世日本を代表する仏教とは、天台《てんだい》宗や真言《しんごん》宗、あるいは南都六宗《ろくしゅう》（法相《ほっそう》宗・倶舎《くしゃ》宗・三論《さんろん》宗・成実《じょうじつ》宗・華厳《けごん》宗・律《りつ》宗）など、かつては古代仏教とみられ、旧仏教ともよばれていた、いわゆる顕密《けんみつ》仏教(6)のほうとされているからである。

じつは、このことは寺院の名前を思いうかべてみるとわかりやすい。たとえば、「南都北嶺《なんとほくれい》」ということばに代表されるように、南都（興福寺《こうふくじ》）や北嶺（延暦寺《えんりゃくじ》）が中世においても圧倒的な影響力をもちつづけていたと聞かされてもさほど違和感をもつ人は少ないのではないだろうか。

実際、興福寺が中世をとおして大和国《やまとのくに》（奈良県）一国をその支配下においていたことはよく知られているし、また、延暦寺が戦国時代のおわりまで京都や近江国《おうみのくに》（滋賀県）にその存在感を示していなければ、織田信長によって焼き討ちされることなど考えられなかったであろう。

そのようななか、本書の舞台である中世京都に絶大な影響力をおよぼしていたのが天台宗の延暦寺（比叡山、山門《さんもん》ともいう）であった。[7] 延暦寺にかぎらず、中世の顕密寺院はいずれも寺院自体が巨大であったため、その組織もきわめて複雑であり、したがって、それを説明することにはかなりの困難がともなう。が、あえて中世の延暦寺を成り立たせていた主な組織をまとめてみるならば、門跡《もんぜき》・寺家《じけ》・大衆《だいしゅ》となろう。

このうち、門跡とは、延暦寺の長である天台座主《ざす》に任ぜられる資格をもつ門主を中心とした私的な性格が濃い組織とされている。今も存在する、妙法院《みょうほういん》門跡・青蓮院《しょうれんいん》門跡・梶井《かじい》（三千院《さんぜんいん》）門跡など、いわゆる三門跡がその代表となる。

それに対して、僧侶集団本来のありかたである僧伽和合《さんがわごう》の精神によってあらゆることを衆議《しゅうぎ》（多人数で評議すること）で決めるという点において、延暦寺内で公的な性格を帯びていたのが大衆であった。延暦寺大衆は、妻帯した僧である山徒《さんと》とそれ以外の衆徒《しゅと》によって構成されていたが、それらがさらに三塔《さんとう》（東塔《とうとう》・西塔《さいとう》・横川《よかわ》）十六谷に割拠しつつも、惣寺《そうじ》として結集していた点に特徴がみられる。そして、この惣寺の寺務とりあつかい機関として近江国の坂本におかれていたのが寺家であった。

これら門跡・寺家・大衆のうち、中世の延暦寺を実質上動かしていたのが惣寺としての大衆である。

実際、延暦寺が所有する膨大な荘園といった経済力も、また、朝廷（公家）や幕府（武家）に対して延暦寺の意向や主張を飲みこませる強訴《ごうそ》（嗷訴、山訴《さんそ》）といった政治力も彼らによってになわれていたからである。

もちろん、それは宗教の力においても同様であった。中世では、王法《おうほう》（世俗の権力）と仏法《ぶっぽう》（顕密仏教や顕密寺院）は、車の両輪のようにたがいに欠くことができないものとして密接にむすびついていた（王法仏法相依《おうほうぶっぽうそうい》という）が、それにかかわる祈禱や法会もまた、基本的には彼らのような顕密仏教の僧侶や寺院によってになわれていたからである。

このことからもうかがえるように、顕密寺院ではない妙顕寺に対して朝廷や幕府がくりかえし祈禱を命じた先の事例というのは、じつは南北朝の内乱期という特殊な状況下でのできごとであった点には留意しなければならない(8)。それを裏づけるように、しだいに平時となってくると、『妙顕寺文書』のなかに南北朝時代のように世俗の権力が祈禱を命じるといった文書もしだいに見いだしにくくなってくるからである。

日蓮宗寺院と延暦寺大衆

このように、世俗の権力と経済的にも政治的にもならびたち、しかもその世俗の権力を宗教的に護持する顕密仏教や顕密寺院が、中世を代表する存在とみとめられていたとしても、少しも不思議とはいえない。そのこともあったのだろう、顕密仏教や顕密寺院は、みずからを意味する八宗《はっしゅう》（天台宗・真言宗の二宗と南都六宗）以外の新しい宗派の成立や存在については容易にみとめようとはせず、そのような動きがみられると、ただちに世俗の権力へ訴えるなどして弾圧的な動きをみせたことでも知られている。

実際、戦国時代に来日したイエズス会宣教師のルイス・フロイスも「日本で流布している既存の宗教以外の教えを都の市街でひろめることは、比叡山の允許《いんきょ》と承認なくしては絶対にできないことであった」（『フロイス日本史』）と書き残しているほどだからである。

日蓮宗の場合、宗祖日蓮の主な活動拠点が東国であったため、直接的なかたちで顕密仏教や顕密寺院による弾圧という動きにみまわれることはなかった。しかしながら、実際には、鎌倉幕府によって日蓮が流罪に処せられるなど、はげしい弾圧にみまわれたことはよく知られていよう。

その日蓮宗が京都で布教を開始したとなると、当然のことながら顕密仏教や顕密寺院、とりわけ延暦寺大衆がだまってみのがすはずはなかった。たとえば、京都での布教をはじめた日像もまた三度にわたって、後宇多上皇《ごうだじょうこう》・伏見《ふしみ》上皇が出した院宣によって京都を追放され、ゆるされた、いわゆる三黜《さんちつ》三赦《さんしゃ》を経験したとされているからである（『与中山浄光院書』『日像門家分散之由来記《にちぞうもんけぶんさんのゆらいき》』）。

このとき延暦寺大衆がどのような動きをみせたのかについては、残念ながら史料ではわからないが、院宣が出される背景としてその存在が無関係であったと考えるほうが不自然であろう。

その延暦寺大衆が日蓮宗に対して史料のうえでもはっきりと弾圧的な動きをみせはじめるようになるのは、確認できる範囲では南北朝時代の正平《しょうへい》七年（文和《ぶんな》元年、一三五二）以降のこととなる。現在の八坂《やさか》神社、当時は祇園社《ぎおんしゃ》とよばれた神社をつかさどる祇園執行《しぎょう》が記した日記『社家記録《しゃけきろく》』（『祇園執行《ぎおんしぎょう》日記《にっき》』）の正平七年二月二十一日条に「法花堂破却すべきのよし、西塔院事書《さいとういんことがき》、今日到来」という記事がみえるからである。

ここにみえる「法花堂」とは「妙顕寺」を意味するが、その妙顕寺を「破却」するようにと命じた延暦寺三塔のうち西塔（西塔院）からの「事書」（集会事書《しゅえことがき》）がわざわざ祇園執行にとどけられたのは、中世の祇園社が神仏習合《しんぶつしゅうごう》の寺院として延暦寺（横川）の末寺であったためである。ともに、その祇園社に所属する犬神人《いぬじにん》とよばれた人々を動員して、ことにあたらせるためでもあった。

犬神人といえば、中世の京都では、清水寺《きよみずでら》の参詣道の入り口にあたる清水坂《きよみずざか》に住んでいたことでも、白覆面と柿色の衣を着る独特の出で立ちでも知られている。また、祇園社に所属していたこともあって、毎年の祇園会《ぎおんえ》（祇園祭）の神輿渡御《みこしとぎょ》の先導役をつとめていたことでも著名であるが、それとともに、延暦寺がおこなう検断《けんだん》を実行することでも知られていた(9)。

検断とは、一種の警察行為であり、具体的には犯罪者の財産没収を意味している。ここからは、このとき延暦寺西塔の大衆が妙顕寺をいわば犯罪者のようにみていたことも知られよう。

このように、延暦寺大衆が日蓮宗や妙顕寺など顕密仏教・顕密寺院ではない存在を弾圧するにあたっては、かなり整然としたしくみのあったことがわかる。また、このしくみは、中世を通して確認することができ、日蓮宗に対してだけではなく、浄土真宗や禅宗に対しても同じようなかたちで弾圧がおこなわれたことが知られている。

たとえば、右と同じ年の正平七年閏二月にも、「一向衆《いっこうしゅう》住所破却すべきのよし事書はじめて到来」と『社家記録』閏《うるう》二月二日条にはみえ、「一向衆」(浄土真宗)の「仏光寺《ぶっこうじ》」を破却するよう延暦寺大衆の事書が祇園執行のもとにとどいたことがわかるからである。ちなみに、その事書には、「法花宗においては、退治の沙汰あるにより、ことごとくもって辺境に赴きおわんぬ、事実たらば、神妙なり」と書かれていたという。

ここからは、このとき妙顕寺が破却されるよりまえに京都から離れ、「辺境」の地へと退散することで降参の意志をあらわしていたことがわかる。また、そのことを延暦寺大衆が「神妙」と評価していたことも読みとれる。正平七年といえば、妙顕寺は大覚の時代であるが、大覚もまた、寺院の破却という事態こそまぬがれはしたものの、一時期、京都を追われていたことが知られよう。

ここで延暦寺大衆がみずからの行動を「退治の沙汰」といいあらわしていることからもわかるように、妙顕寺や仏光寺といった顕密寺院ではない存在を破却することは、彼らの目からみたとき、京都に害なすものを市中(京中《きょうちゅう》、洛中《らくちゅう》)から打ち払う、いわば正統な行為と考えられていた。

逆からみれば、中世の京都では、妙顕寺など日蓮宗寺院は、いつなんどき延暦寺大衆に「退治」されるかわからない不安と恐怖のなかで布教をすすめるほかなかったことが知られよう。

妙顕寺破却

ところで、正平七年に妙顕寺が破却されようとしたさい、延暦寺西塔の大衆が具体的にどのような理由でもって、そのような動きをみせたのかという点についてまでは読みとることができなかった。ところが、それからおよそ六十年たった室町時代の応永《おうえい》二十年（一四一三）になると、その理由がはっきりと史料のうえでもみてとれるようになる。

たとえば、醍醐寺《だいごじ》三宝院《さんぼういん》門跡であった満済《まんさい》という僧侶の日記『満済准后日記《まんさいじゅごうにっき》』の応永二十年六月二十五日条には、つぎのように記されている。

法華堂坊主僧正に補《ほ》せらるとうんぬん、山門嗷訴《ごうそ》いたし、犬神人以下宮仕《みやじ》らを放ち遣わし、法華堂を破却せしめおわんぬ、

ここにみえる「法華堂」もまた、先の正平七年のときと同様、妙顕寺（後述するように、この時期は妙《みょう》本寺《ほんじ》という）を意味する。これらのことからもわかるように、中世の日記などでは、日蓮宗寺院はしばしば「寺」ではなく、「堂」として記されることが多い。これは、日記などを記した公家や僧侶たちの

認識が顕密仏教・顕密寺院と共通して、日蓮宗寺院を正式な「寺」とはみとめようとしなかったことをうかがわせるものといえよう。

じつは右の記事を書いた満済もまた、上級公家出身の真言宗僧として知られており、先にもふれた王法仏法相依といったことを思いおこせば、日記を書き残すような公家や僧侶たちが、日蓮宗寺院のことを正式な寺院とみとめようとしなかったのもむしろ当然のことであったのかもしれない。

そして、それと同じ認識上のことがらとして、日蓮宗僧が僧正という高い僧官に任じられることも容易にみとめようとはしなかった。「法華堂坊主」（当時の妙顕寺［妙本寺］住持であった月明《がつみょう》）が僧正に任じられたことに対して、「山門」（延暦寺大衆）が「嗷訴」におよび、その結果、「犬神人以下宮仕」らが派遣され、「法華堂」が破却されたという事実が右の記事からはあきらかとなるからである。

先にもふれたように、僧都や僧正といった僧官は、中世では朝廷から任じられるものであり、月明も応永十八年（一四一一）四月七日に朝廷より口宣案《くぜんあん》とよばれる文書でもって「権大僧都《ごんのだいそうず》」に任じられた（『龍華秘書』）。そして、そののち応永二十年五月八日に同じく朝廷によって僧正（「権僧正《ごんのそうじょう》」）に任じられたのである（『大乗院寺社雑事記《だいじょういんじしゃぞうじき》』）。

そのことが延暦寺大衆を刺激することとなり、結果、妙顕寺（妙本寺）は破却されてしまうことになったわけだが、ただこうしてみると、月明を僧正に任じた朝廷とそれを問題視した延暦寺大衆とのあいだには、じつは微妙な温度差もあったことがうかがえる。

その温度差がいったいどこから来るのかという点については、はっきりとしたことはわからないが、おそらくそのことをさぐるうえで重要と思われるのが、月明が「権大僧都」に任じられたさいの口宣案に月明という名ではなく、「具覚《ぐがく》」という名がみられる点であろう。

なぜなら、このことから月明もまた、大覚と同様、顕密僧としての名である具覚と日蓮宗僧としての名である月明をつかい分けていたという事実がうかびあがってくるからである。おそらく、僧正に任じられるにいたった背景もまた、大覚と同様、その出自が一定の身分をもつ家柄であったことが大きかったのだろう。

その出自について、『龍華秘書』は「三条坊門殿《さんじょうぼうもんどの》左府《さふ》実冬公《さねふゆこう》第四男」としているが、そのことを同時代の史料によって裏づけることは残念ながらできない。ただ、大覚と同じように公家階層であった可能性は高く、そのことがあって朝廷も僧官に任じることをゆるしたのだろう。

それに対して、延暦寺大衆のほうは、日蓮宗僧である以上はどのような出自であろうともみとめられないという態度だったわけだが、こうしてみると、延暦寺大衆とくらべて朝廷や公家たちの態度というのは、ややあいまいともいえる。

おそらくそれは、幕府や武士たちも同様で、宗教者ではないかれら世俗の権力者にとっては、仮に日蓮宗僧や寺院であっても、個別の事情にしたがってその存在をみとめるというのが基本的なスタンスだったのだろう。このように、認識としては顕密仏教・顕密寺院と共通するところをたもちつつも、実態としては、その対応に違いがみられたとしても、それはむしろ当然のことだったのかもしれない。

「三条坊門堀河」の妙顕寺（妙本寺）

ところで、今回のできごとは、もちろん満済だけがその日記に書き残したわけではない。たとえば、公家の山科教興《やましなのりおき》もその日記『教興卿記《のりおききょうき》』の同年六月五日条につぎのように記しているからである。

> 三条坊門堀河《さんじょうぼうもんほりかわ》法花堂長老、去るころ僧正に任ず、しかりといえども、先規その例なしとて、山門より公方《くぼう》へ伺い申す、□□□長老坊など、犬神人のごとく、みなもって発せしめ、破却しおわんぬ、長老そのほか法華堂のものどもみなみな逐電《ちくでん》すとうんぬん、

右をみてみると、「三条坊門堀河法花堂長老」が「僧正」に任じられたことについて、「先規その例なし」として「山門」（延暦寺大衆）が「公方」（ときの室町将軍、室町殿《むろまちどの》であった足利義持《あしかがよしもち》）へ訴え、その結果、「犬神人」によって「法華堂」が破却されるとともに、「長老そのほか法華堂のものどもみなみな逐電」したことが読みとれる。記事の内容は、『満済准后日記』とほぼ同じであるが、それでも二点ほど、異なる情報が教興の耳には入っていたことがわかる。

そのひとつが、「長老」（月明）や「法華堂のものども」（妙顕寺［妙本寺］の僧侶たち）が「逐電」（逃

げ去ってゆくえをくらますこと）してしまったという点である。先の正平七年のときもそうだったが、さすがに延暦寺大衆も僧侶たちの命までもうばおうとは考えていなかったことがわかる。

もっとも、『立本寺旧記《りゅうほんじきゅうき》』という記録によれば、「その折、月明は、丹波《たんば》の知見《ちみ》の谷へ隠居したまうなり、寺僧も方々へ散在するなり」とあり、月明は丹波国（京都府中部）の知見谷へ、また僧侶たちも方々へ散らばってしまったと伝えられている。とにかく京中（洛中）から月明らを退散させることが、延暦寺大衆の目的であったことが知られよう。

そして、もうひとつ異なるのが、破却された妙顕寺（妙本寺）のことを「三条坊門堀河法花堂」と記している点である。これは、この時期の妙顕寺（妙本寺）が三条坊門小路と堀川小路が交差するあたりにあったことを示しているが、しかしながら、妙顕寺といえば、「四条門徒」、四条門流ともよばれたことからもわかるように、その所在地は「四条大宮」（正確には、四条櫛笥《くしげ》）であったはずである。それが、なぜ「三条坊門堀河」だったのか、といえば、じつはこれにも歴史的な背景があった。

というのも、『妙顕寺文書』には、月明の先代日霽《にっせい》のとき、明徳《めいとく》四年（一三九三）七月八日付けでときの将軍足利義満《あしかがよしみつ》によって「妙本寺敷地」として「押小路《おしこうじ》以南、姉小路《あねこうじ》以北、堀河以西、猪熊《いのくま》以東の地」の「知行」（支配）をみとめる文書が残されているからである。つまり、日霽の時代に妙顕寺（妙本寺）は三条坊門堀川の地に移っていたのであった。

ちなみに、三条坊門小路（現在の御池通り）は、押小路と姉小路のあいだにあたるので、このとき妙

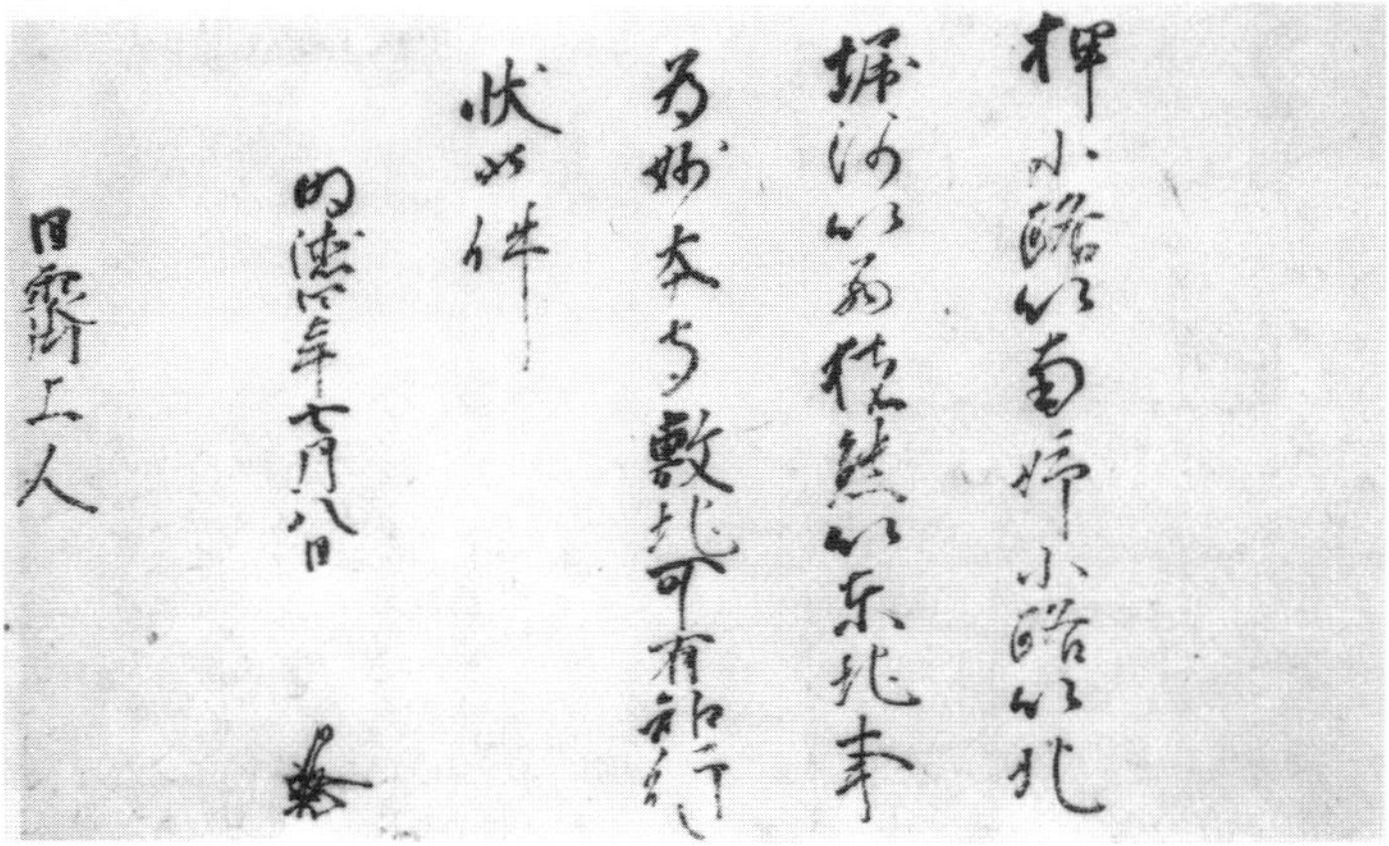

妙顕寺文書　足利義満御判御教書（重文・妙顕寺所蔵・東京大学史料編纂所写真提供）
明徳４年７月８日付で日霽上人宛に発給された三条坊門堀川の地の知行をみとめる内容の文書。

顕寺（妙本寺）は、いわゆる碁盤の目の一区画である一町《ちょう》（一二〇メートル×一二〇メートル）のふたつ分の敷地をもっていたことがわかる。もしかすると、三条坊門小路と堀川小路の交差したところに門を開いていたので、「三条坊門堀河法花堂」とよばれていたのかもしれない。

それはともかくとして、それではなぜ、明徳四年という年に日霽は「妙本寺敷地」として三条坊門堀川の地の知行をみとめられることになったのであろうか。その背景には、日霽もまた、大覚や月明と同様、京都を追われるという経験をしていたことがあった。

室町時代に記された『門徒古事《もんとこじ》』という記録によれば、「四条大宮妙顕寺破却せら」れ、「妙顕寺長老日霽は若狭《わかさ》小浜《おばま》に下り」という記事がみられる。『門徒古事』には、その年代までは記されていないが、宗門ではそれを嘉慶《かけい》元年（一三八七）としている。もしそうだとすれば、同じ年の八月十五日に「四条以南、綾小路《あやのこうじ》以北、壬生《みぶ》以東、櫛笥以西敷地」の「管領《かんれい》」（支配）を後小松《ごこまつ》天皇綸旨（『妙顕寺文書』）によってみとめられたのちに、日霽も京都を追われることになったのだろう。

残念ながら、『門徒古事』には、なぜ日霽が京都を追われることになったのか、あるいはまた、これに延暦寺大衆が関係していたのかなどについてはふれられてはいない。しかし、「妙顕寺破却」とある以上、延暦寺大衆が無関係と考えるほうがむしろ不自然であろう。

いずれにしても、こうして日霽も京都を追われたわけだが、その後いつどのようにして京都にもどってきたのかについては、同時代の史料によってあきらかにすることはできない。ただ、明徳四年に三条坊門堀川の地の知行を幕府によってみとめられている以上、このころには帰洛していた可能性は高い。そして、そののちにおそらく再建されたのが、『教興卿記』にみられる三条坊門堀川の妙顕寺（妙本寺）と考えられ、応永二十年のときには、それが破却されてしまったのである。

妙顕寺旧地の「四条法華堂」

ところが、ここで見のがしてはならない事実がある。[10] というのも、『満済准后日記』の応永二十一年（一四一四）七月八日条の記事、つまりは先の事件の翌年の記事をみてみると、つぎのような興味深い一節が記されているからである。

四条法華堂、山門訴訟により、衆徒らの申請にまかせ御沙汰とうんぬん、よって本堂、法勝寺《ほっしょうじご》五大堂《だいどう》に御寄進、長老坊、犬神人これを給う、自余《じょ》ならびに地などは十禅師《じゅうぜんじ》に寄せらるとうんぬん、

これによれば、先の事件がおこった翌年の七月八日に「四条法華堂」の「本堂」が「法勝寺五大堂に御寄進」され、また、「長老坊」は「犬神人」にあたえられたうえ、「自余」（そのほかの建物）や「地など」（敷地）は日吉七社のひとつである「十禅師」社へ寄附されてしまったという。

一見すると、これらは前年の事件の一部と読みすごしてしまいそうになるが、ここで注意しなければならないのは、このとき破却されたのが、「三条坊門堀河法花堂」ではなく、「四条法華堂」と記されている点であろう。つまり、先の『教興卿記』の記事からもあきらかなように、応永二十年に破却されたのが「三条坊門堀河法花堂」であった以上、この『満済准后日記』の記事からは、応永二十年と二十一年の二度にわたって、「三条坊門堀河法花堂」と「四条法華堂」というふたつの日蓮宗寺院が破却された事実がうきぼりとなってくるからである。

このうち、「三条坊門堀河法華堂」が、妙顕寺（妙本寺）であることは動かない。とすれば、問題は、「四条法華堂」のほうとなるが、常識で考えれば、これは日霽の時代に破却された「四条大宮妙顕寺」を意味しよう。つまり、ここから日霽が三条坊門堀川に妙顕寺（妙本寺）を再建して以降も、旧地にはなんらかの日蓮宗寺院が存在していたということもあきらかとなってくるのである。

この「四条法華堂」が当時、何寺とよばれていたのかについてはさだかではない。ただ、このふたつの寺院の存在が月明の帰洛にかかわってふたたび問題となっていくことには注意しなければならないであろう。

そのあたりの事情については、『日像門家分散之由来記』という記録にくわしく記されているが、この記録自体は戦国時代に書かれたものなので、同時代の史料とはかならずしもいいがたい。しかしながら、その内容はきわめて興味深く、傾聴にあたいすると考えられるので、ここではしばしそれに耳をかたむけてみることにしよう。

移動する妙顕寺（妙本寺）と立本寺の創建

その『日像門家分散之由来記』の一節「立本寺退出のこと」によれば、まず、月明が「知見に御隠居」のあいだ、「京都はことごとくみな」「妙光坊《みょうこうぼう》」という僧侶が「諸事《しょじ》を弁《まかな》」っていたという。この「妙光坊という人は霽公・具覚二代の納所《なっしょ》」、つまり日霽・月明の二代にわたって「納所」（納所坊主）として妙顕寺（妙本寺）の会計全般をになっていたとされている。

その「妙光坊」が留守をまもる京都では、「妙本寺再興」の動きが檀徒たちのなかからおこることになる。具体的には、その再興費用として、「千九百貫文《かんもん》」におよぶ莫大な銭が檀徒たちによって用意されるからである。一般に中世では、銭《ぜに》一貫文（千枚）が米一石《こく》に相当すると考えられているので、仮に米一石を約二十万円とすれば、[11]現在の金額でおよそ三億八千万円が用意されたことになろう。

そのうちの「千貫文」(およそ二億円)をひとりで用意したのが「柳酒屋《やなぎさかや》」という檀徒だったが、その柳酒屋の要請もあって、「知見よりもその料足で寺を立つべしと仰せられ」たため、「妙光坊」は「寺を取り立て」、月明の帰洛《きらく》(帰京)を待ったという。

ところが、その月明がなかなか帰洛しない。そのため、「妙光坊」としては、「何なる人を貫首《かんず》とつかまつるべきぞ」とたずねたところ、月明は「御舎弟《ごしゃてい》の迹本院《じゃくほんいん》上洛させ」、「この人を我がごとく思え」とこたえたという。この「御成敗」については、「妙光坊同心の衆九十二人」が同意し、そして「迹本院」がその「貫首」(住持)としてむかえられたのが「四条櫛笥の寺」であった。

つまり、ここからは、妙光坊が再建した寺院が、三条坊門堀川の土地ではなく、「四条法華堂」のあった四条櫛笥の地に建てられたことがわかる。しかしながら、先にもみたように応永二十一年の破却のさい、その四条櫛笥の「地など」は十禅師社に寄進され、日蓮宗の手をはなれていたはずである。にもかかわらず、そこへ「妙光坊」が寺院を再建できたのは、檀徒のひとり「小袖屋《こそでや》経意《きょうい》」というもの」が「敷地をもこの人買いて進」上したためであった。

ここから延暦寺大衆による「破却」という行為が、堂舎の破壊だけではなく、その敷地の没収をも意味していたことがわかるが、逆に、「妙光坊」や檀徒たちがわざわざその敷地を買いもどし、そこへ寺院を再建したことからは、妙顕寺(妙本寺)があるべき場所とは、やはり四条櫛笥の地であるという意識がはたらいていたことがうかがえよう。

ところが、ここで問題がおこることになる。というのも、「円融坊舜叡《えんゆうぼうしゅんえい》という人」が、「妙光坊」たちとはたもとを分かち、「同心の三十六人を引き退《の》きて、五条大宮に寺を立て、本仏寺《ほんぶつじ》と号す」という動きに出たからである。

当然、「妙光坊」のほうは、「迹本院」という「上人の御代官御上洛のうえは、一処にせられよ」とはたらきかけたものの、「本仏寺」側は聞こうとはしない。このようすを耳にした月明も、「このまま年月移さばしかるべからずとて」、「忍んで御出京あ」ったが、ここでまた予想外のできごとがおこることになる。

帰洛して「清水《きよみず》の坂に御宿をめされて」いた月明のもとに「本仏寺衆三十六人一番に参」上したのに対して、「妙光坊」らが「いっこう無音《ぶいん》（あいさつをしないこと）」だったことを「曲事《くせごと》と思《おぼ》し召《め》した」月明が、「本仏寺に入御《にゅうぎょ》」し、「本仏寺をあらため、妙本寺となされ」てしまったからである。

こうなっては、「妙光坊」らも引きさがることができなくなり、あろうことか「山門を憑《たの》んで」（延暦寺大衆に支援をもとめ）、「妙本寺へ使節を入れ」たという。これによって、「四条櫛笥の寺」は「山門の末寺」となってしまったわけだが、ただし、このように宗派をこえて本寺・末寺の関係をむすぶこと自体はけっして中世では特別なことではない。実際、末寺銭をおさめることで、その関係はむすぶことができたからだが、しかしながら、さすがに日蓮宗と延暦寺大衆との関係を考えたとき、このような動きは異例なものと映ったことであろう。

この本寺・末寺関係がその後どのようになったのかについてはさだかではない。が、「妙光坊」らは、「談合して」公家の「裏松殿《うらまつどの》の末の一族を一人所望して、この人を出家させて日実《にちじつ》という名」をつけたうえ、すでに故人であった「日霽上人の御弟子と号して住持」に立てたという。

「これ立本寺の開山なり」と『日像門家分散之由来記』「立本寺退出のこと」はむすんでいるが、ここからは四条門流から立本寺が分派したようすが読みとれるとともに、その四条門流の由緒地とでもいうべき地に二十一本山寺院のひとつ立本寺が建立されたことがうかがえよう。

このように、『日像門家分散之由来記』には、きわめて興味深い内容が記されていることがわかる。ただし、おのおののできごとがいつおこったのか、その年紀が記されていないため、史料としてはそのとりあつかいにとまどうところが少なくない。

しかしそれでも、妙顕寺(妙本寺)が、ある時期以降、五条大宮の地にあったことは、鍋かむりの逸話で有名な日親《にっしん》が戦国時代の文明《ぶんめい》二年(一四七〇)に記した『伝灯抄《でんとうしょう》』という著作のなかでも「五条大宮の妙本寺」と記している以上、うたがいようがない。同様に、立本寺が「四条櫛笥」にあったことは、明応八年(一四九九)七月十九日付けで出された足利義尹《よしただ》奉行人連署禁制《ぶぎょうにんれんしょきんぜい》(『立本寺文書』)という文書に「四条櫛笥立本寺」と書かれてあるので、これまたまちがいないところといえよう。

いずれにしても、こうして妙顕寺(妙本寺)は、四条櫛笥から三条坊門堀川、そして五条大宮へと転々と移動しながら戦国時代へむかっていったことがあきらかとなるわけだが、じつは妙顕寺（妙本寺）ほどではないにしても室町・戦国時代京都の日蓮宗寺院は多かれ少なかれ寺地を転々としていることが少なくない。その意味では、寺地が一定しないことは、この時期の日蓮宗寺院のひとつの特徴であったといえよう。

このように寺地が一定しない背景としては、妙顕寺（妙本寺）のように、しばしば延暦寺大衆によって破却されたということもさることながら、寺地そのものが買得地《ばいとくち》であったことも関係している。たとえば、先に「妙光坊」が再建した「四条櫛笥の寺」の敷地が「小袖屋経意」によって買いもどされ、進上されたようにである。

ここからは、寺地の取得にも檀徒の力が大きくかかわっていたことがうかがえるわけだが、このような檀徒のありかたについては、次節でみることとして、そのまえにここまで先のばしにしてきた、妙顕寺と妙本寺という寺号についてもみておくことにしよう。

妙顕寺と妙本寺という寺号

妙顕寺という寺号が、同時代の史料、とりわけその原本（現物）のなかに登場してくるのは、『妙顕寺文書』におさめられた建武元年（一三三四）四月十四日付けの後醍醐天皇綸旨が最初となろう。それ以降、『妙顕寺文書』のなかに伝えられた文書、なかでも戦国時代にいたる中世の公家・武家などが妙

宛所	住持	備考（寺号関係記事）		
日像上人御房		妙顕寺		
妙顕寺衆徒等中		妙顕寺		
妙顕上人		妙顕（寺）		
法華寺権少僧都御房	日像			法華寺
法華寺				法華寺
妙顕寺上人		妙顕寺		
妙顕寺上人		妙顕寺		
妙顕寺別当御房		妙顕寺		
謹上　妙顕寺長老		妙顕寺		
謹上　妙顕寺別当御房		妙顕寺		
妙顕寺		妙顕寺		
妙見寺大覚上人御返事		妙見(顕)寺		
謹上　妙顕寺別当御房		妙顕寺		
妙顕寺院主僧都御房	大覚	妙顕寺		
妙顕寺大僧都御房		妙顕寺		
妙顕寺僧正御房		妙顕寺		
妙顕寺僧正御房		妙顕寺		
妙顕寺僧正御房		妙顕寺		
妙顕寺僧正御房		妙顕寺		
妙顕寺僧正御房		妙顕寺		
妙顕寺朗源上人御坊		妙顕寺		
中納言僧都御房	郎源			
妙顕寺長老		妙顕寺		
妙顕寺		妙顕寺		
妙顕寺通源上人御房		妙顕寺		
日霽上人	日霽		妙本寺	
進上　妙本寺禅室			妙本寺	
妙本寺長老日霽上人御房			妙本寺	
［欠］				法華堂
住持			妙本寺	
［欠］	月明		妙本寺	
［欠］			妙本寺	
妙本寺住持			妙本寺	
妙本寺住持			妙本寺	
妙顕寺		妙顕寺		
妙顕寺月行事	日芳	妙顕寺		
妙顕寺		妙顕寺		
謹上　妙顕寺		妙顕寺		
西京法花寺				法花寺
京法華院				法華院
法花寺	日広			法花寺
法花寺				法花寺
当寺雑掌				西京法華寺
妙顕寺		妙顕寺		
妙顕寺		妙顕寺		
山城国妙顕寺	日教	妙顕寺		
妙顕寺		妙顕寺		
妙顕寺		妙顕寺		
妙顕寺役者中		妙顕寺		
妙顕寺役者中		妙顕寺		
妙顕寺	日堯	妙顕寺		
法花宗惣中				

西暦	年月日	文書名
1334	建武元年4月14日	後醍醐天皇綸旨
1336	建武3年6月26日	足利直義御判御教書
1336	建武3年8月4日	足利直義御判御教書
1336	建武3年8月20日	足利直義御判御教書
1336	建武3年8月20日	足利直義禁制
1336	建武3年8月23日	足利直義御判御教書
1336	建武3年9月6日	足利直義御判御教書
1350	貞和6年2月21日	足利義詮御判御教書
1350	観応元年4月11日	散位某奉書
1350	観応元年8月27日	室町幕府巻数返事
1351	観応2年9月22日	足利尊氏禁制
1352	文和元年極月27日	室町幕府巻数返事
1354	文和3年6月27日	室町幕府巻数返事
1355	文和4年8月29日	足利尊氏御判御教書
1357	延文2年正月22日	足利尊氏御判御教書
1357	延文2年7月19日	室町幕府巻数返事
1357	（延文2年）8月25日	後光厳天皇綸旨（伝奏洞院実夏奉書）
1358	延文3年3月25日	室町幕府巻数返事
1358	延文3年卯月27日	室町幕府巻数返事
1358	（延文3年）7月19日	後光厳天皇綸旨（伝奏洞院実夏奉書）
1366	貞治5年2月晦日	足利義詮御判御教書
	（年未詳）3月26日	足利義詮御判御教書
	（応安6年カ）後10月20日	堀川具言（カ）安堵状
1385	至徳2年10月11日	室町幕府御教書
1387	嘉慶元年8月15日	後小松天皇綸旨
1393	明徳4年7月8日	足利義満御判御教書
1393	明徳4年11月15日	権大納言中院通氏寄進状
1399	応永6年12月7日	後小松天皇綸旨
1410	（応永17年）12月28日	後小松天皇綸旨
1411	応永18年7月28日	足利義持御判御教書
1413	（応永20年3月16日）	後小松上皇宸翰消息
1413	応永20年5月3日	後小松上皇宸翰消息
1437	永享9年2月25日	足利義教御判御教書
1514	永正11年10月10日	足利義稙御判御教書
1519	永正16年5月7日	藤宰相家雑掌粟津頼清奉書
1519	（永正16年）5月7日	藤宰相家雑掌粟津氏連署奉書
1521	永正18年7月2日	坊城家雑掌定綱妙顕寺敷地巷所安堵状
1525	（大永5年）8月28日	細川高国書状
1547	天文16年4月1日	篠原長政禁制
1549	天文18年卯月日	細川氏奉行人禁制
1550	天文19年7月日	三好政勝禁制
1550	天文19年7月日	香西元成禁制
1551	天文20年12月29日	室町幕府奉行人連署奉書
1565	永禄8年7月2日	三好氏奉行人連署奉書
1566	永禄9年7月3日	室町幕府奉行人連署禁制
1566	永禄9年8月日	篠原長房禁制
1568	永禄11年9月日	織田信長禁制
1569	永禄12年卯月20日	織田信長朱印状
1575	天正3年10月18日	藤宰相家雑掌粟津貞清奉書
1584	天正12年9月3日	前田玄以書下
1584	天正12年9月日	前田玄以禁制案
1595	（文禄4年）9月24日	前田玄以書状

表3　南北朝〜戦国時代の妙顕寺宛文書一覧

顕寺に対して出した文書のなかで、その寺号がどのように記されているのかを一覧表にしてみると表3のようになる。

これをみてみると、中世の妙顕寺は、その寺号として、妙顕寺のほかにも、法華寺《ほっけじ》（法花寺・法華堂・法華院）や妙本寺というものをつかっていたことがわかる。このうち、もっとも長くつかわれていたのが妙顕寺だが、それについで長いのが妙本寺であった。表3によるかぎり、その最初は室町時代の明徳四年（一三九三）、そして最後は戦国時代の永正《えいしょう》十一年（一五一四）となり、およそ百二十年間にわたってつかわれていたことがあきらかとなるからである。

明徳四年といえば、日霽の時代であるが、実際、戦国時代に書かれた書状（『後慈眼院殿雑筆《ごじげんいんどのざっぴつ》』）のなかでも、「日霽のとき、妙顕寺を改めそうらいて、妙本寺になりそうろう」とみえるように、この日霽の時代に妙顕寺の寺号が妙本寺とあらためられたことがわかる。

それではなぜ、日霽の時代に寺号があらためられたのであろうか。この点については、延暦寺大衆によって妙顕寺が破却されたこととかかわって、「妙顕寺の寺号が叡山徒《えいさんと》の妨害によって使用出来なかったので」[12]、妙本寺としたとの理解が知られている。また、戦国時代の一時期、法華寺と改称しているのも同じような理由と考えるむきもあるが[13]、しかしながら、そのことを直接説明してくれるような史料は残されていない。

むしろ、当時の史料をみていると、妙本寺と寺号をあらためてまもない時期と考えられる応永五年

（一三九八）八月二十九日に「室町殿妙本寺に渡御《とぎょ》す」と、ときの最高権力者であった「室町殿」（足利義満）が「妙本寺」をおとずれるといった事実が、公家の東坊城《ひがしぼうじょう》秀長《ひでなが》の日記『迎陽記《ごうようき》』の同日条からは読みとれる。

鎌倉比企谷の妙本寺（神奈川県鎌倉市・鎌倉市観光協会写真提供）

また、応永三十二年（一四二五）の奥書をもつ『門徒古事』にも、「三条坊門妙本寺は御所（足利義満）より八町たまわり、妙本寺と寺号までたまいそうろう」とみえることなどからすれば、やはり三条坊門堀川に日霽が寺院を再建したことをきっかけに寺号をあらためたとみたほうが自然であろう。

それでは、なぜそれが妙本寺だったのか、といえば、おそらくそれは、日像の師で六老僧のひとりである日朗を開山とし、日像の実弟日輪も住持をつとめたことでも知られる鎌倉比企谷の妙本寺と同じ寺号であることと無関係ではないであろう。

じつは、この時期、鎌倉の妙本寺と京都の妙顕寺との関係は微妙なものであったらしく、「日像の門人も比企谷を本寺と思わず」（『伝灯抄』）とあるように、どちらが本寺で、どちらが末寺かということもあいまいにされていた。そのこともあって、京都のほうでは、鎌倉の「妙本寺というは、根本日像の御寺」であり、「御舎弟の日輪へ譲られた」ものである以上、「京も鄙《ひな》も一寺同体なり」と考えられていたらしく、その結果として、日霽によって「京の寺号を改めて妙本寺とつけ」たと理解されていたふしもみられるからである（『立本寺旧記』）。

しかしながら、これも決め手となるような史料とはいえず、結局のところ、妙顕寺と妙本寺というふたつの寺号の関係については、同時代の史料によって確定的なことはいえない。ただ、史料をみるかぎり、妙本寺という寺号が、かならずしもうしろむきな意図でもってつけられたものでなかったということはいえるだろう。もしそうでなければ、百年以上という長きにわたって同じ寺号をつかいつづけることなどありえなかったのではないだろうか。

また、そもそも延暦寺大衆の立場からすれば、妙顕寺であろうと、妙本寺であろうと、「寺」としてみとめていない以上、「顕」を「本」に、あるいは「妙顕」を「法華」にあらためたからといってさほどの意味はなかったように思われる。

いずれにしても、妙本寺という寺号については、戦国時代に妙顕寺（妙本寺）住持となった「日芳の代に妙本寺を改めて妙顕寺になり」、この「日芳まで百 卅《ひゃくさんじゅう》 年のあいだ」（『立本寺旧記』）つかいつづけられたということだけはまちがいないところといえよう。

3 日蓮宗をささえた檀徒のすがた

富裕な檀徒たち

> かれらの収入は大なるが、主たるものは檀家の寄進にして、かれらはこれによりて支持せられ、これによりて贅沢に衣食す、その家の建築と修復はいっさい檀家これを負担し、必要に応じ家を建て装飾をなし、また清掃す、

これは、戦国時代に来日したイエズス会宣教師がしたためた書簡（『耶蘇会士《やそかいし》日本通信《にほんつうしん》』）にみえる一節である。ここにみえる「かれら」とは、じつは日蓮宗僧を意味しているが、中世の日蓮宗僧や日蓮宗寺院が、「檀家」（檀徒）によって経済的にささえられていたことを伝えるものとして、これ以上にわかりやすいものはない。

もっとも、このようなありかたは、中世では、日蓮宗だけにかぎられたものではなく、ほかの鎌倉

仏教（鎌倉新仏教）諸宗派にも大なり小なり共通していた。顕密仏教や顕密寺院を経済的にささえていたのが、公家や武家と同じく、中世の土地制度として知られる荘園や公領などであった点とは大きな違いといえよう。

もちろん、『妙顕寺文書』のなかには、文和四年（一三五五）付けで「近江国《おうみのくに》佐《さ》津《づ》河東《かわひがし》方田地《かたでんち》」や「備前国《びぜんのくに》宇垣郷《うがきごう》内山条村《のうちやまじょうむら》」などの所領が妙顕寺に寄附され、そして、それらの知行をみとめる幕府の文書なども残されている。しかしながら、『妙顕寺文書』に伝わる古文書をみるかぎり、それらの知行が長つづきした形跡は読みとれず、一時的な土地支配であったと考えるのが自然であろう。

したがって、中世京都の日蓮宗を経済的にささえていたものとは、基本的には檀徒と考えてよい。そして、そのような檀徒のなかで、室町時代の日蓮宗をもっとも強力にささえたことで知られているのが、先にもふれた柳酒屋や小袖屋たちであった。そのことは、のちに立本寺となる「四条櫛笥の寺」の建立にあたって柳酒屋をはじめとした檀徒らが、つぎのような動きをみせたことからもわかる。

> 五条坊門西洞院柳酒屋より妙本寺再興のためとて料足《りょうそく》千貫文奉加《ほうが》申す、また小袖屋経意というもの、三百貫奉加す、立本寺の敷地をも、この人買いて進ず、このほか三百ずつの奉加、両人これあり、名は失念すとうんぬん、以上千九百貫文の料足これあり、

これは、先にもふれた『日像門家分散之由来記』「立本寺退出のこと」にみえる一節であるが、ここからは、「妙本寺再興」のために柳酒屋が「料足」（銭）を「千貫文」寄進（奉加）したことが読みとれるだけではなく、「小袖屋経意」も「三百貫」文、さらに名前がわからないふたりの檀徒もおのおの「三百ずつ」を寄進し、合計で「千九百貫文の料足」が集まったことが読みとれよう。

ただし、先にもふれたように、『日像門家分散之由来記』は戦国時代に書かれたものなので、かならずしも同時代の史料とはいいがたい。したがって、どこまでが事実だったのかについてはその判断がむずかしいが、しかし、仮にそれらを事実としてみとめるならば、おどろくべき銭額（金額）がこのとき用意されたことになる。

というのも、中世都市京都を代表する祭礼である祇園会《ぎおんえ》（祇園祭）のうち、神輿渡御の用途（費用）が三百貫文であり、また、延暦寺大衆の祭礼として知られる日吉小五月会《ひよしこさつきえ》の用途でも二千百貫文あまりであったことが知られているからである。

さらに、ときの国家財政のうち、「政所内年中行事要脚《まんどころないねんちゅうぎょうじようきゃく》」とよばれた室町将軍家の家政にかかわる費用の一部が年間六千貫文であったことをふまえるならば、そのおよそ三分の一の額の銭が「妙本寺再興」のためだけに用意され、しかもそれをわずか四人の檀徒が用意したこととなろう。

柳酒屋

このように、『日像門家分散之由来記』に記された銭額をただちに信用することには躊躇《ちゅうちょ》せざるをえないわけだが、ただ、そのことを差し引いても、かれら檀徒がかなりの富裕な人々であったことはまちがいない。実際、その四人のうちのひとり、柳酒屋については、室町時代の京都でも群をぬいて富裕であったことが、つぎの史料からも裏づけられるからである。

五条坊門西洞院《ごじょうぼうもんにしのとういん》の酒家柳というなり、毎月公方に六十貫の美酒を献ずるなり、一年のうち、以上七百二十貫文、月課《げっか》をもってという、

これは、相国寺《しょうこくじ》にあった鹿苑院《ろくおんいん》の僧侶が記した日記『蔭凉軒日録《いんりょうけんにちろく》』の文正《ぶんしょう》元年（一四六六）七月四日条にみえる記事である。それによれば、「五条坊門西洞院」の「酒家」の「柳」は、「毎月」、「公方」（室町将軍）に「六十貫」の「美酒」を献上し、その総額は、年間で「七百二十貫文」におよんだという。

一見すると、この記事は、柳酒屋が将軍家へ「美酒」を毎年献上していたかのようにみえる。しかしながら、普通、酒の量をあらわすのに「貫」や「貫文」といった単位はつかわない。むしろ、「貫」

や「貫文」は、銭の量をあらわすのが普通であり、したがって、ここからは、柳酒屋が、酒屋役《さかややく》とよばれた酒税を月ごとに六十貫文、年間七百二十貫文もおさめていたという事実がうきぼりとなってこよう。

じつは、先に少しふれた「政所内年中行事要脚」六千貫文の財源の一部がこの酒屋役であり、このことから柳酒屋は単独でその十分の一以上をまかなっていたことにもなる。酒屋役という税だけで、これだけの額をまかなえるのだから、「妙本寺再興」に千貫文を用意することなど柳酒屋にとってはさほどむずかしいことではなかったのかもしれない。

このように柳酒屋が富裕であったのは、ひとつには、その酒が室町時代ではとびぬけて高価な酒として知られていたことがある。たとえば、室町時代の物価がわかる史料として知られる『諸芸方代物《しょげいがただいもつ》附《ふ》』（『諸藝才売買代物事《しょげいさいばいばいだいもつのこと》』[14]）には、「一、さけの代　本の代、古酒は百文別に五勺《しゃく》ずつ、新酒は百文別に六勺（中略）一、やなぎの代　古酒、百文別三勺、新酒、百文別四勺」とみえ、柳酒屋の酒だけには「やなぎ」と商品名がつけられたうえ、銭百文で買える量も普通の酒のおよそ半分ほどであったことがわかるからである。

酒屋（「七十一番職人歌合」より）

ここにみえる「勺」が仮に酒の量をあらわす単位であったとするならば、一勺は一合の十分の一となるので、銭百文を出しても、「やなぎ」はほんのわずかしか買えないことになる。ちなみに、普通の酒のうち「古酒」でも銭百文で一合の半分の「五勺」しか買えないのだから、室町時代の酒がいかに高価で、なかでも柳酒屋の酒はきわめつけの高級品であったことが知られよう。

ところで、室町時代では、このような酒屋の多くは、同時に土倉《どそう》という金融業者も兼ねていたと考えられている。柳酒屋もおそらく同様であり、その富裕さをささえるもうひとつの柱として、土倉業があった可能性も否定できないと考えられる。

いずれにしてもこのように、室町時代京都を代表する富裕な人々が酒屋と土倉であったわけだが、この両者に対する税である「土倉ならびに酒屋役」に「政所内年中行事要脚」がその基盤をおき、そして、そのうちの十分の一以上を柳酒屋が酒屋役だけでまかなっていたという以上、その富裕さについては、うたがう余地はないといえよう。

檀徒としての柳酒屋

それでは、その柳酒屋と日蓮宗との関係というのはどのようにしてはじまったのだろうか。残念ながらこの点についてふれた室町時代の史料は残されてはいないが、少し時代のさがった戦国時代に書かれたものにはつぎのようにみることができる。

一、日像は永仁二年二月十五日に五条堀川材木の上にて上行所伝《じょうぎょうしょでん》の妙法蓮華経を唱えはじめたまい、四箇の名言をよばわりたまうなり、そのとき受持《じゅじ》申して、檀那に成りはじめ申したてまつる人、その名を法実《ほうじつ》と申すなり、これ柳の酒屋の先祖なり、今に繁昌して部類数多《あまた》なりとうぬん、これ洛陽信者の第二番なり、

これは、『与中山浄光院書』にみえる一節である。それによれば、日像がはじめて京都で布教をはじめたさい、最初の「檀那」となったのが、「柳の酒屋の先祖」にあたる「法実」であったことがわかる。つまり、柳酒屋は、京都での日蓮宗檀徒の最初だったと伝えられているわけだが、この点については、同じく戦国時代に書かれた『日像門家分散之由来記』でも「酒屋柳は檀那のはじめ」とみえるので、共通の理解だったのだろう。

ただし、先にもふれたように、日像の布教開始の日にちが『与中山浄光院書』では、「二月十五日」と記され、また、その布教開始の場所も「五条堀川」であるのに対して、『日像門家分散之由来記』では、「五条西洞院」であったりと、微妙な違いがみられることも事実である。しかし、柳酒屋（あるいはその先祖）が最初の檀徒であるという伝承だけは、ほぼ共通した認識としてあったことはまちがいないであろう。

ちなみに、柳酒屋（あるいはその先祖）は最初の檀徒ではあったが、「洛陽信者の第二番」とみえるよ

うに、信者としては二番であった。『与中山浄光院書』には、「六条坊門室町」の「志《さかん》と申して公方の御大工」が「洛陽信者の第一番」であったと記されているからである。「檀那」と「信者」を厳密に分けている点は、たいへん興味深いが、その違いがどのようなところにあったのかについてはさだかではない。

ただ、柳酒屋の場合でいえば、『日像門家分散之由来記』では、妙本寺再興にあたって、なかなか知見から帰洛しない月明のもとへ「柳屋まかりくだ」ったり、また、「三条坊門の妙本寺、山門より破却の後」に「その所縁にしたがって在々所々《ざいざいしょしょ》に在」った、「大成坊《たいせいぼう》」（仏性院日慶《ぶっしょういんにちけい》）に対して「四条櫛笥の寺」と「一所になれとすすむる檀那は柳党《やなぎとう》」として登場したりと、檀徒としての柳酒屋が個別の寺院や僧侶の枠をこえた動きをみせていたことがうかがえよう。

のちにもみるように、戦国時代の檀徒たちは、どちらかといえば、個々の僧侶とのあいだで師檀関係をむすぶというかたちをとっていたことが史料からも読みとれる。それとくらべたとき、室町時代の檀徒は、より広範なかたちで日蓮宗をささえていたところにその特徴がみられるのかもしれない。おそらくはそのこととも関係するのだろう、先の『蔭涼軒日録』の記事のあとには、「琴斎僧《きんさいそう》、柳家をもって檀那となす」という一節がみえ、柳酒屋がじつは相国寺の禅僧と思われる「琴斎僧」の「檀那」にもなっていたことがわかる。

史料の同時代性からいえば、『蔭涼軒日録』は、まさしく室町時代の史料といえるので、柳酒屋は禅僧の檀徒でもあったと考えざるをえない。が、このような複線的な信仰のありかたというのは、東国の日蓮宗をささえた檀徒にもみられるとされており、[15]室町時代においては、めずらしいものとはいえなかったのかもしれない。

いずれにしても、室町時代の段階においては、日蓮宗をささえていた人々というのは、ほかの鎌倉仏教（鎌倉新仏教）諸宗派と同様、だいたいにおいて公家や武家、あるいは庶民でも富裕な層といった、ある一定の階層以上であったといえよう。

しかしながら、このことは、この時期としてはある意味、当然のことであったともいえる。なぜなら、いまだ室町時代の社会においても、体系だった宗教を理解し、それに信仰をよせるためには、文化的な素養や経済的な力、あるいは社会的な地位が不可欠という価値観が人々を支配していたからである。

もしそうでなければ、これより少しまえの鎌倉時代の後末期に登場してきた鎌倉仏教（鎌倉新仏教）諸宗派の宗祖たちが、難解な学問や造寺造仏《ぞうじぞうぶつ》、あるいは寺領の寄進などが真の信仰のためには不要であることをくりかえし説きつづける必要などなかったのではないだろうか。

したがって、京都が「題目の巷」へと変貌していくためには、なにより人々をそれまで支配しつづけてきた価値観が転換していかなければどうしようもなかったであろう。それでは、それは、室町時代から戦国時代へと社会が変化していくなかでどのようなかたちで具体化していくことになったのであろうか。次章ではそのことを念頭におきつつ、みていくことにしよう。

（1）藤井学「応永の法難と法華宗の「かくれ里」知見谷の歴史」（『法華文化の展開』法藏館、二〇〇二年、初出は一九八八年）。

（2）本書でいうところの「宗門」の見解とは、日蓮宗としての公式見解と目される、立正大学日蓮教学研究所編『日蓮教団全史　上』（平楽寺書店、一九六四年）および日蓮宗事典刊行委員会編『日蓮宗事典』（日蓮宗宗務院、一九八一年）をさしている。

（3）大覚は、かつては『龍華秘書』の記事にしたがって近衛経忠の子と考えられてきたが、これについては、『日蓮教団全史　上』においても否定されている。ただ、それでも『日蓮教団全史　上』は、「近衛家縁故の出身であったろうと思われる」としているが、この点を同時代の文献史料で裏づけることはできない。なお、大覚をふくめた日蓮宗僧の僧官については、小笠原隆一「中世後期における僧位僧官に関する覚書」（『寺院史研究』四号、一九九四年）にくわしい。

（4）備前松田氏については、榎原雅治「備前松田氏に関する基礎的研究」（『日本中世地域社会の研究』校倉書房、二〇〇〇年、初出は一九八八年）にくわしい。

（5）妙顕寺と祈禱寺院にかかわる最新の研究としては、池浦泰憲「南北朝内乱期の祈禱寺―妙顕寺の事例から―」（『ヒストリア』一九二号、二〇〇四年）が知られている。本章の内容も同研究によるところが大きい。

（6）黒田俊雄『黒田俊雄著作集　第2巻　顕密体制論』（法藏館、一九九五年）、『黒田俊雄著作集　第3巻　顕密仏教と

寺社勢力』（法藏館、一九九五年）、平雅行『日本中世の社会と仏教』（塙書房、一九九二年）などに代表される。

（7）延暦寺にかかわる内容ついては、下坂守『中世寺院社会の研究』（思文閣出版、二〇〇一年）、『京を支配する山法師たち―中世延暦寺の富と力―』（吉川弘文館、二〇一一年）によっている。

（8）注（5）、池浦氏前掲「南北朝内乱期の祈禱寺―妙顕寺の事例から―」参照。

（9）注（7）、下坂氏前掲『中世寺院社会の研究』、三枝暁子『比叡山と室町幕府―寺社と武家の京都支配―』（東京大学出版会、二〇一一年）。

（10）注（1）、藤井氏前掲「応永の法難と法華宗の「かくれ里」知見谷の歴史」参照。

（11）田中浩司「日本中世における銭の社会的機能をめぐって」（『熊ヶ谷出土銭調査報告書』一九九六年）。

（12）注（2）、前掲『日蓮教団全史　上』参照。

（13）瀬田勝哉「公方の構想―上杉本「洛中洛外図」の政治秩序―」（『洛中洛外の群像―失われた中世京都へ―』平凡社、一九九四年、のちに『増補　洛中洛外の群像―失われた中世京都へ―』平凡社ライブラリー、二〇〇九年として再刊）。

（14）桜井英治「中世における物価の特性と消費者行動」（『国立歴史民俗博物館研究報告』一一三集、二〇〇四年）、「足利義満と中世の経済」（『ＺＥＡＭＩ　中世の芸術と文化04　特集・足利義満の時代』森話社、二〇〇七年）。

（15）湯浅治久『戦国仏教―中世社会と日蓮宗―』（中公新書、二〇〇九年）。

【第二章】

戦国仏教へ

室町時代から戦国時代

1　寛正六年、文明元年という画期

嘉吉の徳政一揆

応永《おうえい》二十一年（一四一四）に「四条法華堂」が破却されて以降、少なくとも同時代の史料によるかぎり、およそ半世紀にわたって京都の日蓮宗寺院には、延暦寺大衆《えんりゃくじだいしゅ》による弾圧的な動きの矛先がむけられることはなかった。

それは、一般に応永年間から嘉吉《かきつ》元年（一四四一）までの期間が、室町時代のなかでも比較的安定した時期であったこととも無関係ではないであろう。しかしながら、嘉吉元年六月におこった将軍足利《あしかが》義教《よしのり》暗殺事件、いわゆる嘉吉の乱からまもない九月に京都をおそった嘉吉の徳政一揆《とくせいいっき》が、日蓮宗寺院や檀徒たちにあたえた影響というのはけっして少なくなかった。

実際、公家の万里小路時房《までのこうじときふさ》の日記『建内記《けんないき》』の嘉吉元年九月六日条をみてみると、「昨日、五条法花堂炎上す、下辺《しもわたり》今日また炎上す、すでに洛中《らくちゅう》に打ち入る」とあるように、徳政令をもとめて「洛中に打ち入」ってきた土一揆《どいっき》の動きにともない、「五条法花堂」が炎上したことが知られるからである。

この「五条法花堂」が、具体的にどの寺院をさしているのかという点については、これだけではわからないが、あるいは、この時期、「五条大宮」にあった妙顕寺《みょうけんじ》（妙本寺《みょうほんじ》）を意味しているのかもしれない。また、同じく炎上した「下辺」というのも、柳酒屋《やなぎさかや》があった五条坊門西洞院《ごじょうぼうもんにしのとういん》など、洛中南部の市街地を意味するので、柳酒屋など檀徒たちにもその被害がおよんだ可能性は高いであろう。

ところで、右の記事が書かれた『建内記』の同日条によれば、「土一揆」は、「洛中洛外堂舎・仏閣に楯籠《たてこ》もり、徳政をおこなわれずんば、焼き払うべきのよし訴訟」したという。一揆といえば、寄せ集めの集団のようなイメージが強いが、じつはそうではなく、きわめて組織的かつ政治的な動きをみせていたことがわかる。

実際、このときの「土一揆」は、将軍を暗殺した播磨国《はりまのくに》（兵庫県西南部）の赤松氏を討伐するため、幕府軍が京都を留守にしたそのすきをねらって立ちあがったうえ、「徳政」令が出されなければ、「洛中洛外堂舎・仏閣」を焼き払うといった脅しまでかけて、幕府に「訴訟」したことが知られるからである。

「土一揆」が立て籠もった「堂舎・仏閣」とは、具体的には、東寺《とうじ》（教王護国寺《きょうおうごこくじ》）[1]などの顕密《けんみつ》寺院であったことがわかるが、それは、これら顕密寺院が焼き払われてしまえば、王法仏法相依《おうぼうぶっぽうそうい》といった観点からも、その再建を幕府が負わなければならないということまでを「土一揆」が見越したうえでの行動だったことを示していよう。

したがって、顕密寺院ではない「五条法花堂」の炎上は、おそらく計画的なものではなく、混乱のなかでのできごとであったと考えられるが、いずれにしても、このように、「江州《ごうしゅう》」（近江国《おうみのくに》、滋賀県）より「蜂起」したと『建内記』九月十三日条が伝える今回の「土一揆」が、きわめて高度に組織された集団として、幕府を相手に「訴訟」におよんでいたことはあきらかといえる。

そして、その「土一揆」が「訴訟」をとおしてもとめていた「徳政」とは、具体的には、『建内記』の九月十三日条が伝えているように、「無理に借書《しゃくしょ》を破」り、「いわれなく質物《しちもつ》を返す」というものであった。

「借書」（借用証文）を破り、「質物」（借銭の担保として預けた物）を取りかえすとは、すなわち借銭（借金）の帳消しを意味する。それはそのまま、銭《ぜに》を貸しつけている金融業者の土倉《どそう》にとっては、大損害を意味するわけだが、そのこともあって、『建内記』九月十日条によれば、土倉の組織である「土蔵一《どぞういっ》衆《しゅう》」が、「千貫」（銭千貫文《かんもん》）もの「賄賂」を出して、「土一揆」の「濫吹《らんすい》」（乱暴）を止めるよう将軍の補佐役である「管領《かんれい》」（細川持之《もちゆき》）へ訴えたと伝えられている。ところが、「諸大名」のなかで「同心」（同意）しないものが出たため、「管領」は「千貫を返し」たという。

平均の沙汰

結局のところ、幕府は、その主力軍が不在という状況下では、「数万」（『建内記』九月三日条）におよぶ「土一揆」をささえきれないと判断、その「訴訟」をうけいれ、九月十二日付けで徳政令を出すことになる（『建内記』九月十四日条）。当然、土倉のほうは、質物や利子だけではなく、貸しつけた銭（元金）まで失い、甚大な被害をうけることになったが、それはまた、土倉役《どそうやく》にその財源の基盤をおいていた幕府「政所《まんどころ》内《ない》年中《ねんちゅう》行事《ぎょうじ》要脚《ようきゃく》」がとどこおることも意味した。(2)

もっとも、幕府はその土倉役の不足分を酒屋役《さかややく》でおぎなおうとしたとされているので、(3) 酒屋のほうは思いのほか被害をうけなかったこともわかる。実際、そうでなければ、先にもみたように、嘉吉の徳政一揆からおよそ二十五年後となる文正《ぶんしょう》元年（一四六六）という時期に柳酒屋が年間七百二十貫文もの酒屋役を負担することなどできなかったであろう。

それは同時に、土倉役があまり期待できなくなったなか、それをおぎなう酒屋役のかなりの部分を柳酒屋がになうようになったことも意味する。その富裕さが嘉吉の徳政一揆後もなおゆるがなかったことがここからはうかがえよう。

ただ、そうはいっても、日蓮宗の檀徒のなかには、大損害をこうむった土倉もいたであろうし、また、「下辺」が炎上したという以上、その被害をうけた檀徒も少なくなかったにちがいない。しかしながら、今回のできごとが人々にあたえたもっとも大きな影響とは、おそらく、「数万」におよぶ「土《ど》民《みん》」が「土一揆と号して」幕府と真正面から向きあい、みずからの要求である徳政令を勝ちとったという事実のほうであろう。

なぜなら、名もなき「土民」であったとしても、それが「数万」となり、一揆のかたちをとって組織的な行動をおこせば、幕府といった強大な存在とも対峙できるだけでなく、みずからの要求をも通すことができるという、これまでには考えられもしなかったことがおこることを知らしめる結果となったからである。(4)

この場合の一揆とは文字どおり「揆を一にする」(心をひとつにする)ことを意味するが、これ以降、戦国時代がおわるまで、京都ではさまざまな一揆が立ちかわり入れかわり登場していくようになっていくことをふまえたとき、嘉吉の徳政一揆があたえた影響がいかに大きなものであったのかについてはあきらかといえる。(5)

また、そのこととあわせて、『建内記』九月十二日条が伝えているように、幕府が徳政令を「土民」に限定して「裁許《さいきょ》」しようとしたことに対して、「土民ら」が、今回の「訴訟」は「公家・武家の人々」が借銭に「切迫」しているようすを「痛ましく」思っておこなったのであって、公家や武家をふくめて「ことごとくみな同じ」(『建内記』九月十二日条)でなければ意味がないと発言した点にも注目しなければならないであろう。

というのも、実際にも徳政令は、「一国平均《いっこくへいきん》の沙汰《さた》」として出されており、その結果、「悦ぶもの多く、憂うるもの少なし」という、まさに「窮民を救う」(『建内記』九月十四日条)現象をもたらしたことがあきらかとなるからである。

たしかに、「土民ら」の発言は、『建内記』を記した万里小路時房がいうように、「後日の罪科《ざいか》を恐れ」(『建内記』九月十二日条)て予防線をはったものだったのかもしれない。しかし、仮にそうだったとしても、「土民」が「公家・武家」を「窮民」として「救」ったという、いわば逆転現象がもたらした影響ははかりしれず、それまでの価値観をくつがえすのに十分な力をそなえるものとなったことであろう。

それでは、その影響は日蓮宗にかかわる人々に対してどのような影を落とすことになったのであろうか。つぎにそのことについてみていくことにしよう。

延暦寺横川の楞厳院閉籠衆

嘉吉の徳政一揆からおよそ二十五年後、そして応仁・文明の乱がおこる二年前の寛正《かんしょう》六年(一四六五)という年に京都の日蓮宗寺院は延暦寺大衆による弾圧的な動きにひさかたぶりにみまわれることになる。応永二十一年(一四一四)の「四条法華堂」破却からかぞえれば、およそ半世紀ぶりとなるわけだが、そのことをくわしく伝えている史料が『諫暁始末記《かんぎょうしまつき》』とよばれる記録である。残念ながら、その原本や写本はすでに失われているようだが[6]、「著者未詳」「立本寺日胤《りゅうほんじにちいん》」「日住《にちじゅう》」の三人が記したとされる三種類の『諫暁始末記』が知られている。

ところで、宗門では、今回のできごとは、その『諫暁始末記』の著者のひとりである「三条猪熊本《さんじょういのくまほん》

年月日	文書名	宛所
寛正6年12月13日	山門楞厳院閉籠衆事書案	
寛正6年12月25日	室町幕府奉行人連署奉書案	山門使節御中
（寛正6年）12月25日	室町幕府奉行人連署奉書案	所司代
寛正6年12月28日	山門使節連署奉書案	代御中
寛正6年12月29日	年（ママ）頭代書下案	坂公文所

表4　『諫暁始末記』所収文書一覧

覚寺《がくじ》」の日住が、寛正六年十月に将軍足利義政《あしかがよしまさ》に対して「目安《めやす》」（訴状）とみずからの書『妙法治世集《みょうほうちせいしゅう》』をささげたことが「山門《さんもん》の憤り」（延暦寺大衆の怒り）をかい、おこったとされている。しかしながら、この点については、同時代のほかの史料によって確認することができない。

ただ、三種類の『諫暁始末記』のうち、「著者未詳」のものには、このとき延暦寺大衆が出した事書《ことがき》のほか、延暦寺関係の文書や幕府関係の文書も写されており、一連の動きを古文書でもって読みとれる点は貴重といえる。そして、これらの文書をみるかぎり、文献史学の立場からも今回のできごとが事実としてあったとおおよそ判断することが可能となろう。

その写された文書を一覧表にしてみると表4のようになるが、ここでもまた、これまでと同じように延暦寺大衆が事書とよばれる文書を出し、みずからの意志を示したことからその動きがはじまったことが読みとれる。

今回、事書を出した延暦寺大衆とは、具体的には、三塔のひとつ、横川《よかわ》の「楞《りょう》厳院《ごんいん》」（首楞厳院《しゅりょうごんいん》）の「閉籠衆《へいろうしゅう》」[7]であったが、正平《しょうへい》七年（文和《ぶんな》元年、一三五二）のときが西塔《さいとう》（西塔院）であったことを思いおこせば、日蓮宗に対する弾圧的な動きについては、思いのほか三塔の大衆が一致することは少なかったように思われる。

逆からみれば、それは、三塔のうちのひとつ、あるいはさらにその一部の大衆が衆議によって行動をおこしたとしても、延暦寺大衆による動きとみられていたことも示していよう。

ところで、その「楞厳院閉籠衆」の事書をみてみると、その文章のなかには、じつは宗門でいわれているような本覚寺日住の行動を問題視するといった記述を見いだすことはできない。むしろ、そこからは、彼らの目からみた場合、「中ころより日蓮という邪宗がおこって」、顕密の「諸宗を非として、邪義をいたし」たことが「言語道断の次第、前代未聞の乱悪」であり、それゆえ、「数多《あまた》の公人《くにん》ならびに犬神人《いぬじにん》をもって、ことごとく発向《はっこう》せしめ、一段の罪科に処すべき」という、一般的な非難のことばのほうがみられる。

したがって、事書の文面からは、このときなぜ「楞厳院閉籠衆」が、今回のような動きをみせたのかという点についてはさだかにならないわけだが、ただ、事書が出されたという以上、これまでと同様、「公人ならびに犬神人」らが派遣され、日蓮宗寺院破却の段取りがすすめられたことは確実といえよう。

衆会と談合

これまでであれば、この段階で、日蓮宗寺院では住持ならびに寺僧たちが洛外《らくがい》（京外）へ退散することで降参の意志をあらわすというのが通常であった。ところが、今回は、少しようすが異なっていくことになる。

　というのも、「楞厳院閉籠衆」の事書の存在を知った「洛中の諸寺」は、ただちに退散するのではなく、「本覚寺へ衆会《しゅえ》」して「談合」におよんだと「著者未詳」の『諫暁始末記』には記されているからである。ここからは、この時期の京都の日蓮宗寺院に「衆会」や「談合」といった横のつながりがうまれていたことが読みとれよう。

　「立本寺日胤」の『諫暁始末記』によれば、本覚寺に集まったのは「廿九《にじゅうきゅう》箇寺《かじ》」であり、いっぽう、「本迹勝劣《ほんじゃくしょうれつ》」（一致・勝劣については134ページ後述）方の「六箇所」は「寄らず」とある。これによって、この当時、洛中（京中）には三十を越す日蓮宗寺院があったことがわかるが、ただ、これらが、いわゆる二十一本山とどのような関係にあるのかについてはさだかではない。しかし、複数の日蓮宗寺院が「衆会」し、「談合」をもっていたという事実が知られる点は貴重といえよう。

　そして、そのうえで注目されるのが、その「談合」の結果、「洛中の諸寺」が「山門の奉行布施《ふせ》方」へ「伺《うかがい》」をたて、その「山門の奉行」（山門奉行）より「谷々《たにだに》知らず」（谷々の大衆は今回のことに関知していない）といった内部情報を入手している点である。

　ここにみえる「谷々」とは、延暦寺三塔を構成する十六の谷々を意味し、また山門奉行とは、室町幕府におかれた延暦寺（山門）にかかわることがらをあつかう奉行を意味するが、これらのことから、今回の「楞厳院閉籠衆」の動きがけっして三塔全体の意志を反映したものではなかったことが知られる。と同時に、山門奉行といった幕府要人とも「洛中の諸寺」が日常的に何らかのつながりをもっていたことも知られよう。

このとき山門奉行の職にあったのが、将軍側近の実務官僚として知られる奉行人《ぶぎょうにん》のひとり布施貞基《ふせさだもと》である。おそらくはこの布施から情報を得たのであろう、ときの侍所頭人《さむらいどころとうにん》（所司《しょし》）であった「京極《きょうごく》大膳大夫《だいぜんたいふ》」（持清《もちきよ》）も動き出し、そこから「公方様」（足利義政）の「御耳へ入」った結果、出されたのが「御奉書《ごほうしょ》」、すなわち表4にみえる室町幕府奉行人連署奉書（案）であった。

「御奉書」（奉行人連署奉書）とは、将軍の命令をうけた奉行人らの署名によって出された文書を意味するが、その文面をみてみると、「洛中洛外法華堂」を「山門沙汰として破却す」ると聞いたが、「中古以来、わずらいな」く過ごしてきたにもかかわらず、このような「狼藉」は「悪徒ら」のおこないといわざるをえず、よって、「もし公人以下の発向あらば」、すみやかに「誅伐《ちゅうばつ》」を加えるようにとの将軍の命令が出されていたことがわかる。

つまり、これによって、「楞厳院閉籠衆」による日蓮宗寺院破却といった今回の動きを幕府が阻止にまわるという、これまでにはみられなかった流れで事態が推移していたことが知られるのである。

文書の流れ

その流れをあらためて表4の文書で確認していくと、まず「御奉書」は、寛正六年十二月二十五日付けで「山門使節御中《さんもんしせつおんちゅう》」と「所司代《しょしだい》」にあてて二通出されたことがわかる。このうちの「所司代」とは、洛中の治安をまもる侍所頭人（所司）の代官を意味するので、ここから幕府自身が、「洛中無為《むい》ならしめんがため」（洛中の平和を維持するため）、実際に行動をおこす意志をもっていたことがわかる。

また、「山門使節」とは、幕府と延暦寺大衆の仲介役であると同時に、延暦寺内の守護ともいえる権限をみとめられた有力な山徒《さんと》たちを意味するが、⑻その山門使節にあてて「御奉書」が出されたのは、まさしく幕府の命令を延暦寺大衆に伝達するためであった。

そして、その伝達が実際におこなわれたことを示しているのが、表4にみえる寛正六年十二月二十八日付けの山門使節連署奉書（案）である。それによれば、山門使節たちは、幕府から「御奉書」が出されたことを「代御中《だいおんちゅう》」へ伝え、「代御中」から「かの院の閉衆《へいしゅう》に相触れ」るよう要請していたことが読みとれる。

この「代御中」の「代」が具体的に何をさしているのかという点については、これだけではよくわからないが、おそらくは、三塔を代表する「執行代《しぎょうだい》」「別当代《べっとうだい》」か、あるいは谷々を代表する「学頭代《がくとうだい》」のことであろう。⑼

延暦寺には、三塔のうち、東塔・西塔に執行代、横川に別当代という代表者がおかれており、さらに十六におよぶ谷々にもおのおの学頭代という代表者がおかれていたことが知られているからである（図2）。

したがって、表4にみえる文書のうち、残された寛正六年十二月二十九日付けの文書は、それらの代表者のいずれかから「坂公文所《さかくもんじょ》」[10]へ出されたものとなる。「坂公文所」とは、犬神人《いぬじにん》たちも居住する清水坂《きよみずざか》に住まう「坂者《さかのもの》」とよばれた人々を支配する機関のことだが、ここからは、「楞厳院閉籠衆」からの下知が出されたとしても、「粗忽《そこつ》の儀」（誤ったこと）をおこなわないよう、「坂公文所」から「坂《さか》中《ちゅう》」に対して「相触れ」られていたことが読みとれよう。

もっとも、ここでなぜ、「坂公文所」に対して文書が出されたのか、これだけではくわしいことはわからない。というのも、もし犬神人に何らかの指示を出す必要があるのであれば、彼らが所属する祇園社《ぎおんしゃ》へ文書を出すのが定石と思われるからである。

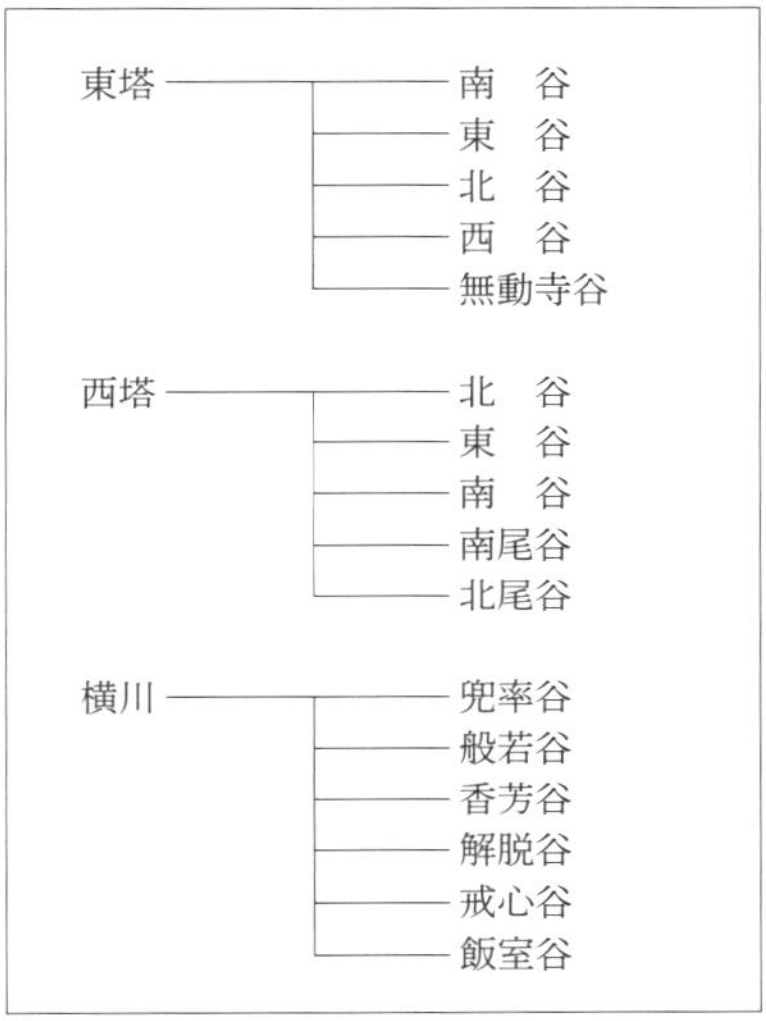

図2　延暦寺三塔十六谷（武覚超『比叡山三塔諸堂沿革史』［叡山学院、1993 年］を参照）

しかしながら、すでに「楞厳院閉籠衆」という大衆による事書が出されている以上、それをくつがえすことはむずかしかったのだろう、そのため、それとは別系統からの伝達というかたちをとったのではないかと思われる。

いずれにしても、このように、文書の流れからみても、延暦寺大衆による弾圧的な動きが幕府によって阻止されたことは確実といえる。つまり、日蓮宗寺院は、歴史上はじめて延暦寺大衆による弾圧的な動きをみずからが退散することなく回避することに成功したのであった。

防戦と一揆

それではなぜ、このとき幕府は日蓮宗寺院をまもるかのような姿勢を示したのだろうか。その理由について「著者未詳」の『諫暁始末記』は、「当今《とうぎん》御即位のみぎりと申し、また今出川殿《いまでがわどの》の御元服《げんぷく》と申し、かたがた洛中無為ならしめんがため」と、「当今」（ときの天皇である後土御門《ごつちみかど》天皇）の即位の時期と将軍の後嗣《こうし》とされていた「今出川殿」（将軍足利義政の弟である足利義視《よしみ》）の元服の時期とが重なっていたため、幕府としては洛中で騒動をおこさせるわけにはいかなかったと記している。

幕府がほんとうにこのようなことを理由に「楞厳院閉籠衆」による動きを阻止したのかどうかについてはさだかではない。ただ、後土御門天皇の即位が寛正六年十二月二十七日（『蔭涼軒日録《いんりょうけんにちろく》』十二月二十七日条ほか）に「太政官庁《だじょうかんちょう》」でおこなわれ、また、足利義視の元服も十一月二十日（『親元日記《ちかもとにっき》』十一月二十日条ほか）におこなわれたことが事実である以上、十分ありえる話ではあっただろう。

いっぽう、「立本寺日胤」の『諫暁始末記』には、「京極大膳大夫入道殿、当宗御信仰たるにより」と記されており、侍所頭人の京極持清が日蓮宗を「御信仰」していたことも影響したとみている。京極持清がほんとうに日蓮宗信者であったのかどうかについても確認しようがないが、ただ、つぎのような発言を同時にしていたと記されている点は注目されよう。

京都の半分は法華宗たるうえは、信心《しんじん》の檀那ら身命を捨ててこれを防戦せば、洛中もってのほか乱るべし、

この時期、実際に「京都の半分は法華宗」の信者や檀徒となっていたのかどうかはわからない。が、「楞厳院閉籠衆」の事書どおりに「公人ならびに犬神人」が派遣されてきたならば、「信心の檀那ら」が「身命を捨ててこれを防戦」することとなり、そうなると「洛中もってのほか乱る」という観測を洛中の治安をあずかる侍所頭人京極持清がもっていたことはうかがえる。

京極持清がこのような観測をもつにいたった背景には、おそらく、この直前の十一月にも土一揆が蜂起、東寺に閉籠し、その「警固《けいご》」（『蔭涼軒日録』十一月十一日条）のため出動したということもさることながら、これより先、二十五年前の嘉吉元年（一四四一）の徳政令の書面に「中務《なかつかさ》少輔《しょうゆう》源《みなもとの》朝臣《あそん》」として署名したのが、ほかならない持清自身であったことも関係していよう。

じつは持清は、嘉吉の徳政一揆のころをふくめて、この時期までに三度にわたって侍所頭人の職にあったことで知られている。おそらくは、その職務上、持清は、幕府をささえる重臣のだれよりも「土

民」ら衆庶の変化を身をもって感じとっていたのではないだろうか。

そして、そのことを端的に示すことばが、「防戦」というものであったと考えられる。なぜなら、このことばからは、延暦寺大衆による弾圧的な動きがみられたとしても、かつてのように何のうたがいもなく退散するしかなかった状況から、むしろそれと対峙し、応戦するという道をえらぶまでに人々の価値観が変化をとげていたようすが読みとれるからである。

もちろん、延暦寺大衆という強大な存在と対峙し、「防戦」するためには、ひとりやふたりではどうしようもない。したがって、「信心の檀那ら」も「洛中の諸寺」と同様、横のつながりをもつにいたっていたと考えられるが、とすれば、この時期の京都の日蓮宗においては、寺院同士の横のつながりとともに、檀徒同士の横のつながりも存在し、それらが一致して「防戦」という姿勢を示していたことになろう。それはまさに一揆にほかならず、嘉吉の徳政一揆の影響は、日蓮宗にかかわる人々にもこのようなかたちで影を落としていたということが知られるのである。

ちなみに、日住の『諫暁始末記』によれば、「洛中の諸寺」では、「かかる一味談合は古今になきことなれば」とみえ、今回のような一揆的な「一味談合」は「古今になき」こととされている。たしかに今回のことは、「楞厳院閉籠衆」による弾圧的な動きという危機に直面して、すがたをあらわすことになったわけだが、その底流にはおそらく、それまで日蓮宗にかかわる人々を支配してきた価値観が確実に変化をとげていたということもあったのではないだろうか。

いずれにしても、「洛中の諸寺」は、翌寛正七年（一四六六）二月十六日、宗祖日蓮の生誕の日に「一致和睦《いっちわぼく》」の「契約状」をむすぶことになる。いわゆる寛正の盟約とよばれるものであるが、ただ、そのむすびつきが恒常的な組織を立ち上げていくまでには、もう少し時間が必要となる。

そのことについては、のちにあらためてみることにして、ここでは、それまで寺院ごと、あるいは門流ごとであった活動が、このころを境に僧俗（出家と在家）の集団を意味する「宗」（日蓮宗・法華宗）、あるいは「衆」（日蓮衆・法華衆）の活動として外部からもみられるようになっていくという点には注意しておくことにしよう。

日蓮宗寺院と本願寺

ところで、ここまでみてきた寛正六年という同じ年に、当時、京都東山《ひがしやま》にあった本願寺（大谷本願寺）もまた延暦寺大衆の弾圧的な動きにみまわれたことが知られている。[11] 本願寺では、これを寛正の法難《ほうなん》[12]とよんでいるが、その年の正月八日に「西塔院勅願不断経衆《ちょくがんふだんきょうしゅう》」の事書（『叢林集《そうりんしゅう》』）が出され、「山門馬借《ばしゃく》」が「十一日に本願院に押し寄せ」（『経覚私要鈔《きょうかくしようしょう》』正月十二日条）たことが史料からは読みとれるからである。

また、そればかりではなく三月二十二日には、「山門より東山本願院ことごとく破却せし」め、「犬神人まかりむかい、壊《こぼ》ち取」（『経覚私要鈔』三月二十二日条）られたとも伝えられているので、本願寺の

大谷本願寺故地碑（京都市東山区・崇泰院）

場合は、日蓮宗寺院とは異なり、寺院そのものが破却されてしまったことが知られよう。

　このように、延暦寺大衆と一口にいっても、日蓮宗寺院の場合は「楞厳院閉籠衆」であり、また、本願寺の場合は「西塔院勅願不断経衆」と、別々の大衆が弾圧的な動きをみせたことがあきらかとなるが、ここで本願寺と日蓮宗寺院がともに同じ年に標的にされたということが単なる偶然と考えるほうが不自然であろう。

　実際、ふりかえってみればあきらかなように、南北朝時代の正平七年（文和元年、一三五二）のときもまた、妙顕寺が破却されようとしたさい、同じように浄土真宗の仏光寺《ぶっこうじ》も標的にされていたからである。あるいは、延暦寺大衆のなかには、日蓮宗・浄土真宗に対しては同時に弾圧的な動きをみせるといった伝統のようなものがあったのかもしれないが、その意味では、寛正六年もまた、正月と三月に本願寺が破却された実績をうけて、日蓮宗寺院も同じような危機にみまわれることになったと考えられよう。

そのうえで注目されるのは、本願寺が破却されたのと同じ三月に近江国における本願寺の拠点のひとつとして知られる金森《かねがもり》が「山徒」によって攻められたさい、「日浄坊《にちじょうぼう》」という「山徒」の「責衆《せめしゅう》の大将」ほか三人が門徒たちの手によって「打ち捨て」（『本福寺跡書《ほんぷくじあとがき》』）られてしまったという事実であろう。その行為は、まさに「防戦」にほかならず、近年の研究では、これが一向一揆のはじまりとされているからである[13]。

こうなると、この後、京都を席巻するようになる法華一揆と一向一揆というふたつの宗教一揆が、ともに寛正六年にそのはじまりをおいていたことになる。そして、この両者に共通するところとは、ともに、かつては絶対的な存在であった延暦寺大衆との関係が相対的なものへと変化していったことにあろう。

ただし、そのいっぽうで、延暦寺大衆との距離感という点では、じつは両者のあいだに大きな違いもあったことには注意しなければならない。というのも、本願寺が、寛正六年からわずか二年後の応仁元年（一四六七）三月には、延暦寺三門跡のひとつである「青蓮院門跡《しょうれんいんもんぜき》」の「御口入《くにゅう》」（口添え）によって「三院寛宥《かんゆう》の儀」をとりつけ、三塔（三院）のうちの西塔の末寺に加えられて、毎年「参千疋《さんぜんびき》」（銭三十貫文）の末寺銭を「奉献《ほうけん》」する「契約」（『本善寺文書《ほんぜんじもんじょ》』）をむすぶようになっていたからである[14]。それに対して、日蓮宗寺院のほうには、そのような形跡がまったくみられない。

この距離感が、この後、両者があゆむ道を大きく分けることになるわけだが、そのことについてものちにふれることにして、この寛正六年のときの実績が日蓮宗寺院や僧俗の集団としての日蓮宗にとっていかに大きなものだったのかについてもみておくことにしよう。

寛宥の儀をもって捨て置く

文明元年（一四六九）といえば、寛正六年から四年後にあたる年だが、すでに応仁《おうにん》元年（一四六七）にはじまった応仁・文明の乱の真っただなかという時期になる。その文明元年の七月二十六日という日付で「山門楞厳院中堂閉籠衆」が事書を山門奉行に出し、すみやかに幕府から「御奉書」をくだして、「法花宗の奴原《やつばら》」を「搦《から》めとり、唐崎《からさき》の霊波《れいは》に沈め」るように願いたい、もしその「御成敗遅滞《ちたい》あらば、犬神人をもって彼らの住所を懸《か》け」る、との「衆議」を伝えたことが史料（『京都大学所蔵文書』）によってあきらかとなる。

この「山門楞厳院中堂閉籠衆」とは、おそらく寛正六年のときに日蓮宗寺院に対して弾圧的な動きをみせた「楞厳院閉籠衆」と同じであろう。事書の文面をみてみると、「先年一向専修《いっこうせんじゅ》の奴原」に対して「山門として退治を加え、住所を放火し、党類を誅戮《ちゅうりく》し」たと記したうえで、「法花の奴原」のおこないは「一向専修の奴原」と「同前」であると、寛正六年に「西塔院勅願不断経衆」が本願寺を破却したことへの対抗心のようなものが読みとれるからである。

また、それは対抗心であると同時に、焦りのようなものでもあったらしく、重ねて翌八月三日付けで、今度は「法花宗」にあてて事書（『京都大学所蔵文書』）を出し、「論決」（宗論《しゅうろん》）をするために「時日《じじつ》を移さず、登山をとぐべき」（すみやかに比叡山に登ってくるように）とも命じている。

ここからは、どのようなことをしてでも「楞厳院閉籠衆」が日蓮宗寺院に対して弾圧を加えようとしていたことが知られるが、ところが、ここでもまた思いもかけないようなところから、その動きに待ったがかけられることになる。

というのも、それからわずか五日後の八月八日付けで「山門本院政所《ほんいんまんどころ》集会《しゅうえ》」、つまり東塔《とうとう》政所に結集した大衆が山門奉行に事書（『京都大学所蔵文書』）を出したことがわかるからである。しかも、その文面は、「楞厳院閉籠衆」のことを「別心《べっしん》の悪徒」としたうえで、彼らの行動は「三院一同の儀にあらず」、「日蓮宗を追放すべきのむね、下知《げち》を加え」たことは「言語道断の次第」とまでいいきる、「楞厳院閉籠衆」とは真っ向から対立する内容をもつものであった。

ここからは、延暦寺大衆のなかでも、日蓮宗に対する温度差がかなり大きくなっていたことがうかがえるが、ここでより重要なのは、「山門本院政所集会」の事書に「彼の宗（法華宗・日蓮宗）においては、先年あらあらその沙汰におよばるといえども、寛宥《かんゆう》の儀をもって捨て置かれおわんぬ」とあるように、東塔政所に結集した大衆の判断に「先年」（寛正六年）の「沙汰」が大きく影響をあたえていたという事実があきらかとなる点であろう。

ここで「寛宥の儀をもって捨て置」くとみえるように、東塔政所に結集した大衆としても、けっして日蓮宗の存在をみとめたわけではなかったようだが、しかしながら、さまざまな事情によって、「寛宥」（寛大な心をもって相手の罪やあやまちをゆるす）せざるをえず、「捨て置」くほかないというのがこのころの判断であった。それを、わざわざ蒸しかえすような「楞厳院閉籠衆」の動きに対して、彼らが不快感を示したというのが、おそらく実際のところだったのではないだろうか。

その結果として、幕府がくだした判断がどのようなものだったのかといえば、それは、「当宗」（法華宗・日蓮宗）に対して出された、つぎの室町幕府奉行人連署奉書（案）（『京都大学所蔵文書』）からあきらかとなる。

法花宗のこと、山門楞厳院として追放すべきのむね申しそうろうあいだ、その謂《い》われなきのおもむき、奉書を三院になされおわんぬ、早く存知《ぞんじ》せられ、向後《こうご》、申し来たるといえども、承引《しょういん》あるべからずそうろうよし、仰《おお》せ出《いだ》されそうろうなり、よって執達《しったつ》くだんのごとし、

文明元

八月廿二日

（布施）貞基在判《ざいはん》

（飯尾）之種在判

当宗御中

先にもふれたように、奉行人連署奉書とは、将軍の命令をうけた奉行人らが署名した文書を意味する。差出にならぶ布施《ふせ》「貞基《さだもと》」と飯尾《いいお》「之種《ゆきたね》」のふたりがその奉行人となるが、このうち、布施貞基は、寛正六年のときもそうであったように、山門奉行でもあった。そして、彼ら奉行人がうけた将軍の命令とは、つぎのようなものであった。

すなわち、今回、「山門楞厳院」が「法花宗」(日蓮宗)を「追放」しようとする行為は、「謂《い》われないことであり、そのことはすでに延暦寺の「三院」にも奉書で伝えた。よって、「法花宗」においても、そのことを「存知」し、今後、「山門楞厳院」から同様のことを「申し来」たったとしても、「承《しょう》引《いん》」する必要はない、と。

ここからは、幕府が、「楞厳院閉籠衆」の事書をしりぞけ、「山門本院政所集会」の事書のほうを採用したことがあきらかとなる。つまり、これによって、幕府もまた、寛正六年のことをふまえて、東塔政所に結集した大衆と同様、京都における日蓮宗の存在を「寛宥の儀をもって捨て置」く姿勢を明確にしたといえよう。

もっとも、先にもふれたように、文明元年といえば、応仁・文明の乱の真っただなかであり、幕府としては、東西に分かれて戦う大名や武士以外の人々による騒乱までもが洛中でおこることをさけたいという思いもあったのであろう。いっぽう、「山門本院政所集会」の事書の内容も、延暦寺大衆を代表する意見であったのかどうかについてもかならずしもさだかではないが、しかしながら、事実として幕府と延暦寺大衆が、京都の日蓮宗に対して「寛宥の儀をもって捨て置」くという姿勢を示したことの意義はおそらく想像をはるかにこえて大きなものであったにちがいない。

よく知られているように、かつて藤井学《ふじいまなぶ》氏は、日蓮や親鸞の「教説がいわば国民的規模で民衆思想の地位を得たのは、たとえば史料の上で、幾万幾十万《いくまんいくじゅうまん》の数をもって門徒一揆が蜂起する戦国以降」のことであり、「この意味では、真宗も法華宗も、鎌倉仏教というよりは、戦国仏教と考えたほうがはるかに実態に即した呼称である」[15]とのべたことがある。

いわゆる「戦国仏教」論の提起とされているものであるが、その前提としては、それまでの研究が、漠然としたかたちで、日蓮宗が応仁・文明の乱以降に京都において爆発的にその勢力を増していくといった指摘があった。

しかしながら、ここまでみてきたことからもあきらかなように、その勢力が増していくための基盤となるような事実が、じつは寛正六年、そして文明元年にあったという点についてはあらためて注意しておく必要があろう。京都の日蓮宗が、いわゆる「戦国仏教」へとあゆみをはじめたのだとすれば、その画期とは、まちがいなく応仁・文明の乱をはさんだこの時期にあるといえるからである。[16]

それでは、このように「戦国仏教」としてのあゆみをはじめた京都の日蓮宗のようすとは、具体的にはどのようなものだったのだろうか、そのことをつぎにみていくことにしよう。

2 応仁・文明の乱後の繁昌

大宮の少路以東

彼の寺造作《ぞうさ》などのこと、大宮の少路《（大路）》以東に出すべからざるのよし定められおわんぬ、しかるに今度文明の乱以後、京中に充満す、

これは、公家の九条尚経《くじょうひさつね》の日記『後慈眼院殿御記《ごじげんいんどのぎょき》』の明応《めいおう》三年（一四九四）十月十三日条に記された記事である。十月十三日といえば、日蓮の忌日《きじつ》であり、また、「彼の寺」とは、日蓮宗寺院のことをさすが、尚経の認識としては、いつのころからかさだかではないものの、日蓮宗寺院は、「大宮の少路《こうじ》」（大宮大路）より東側には「造作」（建物をつくること）してはいけないと定められていたという。ところが、「文明の乱」（応仁・文明の乱）以後、「大宮の少路」（大宮大路）を越えて「京中」（洛中）にまで数多くの日蓮宗寺院が「充満」するようになった。

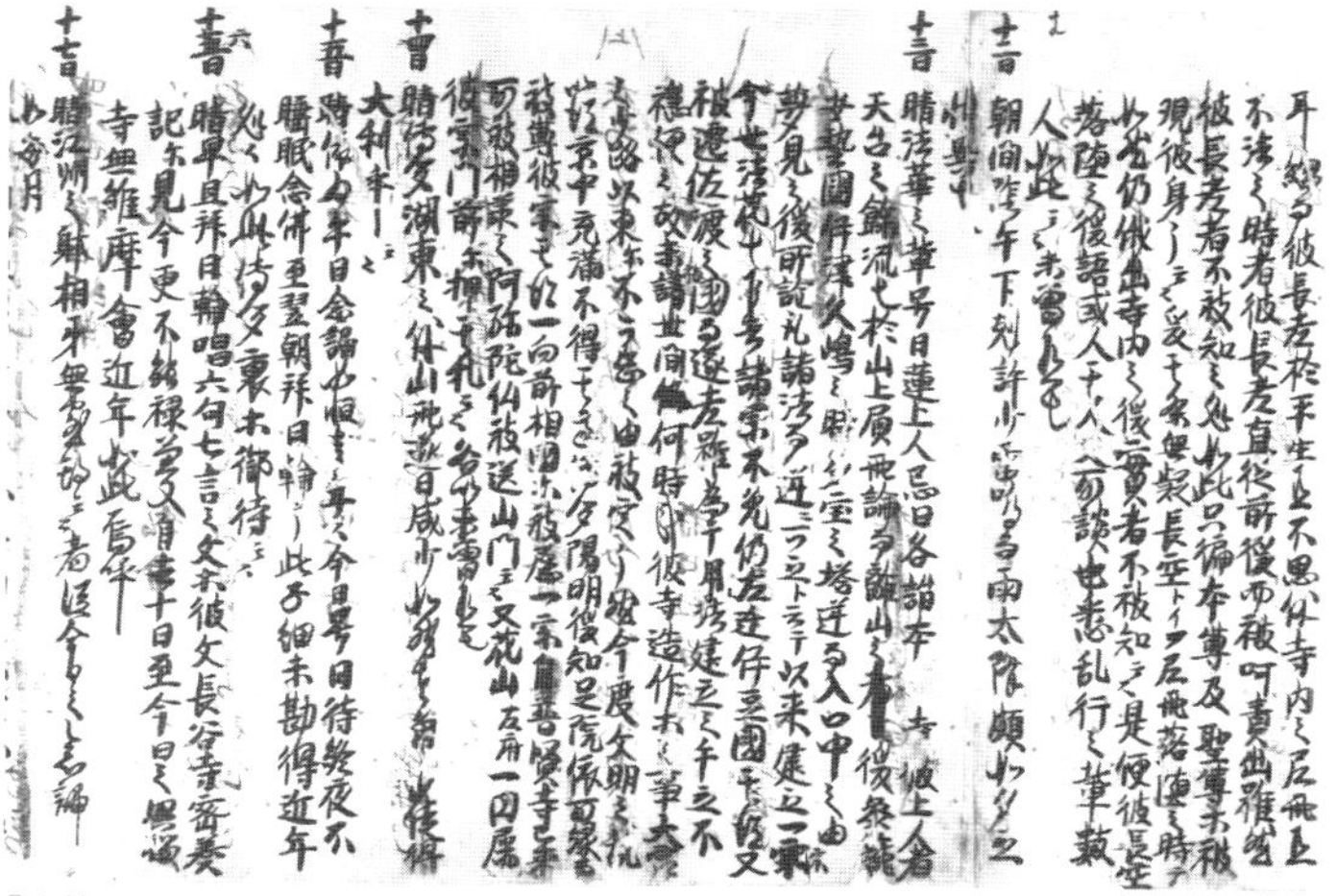

『後慈眼院殿御記』（部分・宮内庁書陵部所蔵）
10月13日条の8行目に「然今度文明之乱以後京中充満」とある。

　ここで、わざわざ「文明」という年号が記されていることからもわかるように、当時の公家社会においても、応仁・文明の乱、あるいは文明年間（一四六九～八七）を境にして急速に日蓮宗の勢力が拡大していったという認識のあったことがわかる。

　その具体的なできごととして右の記事で注目されているのが、寺院が「大宮の少路」（大宮大路）を越えて建てられるようになったということであったが、それがなぜ大宮大路なのか、といえば、その背景には当時、京都に住んでいた人々、とりわけ公家たちがいだいていた、いわば京都観（洛中観、京中観）というものがあった。

　というのも、当時の公家たちが京都（洛中、京中）と意識していた範囲はきわめてかぎられたものであり、ごくおおざっぱにいえば、平安京以来、どんどんせまくなっていく傾向にあったからである。具体的には、室町時代から戦国時代にかけて、彼らが、京都と意識していた範囲とは、北は一条大路《いちじょうおおじ》、南は九条大路《くじょうおおじ》、東は京極《きょうごく》（東京極《ひがしきょうごく》）大路《おおじ》、西は大宮大路《おおみやおおじ》という、平安京とくらべれば、四分の一以下のせまさとなっており、その西の境界となっていたのが大宮大路にほかならなかったのである。

つまり、公家たちの認識でいえば、日蓮宗寺院は、本来、大宮大路より東側の京都のなかには建ててはいけないことになっていたのが、文明年間を境にそれが大きく変わってしまったことになる。もっとも、室町時代の段階で、実際に日蓮宗寺院がどこに建てられていたのかという点を確認することは思いのほかむずかしい。

たとえば、同時代の史料で確認できるものだけで考えても、妙顕寺（妙本寺）が「五条大宮」（『伝灯抄』）、また本能寺も「六角《ろっかく》以南、四条坊門《しじょうぼうもん》以北、櫛笥《くしげ》以東、大宮以西」（『本能寺文書』）と、たしかに大宮大路より西に所在するいっぽう、本覚寺が「三条猪熊《さんじょういのくま》」（『諫暁始末記』）、同じように本法寺も「三《さん》条万里小路《じょうまでのこうじ》」（『諫暁始末記』）と、すでに大宮大路より東に所在する寺院も存在したからである（図3）。

しかしながら、戦国時代のある時期以降、妙顕寺が「東　西洞院、南　三条坊門、西　油小路、北限　二条大路」（『妙顕寺文書』）、また本能寺が「六角と四条坊門、油小路と西洞院」（『本能寺文書』）と、大宮大路よりはるか東に寺地をかまえるようになることも確実であるので、尚経が記したことは、その流れをいち早くつかんだものとして貴重といえよう。

このように、京都のなかに寺院を建ててはいけないといった公家たちの認識は、おそらく日蓮宗に

図３　室町時代〜応仁・文明の乱前後の日蓮宗寺院所在図
［注］参考のため、本能寺②・妙顕寺③・妙覚寺②として、戦国時代の所在地も示した。

限定されるものではなかったと考えられるが、日蓮宗の勢力が拡大していく動きと寺院の建立とが相まって、尚経の目にはとくに目立ったものとして映ったのかもしれない。

近衛房嗣の信仰

ところで、右の記事の前には、「法華のともがら」が「日蓮上人忌日と号して、おのおの本寺に詣ず」ようすについてもおどろきをもって伝えられている。ここからは、日蓮宗信者が宗祖日蓮の忌日に各寺院へ参詣するといった行事のようなものがすでに成立していたことが知られる。と同時に、そのことを耳にした尚経が、「彼の上人（日蓮）は、天台の余流」であり、「いまだ世間に請けられず」と記している点にも注意しなければならないだろう。

ここからは尚経が、日記に記したことがらを歓迎しておらず、むしろ理解しがたいといったニュアンスをこめていたことがあきらかとなるからである。公家たちの日蓮宗に対する認識が、十五世紀末という時期にいたってもなお、延暦寺大衆ら顕密僧と共通したものであったことがうかがえよう。

したがって、そのような認識からすれば、右の記事の後に記した、つぎのようなことがらはとうていゆるされるものではなかった。

陽明後知足院（近衛房嗣）、所縁《しょえん》によりて彼の宗を尊ばる、その後、一向、前相国（近衛政家）ら一宗に属され、普賢寺（近衛基通）よ

近衛殿（「上杉本洛中洛外図屏風」部分・米沢市上杉博物館所蔵）

り已来相承《いらいそうしょう》せらるところの阿弥陀仏を山門に送らると
うんぬん、また、花山左府（花山院政長）、一円彼の宗に属し、門前に
その札を押すとうんぬん、おのおのもって未曾有《みぞう》なり、

「陽明後知足院《ようめいごちそくいん》」とは、このころすでに故人であった公家の近衛房嗣《このえふさつぐ》をさす。その房嗣が「所縁」によって「彼の宗」（日蓮宗）を尊崇しはじめたのをきっかけに、その信仰が息子の「前相国《さきのしょうこく》」（近衛政家《まさいえ》）のときに強まり、「普賢寺《ふげんじ》」（近衛基通《もとみち》）以来伝えられてきた阿弥陀仏を「山門」（延暦寺）へ送りかえすまでにいたったという。また、それだけではなく、同じく公家の「花山左府《かざんさふ》」（花山院政長《かざんいんまさなが》）も熱烈な日蓮宗信者となり、その「門前」に「札」を押すまでになったという。

これらのことを耳にした尚経は、「未曾有」のこととして最大限のおどろきを示しているが、尚経がおどろくのも無理はなかった。というのも、近衛家といえば、尚経の家である九条家とともに、摂家《せっけ》として摂政《せっしょう》や関白《かんぱく》に任じられる、公家のなかでも最上級の家柄であり、また花山院家も、その摂家につぐ高い家格をほこる清華家《せいがけ》に属していたからである。つまり、ここからは公家社会の頂点に位置し、しかもその中枢をになうような人々のあいだにも日蓮宗の信仰が広がっていたことが知られよう。

このうち、近衛房嗣は、応永九年（一四〇二）にうまれ、長享《ちょうきょう》二年（一四八八）に亡くなるので[17]、まさに室町時代から戦国時代にかけて生きた人といえる。そして、その房嗣が日蓮宗信者となったのもまた、おそらく文明年間ごろと考えてよいだろう。

房嗣には、『後知足院関白記《ごちそくいんかんぱくき》』という日記が残されているが、現在に伝わる分のうち、応仁二年（一四六八）までの記事には日蓮宗関連の記事がいっさい記されていないのに対して、文明十六年（一四八四）二月二十三・二十四日条の記事には、ともに「談義《だんぎ》」を「聴聞《ちょうもん》」するため日蓮宗寺院である「本萬寺《ほんまんじ》」（本満寺）にむかったことなどが記されているからである。

また、その息子近衛政家の代になると、一族・家族のあいだにも日蓮宗信仰が広がっていったことが知られている[18]。たとえば、政家の娘と考えられる「奥御所《おくごしょ》」[19]の信仰のようすについては、政家の日記『後法興院記《ごほうこういんき》』からもつぎのようにくわしく読みとることができるからである。

奥御所の臨終

その『後法興院記』明応五年（一四九六）閏二月八日によれば、「奥御所」は、いつのころからか「歓楽《かんらく》」（病気）をわずらっていたことがわかる。そのこともあって、同月十二日には、病気平癒の「祈禱のため、本満寺僧衆を召し、千巻陀羅尼《だらに》を読ましめ」たという。

しかしながら、その甲斐もなく翌三月四日には、病状が「危急」な状態となる。そのため、「奥御所」自身が「本満寺」にむかったと『後法興院記』には記されている。ここでなぜ「奥御所」が本満寺にむかったのかといえば、それは、万一、屋敷内で亡くなってしまえば、その死の穢れで父政家をはじめとした人々の公務に差しさわりが出ると考えられたためであった。

このように、死をまじかにひかえた人が屋敷の外に出るというのは、公家社会では一般的な慣習として知られているので、とりたてて特別なこととはいえない。しかしながら、そのむかった先が本満寺であったという点からは、「奥御所」をはじめとした近衛家の人々の信仰のようすをうかがうことができよう。

しかも、「奥御所」は、この本満寺で、翌五日に父政家や兄弟である「関白」（近衛尚通《ひさみち》）、そして「女中衆《じょちゅうしゅう》」といった家族をまえにして、「当宗旨の儀、信心堅固」のようすをみせ、「没後のことなど種々いい置」いたという。おそらくは、みずからの葬礼のことなどについていい残したのではないかと考えられるが、はたして翌六日、「奥御所」は「日没時分、入滅《にゅうめつ》」してしまう。

「臨終正念《りんじゅうしょうねん》、題目を唱えらる」と『後法興院記』には記されているので、「臨終」のまぎわに「題目」を唱えつつ亡くなるという、享年「廿三《にじゅうさん》」としては「比類なく」立派な最期であったことが知られよう。

以上のことから、「奥御所」がいかに強く、そして深く日蓮宗を信仰していたのかがしのばれるが、もっとも、彼女がいつ日蓮宗に帰依したのかという点についてまではさだかではない。ただ、三月十六日に京都の葬送の地として知られる「千本《せんぼん》」でおこなわれた「葬礼」は、「本満寺より沙汰」され、そして「善種院《ぜんしゅいん》」という「諡号《しごう》」と「妙尊《みょうそん》」という「法名《ほうみょう》」が「奥御所」にさずけられたと『後法興院記』には記されているので、遺言どおり最後までその信仰をつらぬきとおしたことがあきらかとなろう。

ちなみに、同年十一月二十五日には、「余《よ》」（政家）の「姉」である「瑞光院《ずいこういん》」「五十八」歳も、「いまだ事切《ことき》れざるとき」に「本満寺に移」され、「入滅」（死去）し、また、明応九年（一五〇〇）十二月二日には、もうひとりの「姉」で「今年六十」歳であった「端御所《はしごしょ》」が、「本満寺に移」されて「他界」したと『後法興院記』には記されている。

残念ながら、近衛家の男性のようすについては、『後法興院記』ではいまひとつ読みとれないが、このように女性の記事がめだつのは、あるいは日蓮宗にも取り入れられた女人成仏《にょにんじょうぶつ》という法華信仰とも無関係ではないのかもしれない。

いずれにしても、このように、公家社会の頂点をしめる摂家のなかでも、かたや九条尚経、かたや近衛家というように、日蓮宗に対して相反する態度を示す人々の存在がめだつようになっていたことがわかる。それはとりもなおさず、日蓮宗の信仰が公家社会にも確実に浸透していったようすを示すものといえるが、そのことはまた、つぎにみるように、公家出身の日蓮宗僧の存在が、大覚《だいがく》や月明《がつみょう》のときとは異なり、同時代の史料によって確実に見いだすことができるようになっていく点からもあきらかとなろう。

法華宗の繁昌耳目をおどろかす

時期は少しさかのぼるが、応仁・文明の乱がおわってからまもなくの文明十三年（一四八一）三月、すでに将軍職を息子の足利義尚《よしひさ》にゆずっていた「室町殿」（足利義政）が、「壬生地蔵《みぶじぞう》御参詣の御帰路」、「妙蓮寺《みょうれんじ》に渡御《とぎょ》」したことが公家の中御門宣胤《なかみかどのぶたね》の日記『宣胤卿記《のぶたねきょうき》』の三月二十四日条から読みとることができる。

同じことは、下級官人の大宮長興《おおみやながおき》の日記『長興宿禰記《ながおきすくねき》』の三月二十四日条にもみえ、それによって、このとき妙蓮寺が「綾小路大宮《あやのこうじおおみや》」にあったこと、また、義政だけではなく、「御台《みだい》」（妻の日野富子《ひのとみこ》）もこのときいっしょであり、さらには妙蓮寺の「上人坊」の「前栽《せんざい》」（庭木）を「御覧」になりながらの「一献《いっこん》」（酒宴）まで催されたことがわかる。

その翌々日の三月二十六日に中御門宣胤は、妙蓮寺をおとずれ、住持に今回のことについてのお祝いをのべているが、興味深いのは、そのことを記した後にわざわざつぎのような記事も書き残している点であろう。

この住持（日応）は、源大納言入道（庭田長賢）の弟なり、親王御方（勝仁親王）の外戚《がいせき》のあいだ、先年、申請に任せ、僧正に任ぜらるとうんぬん、しかるべからざることなり、勘例《かんれい》を申し入るか、注申《ちゅうしん》の例においては、みな山門として慎み申し、棄捐《きえん》せらる例なりとうんぬん、当時法華宗の繁昌耳目をおどろかすものなり、

このときの妙蓮寺住持の名は日応《にちおう》。公家の「源大納言入道《みなもとのだいなごんにゅうどう》」（庭田長賢《にわたながかた》）の弟であり、姪の「朝《ちょう》子《し》」（『尊卑分脈《そんぴぶんみゃく》』）が「親王御方《しんのうおんかた》」（勝仁《かつひと》親王、のちの後柏原《ごかしわばら》天皇）の実母であったので、「外戚」（母方の親類）にもなっていた。そして、その血筋ゆえ、「先年」（四年前の文明九年・一四七七年）[20]に「僧正」（権僧正）に任じられたが、ここでは、それを「しかるべからざること」（あってはならないこと）と記している点が注目されよう。

もちろん、宣胤も面とむかって日応に対してこのようなことをいったわけではない。みずからの日記のなかだけの発言にすぎないのだが、しかしながら、ここからは、宣胤もまた、住持の出自のいかんにかかわらず、日蓮宗に対しては、先の尚経と同様の認識を示していたことが読みとれる。

と同時に、その認識の根拠をなしていたものが、これまで日蓮宗僧が僧正に任じられた場合、すべて「山門」（延暦寺大衆）の訴えによって「棄捐」（破棄）されてきたのが「例」であると記している点も注目されよう。

ここでいう「例」とは、おそらく第一章でみた妙本寺（妙顕寺）月明のことと思われるが、このよう

に、日蓮宗に対して公家たちがいだく、いわれなき忌避感とでもいうべき認識をささえていた根拠が、じつは彼ら自身のなかにはなかったということがここからあきらかとなるからである。まさに公家たちは、王法仏法相依に浸かりつつ、日蓮宗など鎌倉仏教（鎌倉新仏教）に対してその視線をむけていたといえよう。

したがって、その延暦寺大衆や幕府が、京都における日蓮宗の存在を「寛宥の儀をもって捨て置」くという姿勢に転じて以降は、表だって批判することもむずかしくなっていたようすがあきらかとなる。右の記事の最後にみえる「当時」（現在）の「法華宗の繁昌耳目をおどろかす」という一節は、実際に日蓮宗が「繁昌」していることをあらわすのと同時に、その「繁昌」に対して口や手も出せない、尚経や宣胤のような公家たちのやるせない気持ちもあらわすものだったといえよう。

3 題目の巻

鷹司政平の若君の出家

ところで、先に近衛家における日蓮宗信仰のようすについてみたが、その近衛家や尚経の九条家と同じ摂家のひとつ、鷹司家《たかつかさけ》からは僧侶になる人物も出るようになっていたことが、つぎの史料から確認できる。少し長いが、引用してみよう。

> 鷹司前（鷹司政平）の殿の若君、法花堂《ほっけどう》において、去る正月七日出家す、希有《けう》のことなり、摂家の若君《わかぎみ》法花堂出家の初例なり、九条前（九条政忠）の内府殿下御息（日禘）、法花宗になりたまうことは、仁和寺《にんなじ》相応《そうおう》門主たるのところ、得度《とくど》以後、非器《ひき》により、門徒背くのあいだ、進退きわまりたまうゆえ、力なく法花宗になりおわんぬ、かくのごときことは是非なきものなり、童形入室《どうぎょうにゅうしつ》得度は無念なり、

これは、奈良興福寺《こうふくじ》の大乗院《だいじょういん》門跡であった尋尊《じんそん》という僧侶の日記『大乗院寺社雑事記《だいじょういんじしゃぞうじき》』の文亀《ぶんき》元

年（一五〇二）四月二十六日条にみえる記事である。それによれば、まず、「鷹司前の殿《たかつかささき》」（前関白鷹司政平《まさひら》）の「若君」が、この年の正月七日に「法花堂」（日蓮宗寺院）で「出家」（得度）したことがあきらかとなる。また、このように「摂家の若君」が「法花堂」で「出家」したのは「希有」なことであり、したがって、これが「初例」であったこともわかる。

ここにみえる「若君」とは、おそらく『後法興院記』明応七年（一四九八）二月二十八日条にみえる「妙本寺」（妙顕寺）に「入室」（弟子となること）した「七歳」の「鷹司前関白息」のことであろう。どうやら、かぞえで十歳となったことで「出家」したようだが、ここでわざわざ尋尊が記事をしたためたのは、尋尊自身もじつは摂家のひとつ一条家《いちじょうけ》出身であったことが関係している。

尋尊のように、「南都北嶺」の一翼をになう南都（興福寺）の門跡になるならともかく、摂家の子弟ともあろうものが日蓮宗僧になろうとは、といった、おどろきとも、なげきとも思える声が聞こえてきそうだからである。

しかも、その「出家」のありかたが、同じように「法花宗」僧となった「九条前の内府殿下《さきのないふでんか》」（九条政忠《まさただ》）の「御息《そく》」のように、もともと真言密教を代表する「仁和寺」の「相応門主」として「得度」した後、「門徒」にそむかれ、しかたなしになったというのならともかく、「童形」（子供）のまま「入室」し「得度」するとは「無念」以外のなにものでもない、というのが尋尊の考えであった。

このように尋尊が考えた背景としては、尚経と同じように摂家出身の人間として、日蓮宗に対するいわれなき忌避感をいだいていたということもさることながら、第一章で大覚や月明についてみたときにもふれたように、中世では、僧侶の世界も、世俗の世界と同様、出身身分がそのまま僧侶の上下関係に反映されていたということも無関係ではないであろう。

そのことが目にみえるかたちになったのが、たとえば、僧正や僧都といった僧官であったが、それらは文字どおり官（公）も意味したため、当然のことながら、公家出身の僧侶であれば、その身分にふさわしい顕密寺院に入らなければならないと考えられていた。

裏をかえせば、それは、日蓮宗のような鎌倉仏教（鎌倉新仏教）の僧侶に公家出身のものはなってはいけないし、また僧官も無縁であるということも意味した。おそらくはこのようなことを念頭におけば、先にみた宣胤の妙蓮寺日応に対する批判なども少しは理解しやすくなるであろう。

そのうえ、「奥御所」の臨終のようすからもあきらかなように、日蓮宗僧が葬送に深くかかわっていたという点も、その忌避感を強くするのに手を貸していたにちがいない。このように葬送にかかわることが鎌倉仏教（鎌倉新仏教）のひとつの特徴ともいわれているが、それに対して、顕密仏教・顕密寺院が、死の穢れにふれる葬送にかかわることなど、中世においては考えられもしなかったからである。

ちなみに、「鷹司前の殿の若君」が、その後どのようになったのかという点についてはいまひとつあきらかではない。妙顕寺（妙本寺）の歴代住持として確認することができないと宗門では考えられているからである。しかしながら、『宣胤卿記』永正八年（一五一一）九月五日条をみてみると、「二条西《にじょうにしの》洞院《とういん》妙法寺」の注記に「住持、鷹司前関白政平公息」とあり、「妙法寺」の「住持」になっていたことが確認できる。

問題は、この「妙法寺」についてだが、残念ながら、この時期の史料にはその名はほとんどみることができない。また、これより少しさがった時期の「二条西洞院」の地には、確実に妙本寺（妙顕寺）が移ってくるので、「妙法寺」＝妙本寺（妙顕寺）という可能性も否定はできない。が、今のところは、これ以上の手がかりもないので、断定することはひかえておいたほうがよいであろう。

いずれにしても、「鷹司前の殿の若君」の「出家」の衝撃はきわめて大きなものであったが、ところが、これをうわまわるような現実もしだいにあらわれてくるようになる。

本国寺日了の僧正任官

去る十二日、本国寺《ほんこくじ》住持（日了）、僧正に任ぜらるとうんぬん、俗姓をあい尋ねらるところ、帰依《きえ》につき、花山院前《かざんいんさき》の左府（政長）の猶子分《ゆうしぶん》とうんぬん、

これは、先にも登場した公家の近衛政家の日記『後法興院記』文亀三年（一五〇三）三月十九日条にみえる記事である。それによれば、六条門流《ろくじょうもんりゅう》の「本国寺住持」であった日了《にちりょう》が「僧正」（権僧正）に任

じられたことがわかる。

また、その日了が、先の『後慈眼院殿御記』明応三年（一四九四）十月十三日条の記事にも登場した熱烈な日蓮宗信者として知られる「花山院前の左府」（花山院政長）の「猶子」（仮にむすんだ親子関係の子）となることで、僧正任官にいたったことも読みとれよう。

先の妙蓮寺日応の場合は、その出身身分が公家の庭田家であるうえ、「外戚」でもあったため僧正に任じられたわけだが、そのときでさえ、中御門宣胤が不快感をその日記に記したことは先にみたとおりである。それが、この本国寺日了の場合は、もともとの身分がそれほど高くなくとも、花山院政長のような、上級の公家で、しかも日蓮宗信者である人物の「猶子」になれば、僧正への道もひらかれるという、新たな道筋がつけられたという点では注目されよう。

こうなると、世俗の身分がそのまま僧侶としての上下関係に反映されてきた、これまでの宗教界のありかたそのものがくずれてしまいかねないからだが、じつは、政家は右の記事のすぐ後に、これとは別の、きわめて現実的な理由もそこにはあったことを書き残してくれている。

それによれば、これより先、明応九年（一五〇〇）に位についた後柏原天皇の「御即位」の儀にかかわる費用として諸国に課せられた「段銭《たんせん》」（臨時の税）のうち、「京兆《けいちょう》」（右京大夫《うきょうのだいぶ》の唐名・細川政元《ほそかわまさもと》）が支配する「分国」分がまったく納められていなかったところ、「武家」（将軍足利義澄《よしずみ》）に「召しつかわらる」「椿阿弥《ちんあみ》」という「法花宗信心、他に異なる」人物が奔走したため、「丹波《たんば》・摂州《せっしゅう》の段銭」が納められることになったという。そして、「その替わりとして」、「本国寺住持極官《ごっかん》」が「勅許《ちょっきょ》」(天皇の許可)されるにいたったと記されているからである。

つまり、「段銭」という銭が用意されたのと引き替えに日了の僧正任官がみとめられたというわけだが、もっとも、このようなたぐいの話は、僧官ではないものの、「上人号」などにかかわっては、同じ文亀三年正月に公家の万里小路賢房《までのこうじかたふさ》と中御門宣胤とのあいだでかわされた書状(勘返状《かんぺんじょう》という)(『宣胤卿記』正月二十九日条)からも読みとることができる。

それをみてみると、京都以外の「遠国《おんごく》」の「法華宗」僧が賢房を通じて「上人号」を申請するにあたって、「禁裏へ御礼など」、つまり天皇をはじめとした関係者へは「いかほど」の「御礼」(礼銭《れいせん》とよばれた一種のわいろ)を積めばよいのかとたずねてきたのに対し、宣胤が「定まる儀あるべからず」(決まりはないが)、ただ、「時宗」とおぼしき「慈観上人《じかん》」のときは、「執り申」(取り次ぎ)した「西坊城《にしぼうじょう》入道《にゅうどう》」も「万疋《まんぴき》」(銭百貫文)を取ったという「世間」の「沙汰《さた》」(うわさ)を紹介していたことが知られるからである。

「御礼」の相場をわざわざたずねている点からも、逆に、銭を積んで「上人号」を得ることが、一般化していたようすがうかがえる。とともに、右の「沙汰」(うわさ)がもし事実であったとするならば、「上人号」でさえ莫大な銭を用意しなければならず、それとは比較にならないほど高額な「段銭」が用意されたとなれば、僧正任官の勅許がくだされないほうがむしろ不自然であったといえるだろう。

後土御門天皇の「御法」

ところで、宣胤は、右の書状のなかで、「この宗（日蓮宗・法華宗）のこと、公請《くしょう》にしたがわず、朝家《ちょうけ》にもちいられず」と記しており、日蓮宗僧は「公請」（僧侶が朝廷から法会や講義に召されること）をうけることもなく、したがって「朝家」（朝廷）に用いられることはない、とあいかわらずの態度をくずしていなかったこともわかる。

また、それとともに、「法華宗任官のこと、申し入るべからざるのよし、先の御代《みよ》定めらる御法《ごほう》そうろう」と、「先の御代」（後土御門天皇）が「法華宗任官」をみとめないという「御法」を定めていたと記している点でも注目されよう。

というのも、この後土御門天皇の「御法」については、本国寺日了の僧正任官の「相談」をうけた公家の三条西実隆も、その日記『実隆公記《さねたかこうき》』文亀三年三月五日条に「先朝《せんちょう》の仰せのむね、耳底《じてい》にあり」（後土御門天皇のおっしゃられたことが耳に残っている）と記しており、実際に存在したことがあきらかとなるからである。

後土御門天皇がその位にあったのは、寛正《かんしょう》六年（一四六五）から明応九年（一五〇〇）まで。まさに応仁・文明の乱前後という激動の時代を生きた天皇といえるが、その後土御門天皇が、どのような理由でもって日蓮宗に対して、右のような「御法」を定めたのかという点についてはよくわからない。

もちろん天皇といえば、王法仏法相依の王法そのものを体現する存在であるので、その姿勢は、当然といえば当然といえる。また、よくいわれているように、後土御門天皇自身が浄土信仰に厚かった[21]ということも無関係ではないだろう。

しかしながら、『実隆公記』明応五年（一四九六）八月六日条が伝えているように、「内府（二条尚基《ひさもと》）」が「日蓮宗に帰依」したという「沙汰」（うわさ）を耳にして、「しかるべからず、諫《いさ》むべし」（適当ではない、諫めよ）との「勅定《ちょくじょう》」（天皇の命令）をくだしている点からすると、公家社会の、しかも近衛家や二条家といった頂点をなす人々にまで日蓮宗信仰が浸透していくことに対して神経質になっていたということはいえるのではないだろうか。

そのことから逆に、後土御門天皇が亡くなり、後柏原天皇へという代替《だいが》わりは、公家社会における日蓮宗に対する認識を大きく変化させていくきっかけになりえたと思われる。実際、「鷹司前の殿の若君」のことも、また本国寺日了の僧正任官のことも、いずれも代替わり後のできごととなるからである。しかも、思いおこせばあきらかなように、この後柏原天皇の「外戚」のひとりこそ、かの妙蓮寺日応にほかならなかったことからすれば、なおさらというところだったのではないだろうか。

九条尚経と立本寺日締

その代替わり後の変化と無縁ではない「鷹司前の殿の若君」「出家」の引き合いに出されていた「仁

和寺相応門主」から日蓮宗僧になった「九条前の内府殿下御息」についてであるが、じつはその後のようすを、『後法興院記』文亀三年（一五〇三）九月三日条から読みとることができる。というのも、そこには、「立本寺住持」「九条前関白政忠公息なり」とみえ、立本寺の住持になっていたことがあきらかとなるからである。

また、「九条前の内府殿下」というのが、前関白九条政忠であったこともここからはわかるわけだが、この政忠の兄弟が、九条政基《まさもと》、そしてその子が九条尚経であった（『尊卑分脈』）。そう、あの尚経のいとこには日蓮宗僧がいたのである。

その日蓮宗僧の名とは、日禘《にったい》。「仁和寺相応門主」からいつ立本寺住持へと転身したのかということまではわからないが、先にみた本国寺日了の僧正任官が刺激となって、その直後からこの日禘の僧正任官をめぐる動きもあわただしくなる。そして、その動きのなかに尚経もまきこまれていくこととなるのである。

そのようすをうかがうことのできる史料が、『後慈眼院殿雑筆《ごじげんいんどのざつぴつ》』とよばれるもののなかに残されている。もっとも、それにかかわる史料のほとんどが年紀を欠いた書状（手紙）であり、しかも差出や宛所も書かれていないものも少なくないため、正確なやりとりまでを復元することはむずかしい。

ただ、そのようななかでも注目されるのは、ときの上卿《しょうけい》（朝廷側の担当者）であった公家の勧修寺《かじゅうじ》政《まさ》顕《あき》が、文亀三年卯月十三日付けでしたためた書状（『後慈眼院殿雑筆』）のなかで、「ほんこく寺」（本国寺）日了の場合も、僧正に任じられるにふさわしい証拠となるような「せうもん」（証文）を提出して「ちよくきよ」（勅許）がくだされたので、「このよし心へそうろうべくそうろう」（そのことを心得ていてほしい）と語っている点であろう。

ここからは、銭さえ積めば、何でも許可されるといったわけではけっしてなく、中世社会でもっとも重んじられた先例とその先例の証拠となる証文の提出ももとめられていたことが知られる。もっとも、本国寺日了の場合、先にみた『後法興院記』の記事などを思いかえしてみると、ほんとうに「証文」などが決め手になったのかという点についてはうたがわしい。が、表向きな対応としては、あるいはこのようなかたちが普通だったのかもしれない。

ただし、立本寺の場合、こう出られるとじつは少し困る事情があった。というのも、第一章でもふれたように、立本寺の成立には、妙本寺（妙顕寺）との関係をめぐってかなり複雑な経緯があったからである。

そのこともあって、卯月十六日付けでしたためられた日堯《にちぎょう》という僧侶の書状（『後慈眼院殿雑筆』）には、「正文」（証文）は、「ことごとく妙本寺奪いと」られて、立本寺には残されていないこと、また、そもそも証文というものには「紛失の習い」があり、それは「他宗」においても、「庄園《しょうえん》の支証」でも同じであること、さらには「先皇《せんこう》の御代、妙蓮寺極官、勅許」「当御代、本国寺極官御免」と、後土御門天皇と現在の後柏原天皇のときに妙蓮寺日応と本国寺日了がともに僧正に任じられたということ自体が「すなわちその例」であるといった強弁に近い主張までもがくり広げられていたことが知られるのである。

しかしながら、このような主張は、おそらく、つぎのような正論のまえには、ほとんど意味をなさなかったことであろう。

> 極官のこと、顕密名僧なおもって、その器《うつわ》を選ばるの条、古今の通規《つうき》にそうろう、一段の儀なくんば、異門宗のともがら、しいて庶幾《しょき》すべからず、

これは、年月日未詳のものではあるが、先にも登場した公家の三条西実隆の書状（『後慈眼院殿雑筆』）にみえる一節である。すなわち、「極官」（僧正）は「顕密」寺院の「名僧」（すぐれた僧）ですら、その「器」（能力や人柄）によって任じられるのが「古今」（昔から今まで）の「通規」（きまり）であり、したがって、よほどのことでもないかぎり「顕密」仏教以外の「異門」宗に対してはこい願うところではない、と。

こうなると、立本寺日禘の僧正任官への道はかなりきびしいものとなったのではないかと思われるのだが、ところが不思議なことに、実隆の日記『実隆公記』十一月十三日条をみてみると、「日禘極官のこと、執柄執奏《しっぺいしっそう》、今朝勅許」と、この日に「勅許」があっさりとくだされたことがあきらかとなる。

なぜ、このような急展開をみせることになったのかという点については、『実隆公記』からも、また、『後慈眼院殿雑筆』からも読みとれない。が、その理由のひとつとして考えられるのは、『実隆公記』にみえるように、「執柄」（関白）が天皇へ「執奏」（取り次ぎ）したということがあったのだろう。

それでは、この「執柄」とはいったいだれか、といえば、じつはこの「執柄」こそ、ときの関白右大臣九条尚経その人にほかならなかった（『公卿補任』）。つまり、尚経の尽力の甲斐もあって、日禘の僧正任官が決まったことがあきらかとなるのである。

もっとも、尚経が具体的にどのように尽力したのかということまではわからない。が、『後慈眼院殿雑筆』のなかには、尚経がしたためた書状の下書きと思われるものもおさめられており、そのなかで、日禘の僧正任官の口宣案《くぜんあん》（任命書）の日付をわざわざ「本国寺極官と同日」にしてもらうようはたらきかけをしていることなどからすれば、ある程度、積極的に動いていたと考えられるのではないだろうか。

はたして、日禘僧正任官の勅許がくだされたのが十一月十三日であったにもかかわらず、『後慈眼院殿雑筆』におさめられる口宣案の年月日は「文亀三年三月九日」、すなわち本国寺日了の僧正任官の日付と同じ日になっているからである。(22)

もっとも、このような尚経の尽力とともに、例の銭の力もその蔭にあったであろうことはうたがいない。実際、先に引用したような正論を口にしていた実隆でさえ、九条家の家司《けいし》にあてた十一月十四日付けの書状（『後慈眼院殿雑筆』）のなかでは、わざわざ「本国寺のときは、職事《しきじ》ならびに申し沙汰」のものにまで「随分とその礼」があったと、「礼」（礼銭）を忘れぬようしっかりと釘をさしているようすが読みとれるからである。

このように、公家の行動様式というものは、なかなか一筋縄ではいかないことが読みとれるわけだが、それと同じように、尚経がこのときなぜ、日蓮宗僧のために尽力することになったのかという点についてもさだかではない。たまたま日締が親族だったためか、あるいはこころがわりしたのか、などその理由はいくつも考えられるものの、そのことを語る史料が残されていないからである。

しかしながら、事実として、妙蓮寺日応、本国寺日了、そして立本寺日締と、日蓮宗僧がつぎつぎと僧正に任じられていったことは動かしようがなく、そして、それらに比例して、京都における日蓮宗の社会的地位がおのずと向上するようになっていったこともまた、推測にかたくないところであろう。

こうしてみると、公家たちがいだいていた、それまでの認識を追いこして、実態や現実のほうがはるかに先をすすんでいったというのが、戦国時代に入って以降の日蓮宗のすがたであったといえるのではないだろうか。その信仰は、おそらく、公家や武家、あるいは特定の衆庶にかぎられた室町時代の状況から一変し、広く、そして深く京都の人々をとらえていくことになったと考えられるからである。

したがって、これよりのち、『昔日北花録《せきじつほっかろく》』という記録に記される、つぎのような一節は、そのまま事実とみるわけにはいかないであろうが、当時の雰囲気を伝えているものとしてはやはり注目にあたいするといえよう。戦国時代の京都は、「おおかた題目の巷《ちまた》」とよばれてもおかしくない様相を示していたのである。

京都に日蓮宗繁昌して、毎月二箇寺、三箇寺づつ出来《しゅったい》し、京都おおかた題目の巷となれり、

(1) 今谷明『土民嗷々―一四四一年の社会史―』(新人物往来社、一九八八年)。
(2) 『斎藤基恒日記』嘉吉元年閏九月三日条。
(3) 早島大祐「足利義政親政期の財政再建」(『首都の経済と室町幕府』吉川弘文館、二〇〇六年、初出は一九九九年)。
(4) 勝俣鎮夫『一揆』(岩波新書、一九八二年)。
(5) 中村吉治『土一揆研究』(校倉書房、一九七四年)。
(6) 高木豊「『立正治国論』と『妙法治世集』」(『中世日蓮教団史攷』山喜房仏書林、二〇〇八年、初出は一九七八年)。
(7) 閉籠衆については、下坂守「山訴の実相とその歴史的意義―延暦寺惣寺と幕府権力との関係を中心に―」(河音能平・福田榮次郎編『延暦寺と中世社会』法藏館、二〇〇四年)にくわしい。
(8) 山門使節については、下坂守「山門使節制度の成立と展開―室町幕府の山門政策をめぐって―」(『中世寺院社会の研

究』（思文閣出版、二〇〇一年、初出は一九七五年）にくわしい。
（9）原文では、ここのところは「年頭代」と記されており、三枝暁子「中世犬神人の存在形態」（『比叡山と室町幕府―寺社と武家の京都支配―』東京大学出版会、二〇一一年、初出は二〇〇二年）では、これを「年預代」の誤りではないかとしている。
（10）坂公文所については、馬田綾子「中世京都における寺院と民衆」（『日本史研究』二三五号、一九八二年）、注（9）、三枝氏前掲「中世犬神人の存在形態」にくわしい。
（11）本願寺史料研究所編『増補改訂　本願寺史　第一巻』（本願寺出版社、二〇一〇年）。
（12）草野顕之「「寛正の法難」の背景」（『戦国期本願寺教団史の研究』法藏館、二〇〇四年、初出は一九九八年）。
（13）金龍静「宗教一揆論」（『一向一揆論』吉川弘文館、二〇〇四年、初出は一九九四年）。
（14）谷下一夢『増補　真宗史の諸研究』（同朋舎、一九七七年）。
（15）藤井学「近世初期の政治思想と国家意識」（『法華文化の展開』法藏館、二〇〇二年、初出は一九七五年）。
（16）河内将芳「室町・戦国期における京都法華教団の政治的位置」（『中世京都の民衆と社会』思文閣出版、二〇〇〇年、初出は一九九九年）。
（17）『岡屋関白記・深心院関白記・後知足院関白記　陽明叢書記録文書篇　第二輯』（思文閣出版、一九八四年）。
（18）近衛家の日蓮宗信仰については、辻善之助『日本仏教史　第五巻　中世篇之四』（岩波書店、一九五〇年）、中尾堯「近衛政家の日蓮宗信仰」（『日蓮信仰の系譜と儀礼』吉川弘文館、一九九九年、初出は一九八〇年）にくわしい。
（19）柴田真一「近衛尚通とその家族」（中世公家日記研究会編『戦国期公家社会の諸様相』和泉書院、一九九二年）。

(20)『御湯殿上日記』文明九年二月二十四日条。

(21) 注 (18)、辻氏前掲『日本仏教史　第五巻　中世篇之四』参照。

(22)『後法興院記』三月十九日条では、本国寺日了の僧正任官は「去る十二日」とされているが、その口宣案の日付が「文亀三年三月九日」であることは、『時元記』などで確認することができる。

【第三章】

天文法華の乱

戦国時代

1　天文法華の乱前夜

『老人雑話』

法華の乱というは、承応《じょうおう》二年より百二十年ばかり以前のことなり、老人の父既材（江村）など一、二歳のころと聞こえたり、日蓮宗おこなわれて、京中《きょうちゅう》の寺々多くなりけるに、比叡山《ひえいざん》よりことごとく追放せんとす、日蓮宗これを拒《ふせ》ぎ、大いなる合戦あり、今の新在家《しんざいけ》のものに法華宗の旦那多し、合戦のとき討ち死にしたる人数多しなり、老人の外曾祖《がいそうそ》も討ち死にしけり、

これは、京都の新在家[(1)]に居住していた江村専斎《えむらせんさい》という人物の話を聞きとった『老人雑話《ろうじんざつわ》』という記録にみえる一節である。冒頭にみえる「法華の乱」とは、本章の主題である天文《てんぶん》五年（一五三六）七月におこった、いわゆる天文法華の乱（宗門では、天文法難《てんぶんほうなん》という）をさすが、それからおよそ百二十年たった、江戸時代前期の承応二年（一六五三）にいたってもなお、その記憶がなまなましく伝えられてい

たことがわかる。

そして、その記憶によれば、「法華の乱」とは、「京中」に「日蓮宗」の寺々が多くなったのを「比叡山」（延暦《えんりゃく》寺《じ》大衆《だいしゅ》）が「ことごとく追放」しようとしたのに対し、「日蓮宗」もこれを「拒《ふせ》」いだためにおこった「大いなる合戦」であるととらえられている。

この記憶は、のちにもみるように、かなり正確なものといえるが、おそらくその背景としては、専斎が住む新在家には「法華宗の旦那」も多く、しかもその縁者のなかには「合戦のとき討ち死にしたる人」も少なくなかったということもあったのだろう。右によれば、専斎の「外曾祖も討ち死に」しており、ここから江村家もまた日蓮宗の信者であったことがうかがえるが、おそらくは事件当時、「一、二歳」であったという「父既材」などからも専斎はくりかえし話を聞かされたのではないだろうか。

以上のことからだけでも、天文法華の乱が、京都の日蓮宗にかかわる僧俗が武器を手にして、延暦寺大衆と戦ったできごとであったことがわかるわけだが、すでに本書の「はじめに」でもふれたように、この天文法華の乱については、一九八〇年代以降、西尾《にしお》和美《かずみ》氏(2)や今谷《いまたに》明《あきら》氏(3)らによって歴史学（文献史学）の立場から再検討が加えられたことでもよく知られている。また、今谷氏によって、その総まとめとでもいうべき『天文法華の乱―武装する町衆―』(4)と題された著書も出されており、ここでことさら新しい内容をつけ加える必要などないようにも思われる。

しかしながら、そのいっぽうで、第二章までみてきたような歴史を背負った京都の日蓮宗が、なぜ武器を手にして延暦寺大衆との「合戦」にのぞむことになったのか、といった素朴な疑問に立ちかえってみると、またあらたな側面もうきぼりになってくるように思われる。

実際、第二章でみたかぎりでは、日蓮宗にかかわる僧俗は「防戦」の姿勢をみせることはあっても、実際に武器を手にしたということは確認できず、その彼らが具体的にいつごろから武器を手にし出したのか、という点についても、かならずしもあきらかとはなっていないからである。それでは、それはいつごろからだったのだろうか。まずはこの点について、同時代の史料によって確認していくことからはじめよう。

日蓮宗寺院への軍勢寄宿

ところで、明応《めいおう》二年（一四九三）という年は、応仁・文明の乱後の政治情勢を語るにあたっては欠かすことのできない節目になった年として知られている。河内国《かわちのくに》（大阪府東部）の畠山《はたけやま》氏を討伐するため出陣していた将軍足利義材《あしかがよしき》（のちの義尹《よしただ》、義稙《よしたね》）が、にわかに細川政元《ほそかわまさもと》や日野富子《ひのとみこ》らによってその地位を追われるという、いわゆる明応の政変がおこった年だからである。

その政変直後の閏《うるう》四月のこと、京都では、突然、「妙蓮寺《みょうれんじ》・立本寺《りゅうほんじ》・本能寺《ほんのうじ》」を「破却すべ」しという「風聞」（うわさ）がたつ。そのことを記しているのが、下級官人の壬生晴富《みぶはれとみ》の日記『晴富宿禰記《はれとみすくねき》』

閏四月八日条だが、それによれば、そのような「風聞」がたったのは、「この寺々、赤松《あかまつ》今度陣所」とあるように、細川政元らからみたとき「敵御陣に通じ」（同上、閏四月十四日条）たと、これまた「風聞」として京都に伝わった播磨国《はりまのくに》（兵庫県西南部）の守護赤松政則《まさのり》の軍勢が寄宿する寺々としてみられていたためであった。

はたして、翌五月になると、「夜陰《やいん》におよ」んで「上洛」した「赤松」（赤松政則）が「六角大宮《ろっかくおおみや》本能寺」に、また、その有力被官《ひかん》（家臣）の「浦上」（浦上則宗《うらがみのりむね》）も「妙蓮寺」へ、そして、「浦上山城守《やましろのかみ》」も「四条・堀河・綾小路《あやのこうじ》・猪熊四《いのくまし》町々《ちょうちょう》」の「妙満寺《みょうまんじ》」に入ったことが、『晴富宿禰記』五月十二日条によってあきらかとなる。

もっとも、この三箇寺になぜ赤松勢が陣所をおくことになったのかという点についてはさだかではない。赤松氏がこれ以前より日蓮宗と特別な交流をもっていたとは考えられないからである。その点からいえば、三箇寺のいずれもが、下辺《しもわたり》、あるいは下京《しもぎょう》と当時よばれた、洛中の南部で、しかも西端に近接してあったという地理的な条件が関係したとみたほうがよいであろう。本能寺が「六角大宮」、妙満寺が「四条堀川」、そして妙蓮寺が「綾小路大宮」（『長興宿禰記《ながおきすくねき》』文明十三年三月二十四日条）に所在していたからである（102ページ・図3）。

このように、細川政元にとって敵となったとのうわさがたった赤松勢が上洛したとなると、ただではすまないことは誰の目にもあきらかであった。実際、「浦上山城守」が「舎兄《しゃけい》豊前守《ぶぜんのかみ》」をともなって妙満寺にむかったところ、その門前で細川勢と「喧嘩《けんか》」（合戦）になり、そのことを聞いた「浦上美作守《みまさかのかみ》」（浦上則宗）が妙蓮寺から、また、本能寺からも「軍勢あい加わ」って、妙満寺の「四方を囲み、放火」におよんだことが知られるからである（『晴富宿禰記』五月十二日条）。

その結果、妙満寺の「仏殿《ぶつでん》・長老坊・諸堂・諸坊舎」はことごとく「灰燼《かいじん》」に帰してしまうが、そのさい、「浦上の成敗により」（浦上氏の判断で）、「寺僧等」は「手にかからず」（殺されずに）、「助け出」されたという（『晴富宿禰記』五月十二日条）。

結局のところ、赤松政則が敵に通じたというのは、単なるうわさにすぎなかったらしく、五月二十七日には幕府へ出仕したことが確認できる（『蔭凉軒日録《いんりょうけんにちろく》』五月二十七日条）。妙満寺やその僧侶たちからすれば、とんでもない災難をこうむったことになるわけだが、今回のことからは、武士や軍勢によって宿所として寄宿されることが、寺院にとってけっして歓迎すべきことでなかったことが知られよう。

実際、そのことは、戦国時代に来日したイエズス会宣教師が、つぎのように伝えていることからもあきらかとなる（『耶蘇会士日本通信《やそかいしにほんつうしん》』）。

彼（内藤《ないとう》ジョアン）は、妙蓮寺と称する法華宗の大なる僧院に宿泊せしが、坊主らは兵士が堂を厩《うまや》となし、また兵士の僧院に宿泊するに際しては、常におこなう他の乱暴をなせしため、はなはだこれを喜ばざりき、ここでもまた、偶然、妙蓮寺が寄宿先として登場しているが、ここでいう「彼」とはキリシタン武士として知られた内藤ジョアン（内藤如安《じょあん》、忠俊《ただとし》）をさす。そして、そういった人物でさえ、寄宿した先では、勝手に「堂を厩」にしたり、さまざまな「乱暴」行為をおこない、「喜ばざりき」状態だったことが知られよう。

もっとも、これは内藤ジョアンにかぎられたことではなく、むしろ日常的な光景であった。そのため、中世では、「寄宿免許《きしゅくめんきょ》」（寄宿免除）といって、「ある家に何人《なんびと》をも宿泊せしめないでもよろしいという特別免許」（『日葡辞書《にっぽじしょ》』）がみとめられたことでも知られている。したがって、寄宿されそうな寺院や神社、あるいは町や村などでは、あらかじめ軍勢側と交渉をおこない、銭を支払って、この寄宿免許の特権を文書や制札《せいさつ》という木札のかたちで獲得することもまた日常的なことであった。

じつは、先ほどの「喧嘩」も、「細河京兆制札《けいちょう》を打ち、（中略）門を閉じ、立ち入」れないようにしたところでおこったと『晴富宿禰記』五月十二日条には記されている。おそらくは、妙満寺のほうから「細河京兆」（細川政元）へ「寄宿免許」の制札を立ててくれるように申請したのがあだとなり、寺院を焼失してしまうことになったのだろう。

ところで、その妙満寺が囲まれたさい、『晴富宿禰記』五月十二日条によれば、細川勢が「寺中に楯《たて》籠《こ》もり」、敵をむかえ撃とうとしたのと呼応して「檀那衆あいともに、あい防ぐ」と、妙満寺の「檀那衆」も寺院を守るため防戦したことがわかる。

赤松勢という軍勢に対抗しようという以上、「檀那衆」も素手ではありえず、武器を手にしたであろうことは推測にかたくない。これまでの研究では注目されてこなかったが、これが現在のところ、同時代の史料で日蓮宗の檀徒が実際に戦いに加わったことが確認できる最初と考えられる。と同時に、ここからも読みとれるように、このとき「檀那衆」は、あくまで「防戦」のために武器を手にしたのであって、けっして攻撃のために武器を手にしたわけではなかったことにも注意しておく必要があろう。

一致・勝劣

ところが、それから三年がたった明応五年（一四九六）になると、つぎの近衛政家《このえまさいえ》の日記『後法興院記《ごほうこういんき》』六月二十四日条にみえるような物騒な話も聞こえてくるようになる。

　妙覚寺《みょうかくじ》と妙蓮寺、宗旨の儀につき、問答《もんどう》あり、法文（問）においては、妙覚寺勝つとうんぬん、ここにより妙蓮寺衆、妙覚寺住持を打擲《ちょうちゃく》す、

ここからは、妙覚寺と妙蓮寺のあいだで、「宗旨の儀」にかかわって「問答」（「法文（問）」）（宗論）がおこなわれたこと、そして、その「問答」自体は妙覚寺が勝ったにもかかわらず、負けたほうの「妙蓮

寺衆」が「妙覚寺住持」を「打擲」したことがわかる。「打擲」とは、「手でなぐったり、鞭で打ったりすること」（『日葡辞書』）を意味するので、妙蓮寺の僧侶たちは、あろうことか妙覚寺の住持に暴力をふるったことがあきらかとなろう。

こうなると、ただではすまないことは容易に想像され、実際、これから三日後の『後法興院記』六月二十七日条をみてみると、さらに物騒な話がつづられていることがわかる。

この夕、また妙覚寺と妙蓮寺、合戦あり、今朝推《お》し寄《よ》すべきのよし風聞のところ、武家より下知《げち》をなされ、両方をあい宥《なだ》めらるるとうんぬん、

これによれば、まず、この日の朝、妙覚寺か妙蓮寺のどちらかが、おそらくは武器を手にして「推し寄」せるという「風聞」がたったため、「武家」（将軍足利義澄《よしずみ》）より「下知」がくだって、「両方」をなだめたということが読みとれる。これだけでも十分物騒な話ではあるが、にもかかわらず、この日の夕方には「妙覚寺と妙蓮寺」のあいだで「合戦」がおこなわれたと伝えられている点が重要となろう。

「合戦」ということばがつかわれている以上、防戦ではなく、攻撃もおこなっていたことはあきらかといえるが、残念ながらその具体的なようすまではわからない。ただ、三条西実隆《さんじょうにしさねたか》の日記『実隆公《さねたかこう》

記《き》』六月二十五日条に、「今日、日蓮宗ら確執《かくしつ》、喧嘩のことこれあり」とみえるので、すでに二十五日には「喧嘩」がおこっており、それをふまえて将軍も動き出したことがわかる。しかしながら、それも結局、効き目はなかったのであった。

それにしても、なぜこのような合戦がおこることになったのだろうか。また、そもそも、その発端となった「宗旨の儀」とは何だったのだろうか。この点については、『実隆公記』の六月二十四日条に、「今日、日蓮宗宗論《しゅうろん》」「一致《いっち》・勝劣《しょうれつ》」と記されていることが手がかりとなる。

というのも、これによって、問題の「宗旨の儀」が、本迹《ほんじゃく》一致・本迹勝劣とよばれる日蓮宗の教義にかかわるものであったことがあきらかとなるからである。「一致」とは、『法華経《ほけきょう》』八巻二十八品《ぽん》のうち前半四巻十四品を意味する「迹門《じゃくもん》」と後半四巻十四品を意味する「本門」とのあいだに優劣がないとみるもの、いっぽう、「勝劣」とは優劣があるとみるものである。

じつは、この一致・勝劣の問題は、現在の日蓮宗や法華宗のありかたにまでつながっているという点では、門流よりも根深いものとして知られている。したがって、その対立がはげしさを増すのも理解できないわけではないが、しかしながら、それが合戦にまでおよぶというのは、やはり戦国という時代が影響しているといわざるをえないだろう。

このときの合戦は、翌七月においてもやむことはなかったらしく、『晴富宿禰記』七月四日条には、「法華宗一致・勝劣の儀、確執におよぶ、今に雑説《ぞうせつ》いまだ休まらず」とみえる。また、六日条にも、

「今日、一致門徒廿七《にじゅうしち》ヶ寺、立本寺《りゅうほんじ》に集会」し、「談合」したうえ、「妙覚寺の矢倉《やぐら》などを壊《こ》ぼち置」いたという。

ここでいう「一致門徒廿七ヶ寺」が具体的にどの寺院をさすのかという点についてまではわからないが、「妙覚寺の矢倉」を壊しているところなどは、文字どおり合戦そのものであったことをうかがわせるのに十分といえよう。

日蓮宗と細川政元

そのようななか、『晴富宿禰記』七月十日条は、注目すべき記事を記している。というのも、そこには、「法華宗一致・勝劣問答、あまつさえ喧嘩におよぶの条、しかるべからざるのおもむきなど、山門《さんもん》牒状《ちょうじょう》あり」と、ひさかたぶりに「山門」（延暦寺大衆）が動き出したことが知られるからである。

このときに出された「牒状」とは、具体的には、「明応五年六月日、山門政所《まんどころ》集会議《しゅうえぎ》にいわく、早く山門奉行の沙汰として、上聞《じょうぶん》に達せらるべきこと」と冒頭に記された事書《ことがき》（『本山制日蓮派号法華宗』）であったことが知られている。

そして、それをみてみると、「近日、日蓮宗、一致・勝劣の諍論《じょうろん》をいたし、殺害・刃傷《にんじょう》におよ」んだといううわさがもし事実ならば、「希代《きたい》の狼藉」であり、よって、幕府より「治罰《ちばつ》を加えら」れるよう「山門奉行」に対して要請していたことが読みとれよう。

ここからは、延暦寺大衆が「日蓮宗」による「一致・勝劣の諍論」を問題視していたことがわかるが、もっとも、この事書が山門奉行や幕府によってどのようにあつかわれたのかという点については
さだかではない。

ただ、結果として、京都の日蓮宗がこのとき延暦寺大衆による弾圧的な動きにみまわれたことが史料によって確認できない以上、ここでもまた、日蓮宗は幕府によって擁護されるかたちになったと考えられよう。実際、このことと直接関係があるのかどうかはわからないものの、つぎのような事実も史料からは読みとることができるからである。

細河京兆（細川政元）、本国寺《ほんこくじ》にまかりむかうとうんぬん、去る廿四日宗論の儀、殊勝《しゅしょう》のあいだ、授法《じゅほう》のためとうんぬん、彼の一宗の大慶《たいけい》これにしかずとうんぬん、ようやく相当《そうとう》流布《るふ》の節《せつ》か、

これは、『後法興院記』文亀《ぶんき》元年（一五〇一）五月二十八日条にみえる記事である。つまり、先の妙覚寺と妙蓮寺の合戦からは五年後のこととなるが、ここからは、当時、幕府随一の実力者であった「細河京兆」（細川政元）が「授法」（受法、日蓮宗信者となること）のため、「本国寺」をおとずれたという、おどろくべきうわさがひろがっていたことが知られよう。

これがもし事実であったとするならば、近衛政家がいうように、「一宗」（日蓮宗）の「大慶」であ

細川殿（「上杉本洛中洛外図屏風」部分・米沢市上杉博物館所蔵）

り、日蓮宗の「流布」が「相当」なところまでにいたったことを意味する。が、残念ながら、政元がほんとうに日蓮宗信者になったのかどうかという点については確認することができない。

ただ、右にもみえるように、「去る廿四日」に政元の有力被官（家臣）である「薬師寺《やくしじ》」氏の「宿《しゅく》所《しょ》」で「本国寺」と「浄土宗」との「宗論」が「京兆の前」でおこなわれたことは、『後法興院記』五月二十四日条でも確認することができる。したがって、それにかかわって政元が本国寺をおとずれるといったようなことはあったのだろう。

もっとも、『後法興院記』五月二十五日条が、「宗論当宗勝」と日蓮宗が勝ったと記しているのに対し、『実隆公記』五月二十四日条では、「日蓮宗雌伏《しふく》」と日蓮宗が負けたと伝えているなど、不思議と勝ち負けが一定しないところは判断にこまる。

とはいえ、第二章でもみたように、本国寺日了《にちりょう》の僧正《そうじょう》任官をめぐって、「法花宗信心《しんじん》、他に異なる」「椿阿弥《ちんあみ》」が奔走したことに対して、「京兆」（細川政元）が「時宜にかなう」こととして、「了簡《りょうけん》」したと『後法興院記』文亀三年（一五〇三）三月十九日条が伝えていることからすれば、少なくとも政元が日蓮宗や本国寺に対して悪い印象をもっていなかったことだけは確実といえる。それはまた、「椿阿弥」に代表されるように、幕府のなかにも日蓮宗の信仰が深く入りこんでいたことを意味するものといえよう。

幕府の混乱

ところが、永正《えいしょう》四年（一五〇七）六月にその政元がみずからの後継者争いにまきこまれて暗殺され、翌永正五年七月には、政元によって京都を追われた足利義材《よしき》（義尹《よしただ》、義稙《よしたね》）が復帰、にもかかわらず大永《だい えい》元年（一五二一）には、ふたたび足利義晴《よしはる》にとってかわられるなど、幕府にいちじるしい混乱がきたされるようになると、日蓮宗をとりまく状況にも少なからず影響がおよぶことになったと考えられる。

実際、大永四年（一五二四）七月には、明応五年（一四九六）以来およそ三十年ぶりに延暦寺大衆が日蓮宗に対して弾圧的な動きをみせたことが史料によって確認できるからである。そのときに出された事書（『叡山旧記《えいざんきゅうき》』）は、「大永四年七月三日、山門大講堂集議会にいわく、はやく庁務《ちょうむ》の沙汰として、座主宮《ざすのみや》に申し入れらるべきこと」という文章からはじまるものだが、その中味をみてみると、「近年、都鄙《とひ》の日蓮党」の「所望」にしたがって「大僧正《だいそうじょう》・大僧都《たいそうず》」といった「高官」が天皇によって「宣《せん》下《げ》」（口宣案《くぜんあん》をくだすこと）されていることは、「勿体《もったい》なき次第」であり、「早速に改易《かいえき》の御下知をなさ」れるとともに、「自今已後《じこんいご》」は「御許容」を止められるよう、「座主宮」（ときの天台座主《てんだいざす》である妙法院門《みょうほういんもん》跡覚胤《ぜきかくいん》親王）から後柏原《ごかしわばら》天皇への「御執奏《しっそう》」を要請していたことがあきらかとなる。

今回の動きは、おそらく大永二年（一五二二）十月に妙顕寺《みょうけんじ》日芳《にっぽう》が「大僧正」（『京都《きょうと》東山《ひがしやま》御文庫所蔵《ごぶんこしょぞう》文書《もんじょ》』）に任じられたことをきっかけにおこされたのではないかと思われるが、ここで注目されるのは、この事書の内容が実際に「座主宮」から天皇へと「御執奏」されたという事実が確認できる点であろう。

『実隆公記』八月六日条をみてみると、「山上《さんじょう》」（延暦寺大衆）が「事書《ことがき》をもって、日蓮党僧正・僧都のこと停止《ちょうじ》」し、「以前になさるところの宣下なお召しかえさるべ」しとの要請を「座主宮執奏」したと記されているからである。

天皇からいったんくだされた口宣案を召しかえすといえば、およそ百年前の応永二十年（一四一三）・二十一年（一四一四）におこった妙本寺《みょうほんじ》（妙顕寺）月明《がつみょう》のときが思いおこされるが、さすがに今回はそのようなことにまではいたらなかったようである。ただ、ここで目をひくのは、その理由を天皇自身が、つぎのような「勅答《ちょくとう》」（天皇の返答）として「女房奉書《にょうぼうほうしょ》」のかたちで伝えようとしていた点であろう。

向後《こうご》のことはその意を得らる、惣《そう》じて前の御代《みよ》より停止《ちょうじ》すといえども、さりがたきことにつき、自然《しぜん》宣下のことあり、すでになさるるの宣下召しかえさるるべきの条、ことゆくべからざるか、

これは『実隆公記』八月六日条にみえる一節だが、それによれば、天皇の「勅答」とは以下のようなものであった。すなわち、これからのちの日蓮宗僧の僧官任官については延暦寺大衆の訴えを了解した。しかしながら、「前の御代」（後土御門《ごつちみかど》天皇の時代）より日蓮宗僧の僧官任官が「停止」されてきたにもかかわらず、「さりがたき」（やむをえない）事情によって口宣案をくだしてきた以上、すでにくだしたそれらを召しかえすことなどできない、と。

ここでいう「さりがたき」事情とは、おそらく妙蓮寺日応《にちおう》や本国寺日了、あるいは立本寺日禘《にったい》らのときにみたようなことを意味しているのであろうが、それはそのまま、応仁・文明の乱以降に爆発的に拡大をみせた日蓮宗信仰の勢いを裏がえすものともいえる。と同時に、今回、延暦寺大衆がふたたび強い姿勢をみせはじめるようになった事実からは、この間、擁護の姿勢を示していた幕府の混乱が日蓮宗にも深刻な影響をあたえつつあったことを意味しよう。

しかも、この混乱は、この後さらに深刻さと複雑さを増しつつ戦国時代末期へとすすんでいくことになる。そして、その混乱のまっただなかに日蓮宗も巻きこまれていくことになるわけだが、じつは

天文法華の乱とは、その混乱に巻きこまれた結果にほかならなかった。それでは、それはどのようにしておこっていったのであろうか、節をあらためてみていくことにしよう。

2 法華一揆と衆会の衆

法華一揆蜂起の背景

そもそも天下将軍御二人そうろうところに、同じく細川もり両人そうろうなり、四国方衆は、みなみな堺あたりに御入りそうろうよし承るところなり、なかんずく、御一人の将軍は、近江の観音あたりに御入りそうろう、六角《ろっかく》もり申すところなり、

これは、祇園社《ぎおんしゃ》（現在の八坂《やさか》神社）の執行が記した日記『祇園執行日記《ぎおんしぎょうにっき》』の天文元年（享禄《きょうろく》五年、一五三二）七月二十八日条にみえる記事である。いきなりこれだけをみせられても、すぐには意味するところはわからないと思うが、じつは、足利義晴が将軍としてむかえられた大永元年（一五二一）以降の幕府をめぐる混乱を説明する史料としては、これ以上にわかりやすいものはない。順を追ってみていくことにしよう。

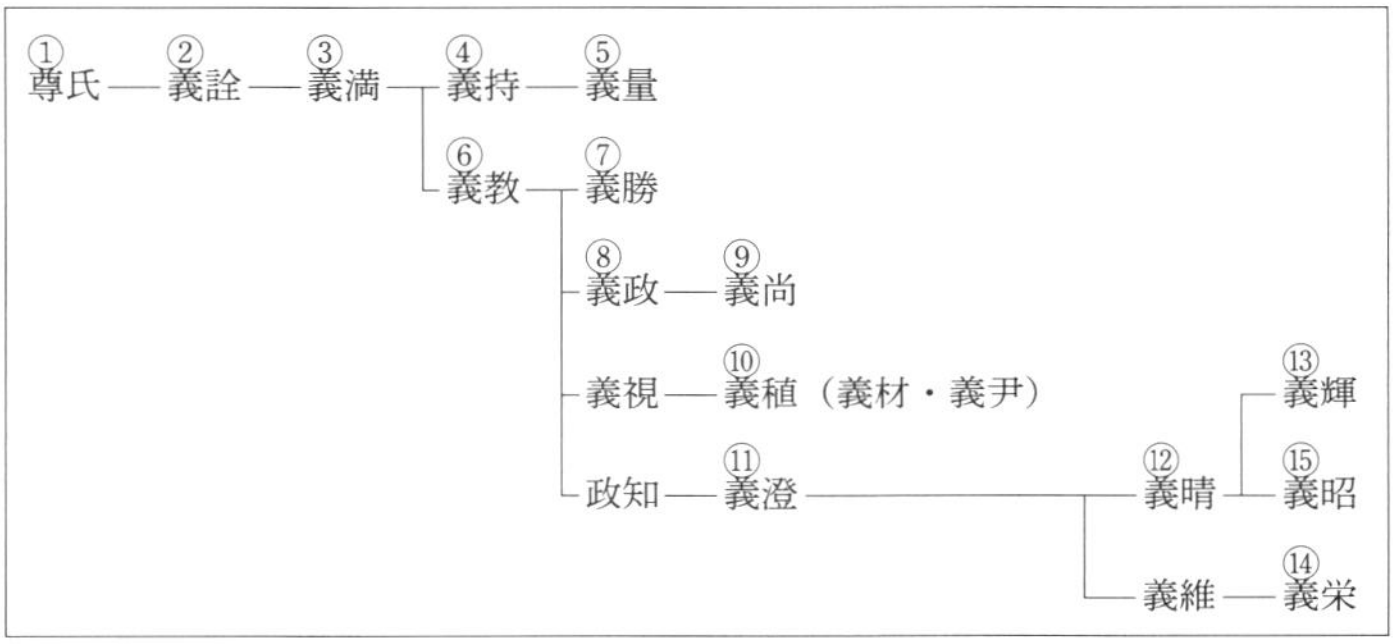

図４　足利氏略系図（番号は将軍の代数）

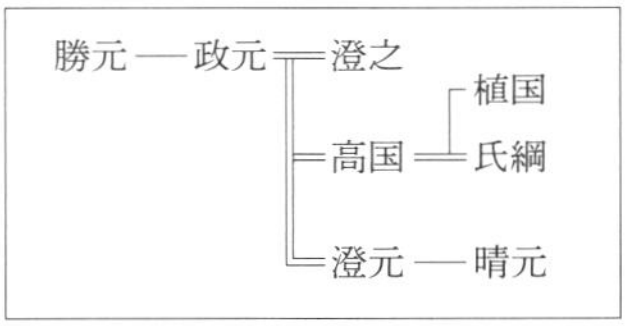

図５　細川氏（京兆家）略系図

右によれば、まずこのころ「天下」には、「将軍」が「御二人」いたという。普通、将軍がふたりいることはないので、いっぽうが将軍、もういっぽうがその対抗馬となる。当時、将軍であったのが足利義晴、それに対抗していたのが弟足利義《よし》維《つな》である（図4）。また、このふたりを「もり」（擁立）する細川氏も「両人」いた。義晴を擁立していたのが管領《かんれい》細川高国《たかくに》、義維を擁立していたのが細川晴元《はるもと》である（図5）。

もっとも、これら細川氏自身には、この時期、十分な軍事力がそなわっていなかったため、それらをささえる存在もあった。それが、「四国方衆」と「六角」である。「四国方衆」とは、阿波国《あわのくに》（徳島県）の三好元長《みよしもとなが》の軍勢を意味し、いっぽう、「六角」とは、近江守護の六角定頼《さだより》を意味する。元長が晴元・義維を擁立し、「堺あたり」まで出張《でば》っていたのに対して、定頼のほうは、近江国（滋賀県）の観音寺城《かんのんじじょう》を居城として、その近くの桑実寺《くわのみでら》に「御一人の将軍」義晴を庇護するかっこうとなっていたのであった。

それにしてもなぜ、現職の将軍である義晴が京都をはなれ、「近江の観音あたり」にいなければならなかったのであろうか。じつはその背景には、これよりおよそ五年前の大永七年（一五二七）二月にたよりとする高国の軍勢が桂川《かつらがわ》において晴元方の軍勢に敗北し、そして、高国自身もそれから四年後の享禄《きょうろく》四年（一五三一）六月に摂津国《せっつのくに》（兵庫県東南部）尼崎《あまがさき》で敗死（大物崩れ《だいもつくずれ》）してしまうということがあったためであった。

おおよそ以上が、『祇園執行日記』が伝える天文元年当時の幕府をめぐる混乱のようすであるが、このようにしてみるとあきらかなように、このころになると幕府をめぐる混乱は、義維や晴元といった正式な役職にはなく、武家権力とでもいったほうがよい勢力も加わって、さらに拍車がかかっていたことがあきらかとなろう。

こうなってくると、目下のところ、有利な状況にある義維・晴元方のほうがすぐにでも京都へ入ってこれそうに思えるが、ところが、義維・晴元方には、それをはばむような深刻な問題がおこっていた。というのも、晴元と元長のあいだで、その主導権をめぐるはげしい対立がまきおこっていたからである。

その結果として、晴元は、元長をたおすため、思いもかけないところへ援軍を要請することになる。

その要請先とは、『細川両家記《ほそかわりょうけき》』という比較的信頼できる軍記物が「晴元より山科《やましな》本願寺を御頼み」と伝えているように、当時、山科に本拠をおいていた本願寺であった。

本願寺が一声かければ、摂津国・河内国《かわちのくに》・和泉国《いずみのくに》（大阪府南部）の一向一揆が蜂起する。晴元は、それに期待をかけたわけだが、その期待はみごとに的中し、享禄五年（天文元年・一五三二）六月、「和泉・河内・津の国三ヶ所の一揆」「十万ばかり」が「筑前守《ちくぜんのかみ》（三好元長）陣所《じんしょ》　南庄《みなみのしょう》へ取りか」（『細川両家記』）かり、元長を自刃に追いこむことに成功する。

ところが、一度蜂起した一向一揆はコントロールを失い、「南都《なんと》へ本願寺一揆蜂起せしめ、諸坊放火、打ちやぶる」（『後法成寺関白記《ごほうじょうじかんぱくき》』七月十七日条）といった暴走をはじめる。そして、それにともなって晴元と本願寺との関係も悪化し、ついには山科本願寺が攻撃されることになる。じつは、このあたりの状況についても、『祇園執行日記』の七月二十八日条はつぎのような重要な記事を伝えている。

> 山科に法観寺（本願寺）といつし一向宗そうろうが、澄元（晴元）六郎の用とて津国《つのくに》へまかり越しそうろうが、また澄元（晴元）と中悪《なかわる》くなる、折節《おりふし》、かの一向宗、都の日蓮宗退治そうらわんよし風聞そうろうとて、法華宗謀叛くわだて、六郎の衆と一所《いっしょ》にて山科を攻めんという、

ここでは、本願寺のことを「法観寺《ほうかんじ》」と記したり、また「六郎」晴元のことを父澄元《すみもと》と誤ったりと、

記述に若干の混乱がみられる。が、その内容はいたって正確である。というのも、右にみえる記事のうち、「六郎の用とて津国へまかり越しそうろう」というのが、一向一揆が三好元長を攻めほろぼしたことを意味し、また、その後、本願寺が晴元と「中悪くなる」という事実も読みとることができるからである。

そうしたなか、もっとも注目されるのが、「中悪くな」った山科本願寺を攻撃するにあたって、「六郎の衆」（晴元の軍勢）が「法華宗」（「都の日蓮宗」）と「一所」になったという事実であろう。この「法華宗」（「都の日蓮宗」）こそ、いわゆる法華一揆の蜂起を伝える最初の記事と考えられているからだが、さらに興味深いのは、その法華一揆が「謀叛」（蜂起）したのは、「かの一向宗、都の日蓮宗退治そうらわんよし風聞」があったためと伝えられている点である。

じつは、この「風聞」（うわさ）については、公家の鷲尾隆康《わしのおたかやす》もその日記『二水記《にすいき》』八月七日条に「一向衆として、今度法華衆へ発向すべきのよし風聞あり」と記しており、あくまで「風聞」にすぎなかったことも知られるが、ここからは、「風聞」とはいえ、法華一揆が「一向宗」の攻撃からみずからを「防戦」するために立ちあがったということ、そして、それを晴元方がたくみに利用したということなどがあきらかとなろう。

このような事実をとおして今谷明氏は、「町一揆が晴元政権の走狗《そうく》となり、ピエロ的役割を演じてきたことは否定しがたい[5]」との評価をくだしたことで知られている。ことの一面をとらえているという点ではたしかに重要な指摘といえるが、ただ、そのいっぽうで、このような事実がすがたをあらわすにいたった底流に、応仁・文明の乱直前の寛正《かんしょう》六年（一四六五）以来、およそ七十年間にもわたってつちかわれてきた「防戦」の姿勢や幕府との関係といったものがあった点にはやはり注意する必要があろう。

しかも、それらが現実の軍事行動につながったという点では画期的なことといえる。が、それは同時に、京都の日蓮宗が、「防戦」から攻撃へという一線をこえてしまったことを意味するにほかならなかったのである。

山科本願寺攻め

ところで、『二水記』八月七日条には、このときの法華一揆のようすが具体的に記されている。(6) それによれば、「その勢」（軍勢）は「三、四千人」におよび、晴元の被官「柳本徒党《やなぎもとととう》」といった武士が「京中町人ら《きょうちゅうちょうにん》」を「あい率い、打ち廻り」したとされている。

「打ち廻り」とは、武器をもって巡回することを意味するが、法華一揆が一向一揆の攻撃にそなえていたようすがうかがえる。と同時に、この段階での法華一揆の構成が、日蓮宗の檀徒である「京中町人ら」と晴元被官ら武士であったことも知られよう。

この点については、『祇園執行日記』でも、「山村《やまむら》、京の上下《かみしも》の一揆を引き具して、打ち廻り」（八月七日条)、「山村、下京《しもぎょう》・上京《かみぎょう》の日蓮宗町人を引き催し、東山《ひがしやま》を打ち廻り」(八月十一日条)、「下京・上京の日蓮宗野伏《のぶし》ども、打ち廻り」(八月十二日条)などとみえ、「柳本徒党」が「山村」を意味し、その「山村」(山村正次)という武士に法華一揆がひきいられていたこともあきらかとなる。

ここからは法華一揆がかならずしも単独で立ちあがったものではなかったことが知られるが、その法華一揆と山科本願寺・一向一揆との本格的な合戦も、おおよそ八月十七日ころからはじまったことが史料であきらかとなる。

たとえば、公家の近衛尚通《このえひさみち》の日記『後法成寺関白記』八月十七日条をみてみると、「本願寺衆」が「東山へ打ち出で」てきたところを「一宮《いちのみや》・柳本・諸法花衆等」が「追い払」い、「首二、三百」をとって「退散」させたと記されているからである。『祇園執行日記』八月十七日条には、「百二、三十人討死に」とあり、一向一揆側の死者の数には違いがみられるが、いずれにしても、その戦いぶりが武士のそれとかわらなかったことも知られよう。

ちなみに、『二水記』八月十七日(十六日の誤りか)条には、「京勢一万人ばかり」に対して「本願寺衆四、五千か」とみえ、法華一揆の軍勢がふくらんでいたようすがうかがえる。また、「京勢、多分法華衆」とも記されているので、軍勢の増加が、日蓮宗檀徒のさらなる参加を意味していたことも読みとれよう。

それから六日後の八月二十三日、ついに山科本願寺への攻撃がはじまることになる。『二水記』八月

山科本願寺土塁跡（京都市山科区）

二十三日条によれば、「三、四万人」にふくれあがった「京勢」が山科本願寺の「四方」を取り囲み、「箭軍《やいくさ》」におよんだと伝えられているからである。「箭軍」（矢軍）とは、両方の軍勢が矢を射あって戦うことを意味するが、攻める法華一揆側も、まもる一向一揆側も弓矢をつかえたことが知られよう。

『二水記』同日条によれば、「京勢三、四万人」のうち、「武士の衆、小勢」とあるので、弓矢をつかったのもその多くが日蓮宗檀徒の町人たちであったことがわかる。また、青蓮院《しょうれんいん》門跡の坊官《ぼうかん》であった鳥居小路《とりいこうじ》経厚《きょうこう》の日記『経厚法印日記《きょうこうほういんにっき》』八月二十三日条には、「上下《かみしも》京衆《ぎょうしゅう》日蓮門徒は、その寺々に所属」とみえるので、檀徒たちは、その帰依する寺院ごとに組織されていたことも知られよう。

もっとも、今回の山科本願寺攻撃には、『後法成寺関白記』八月二十三日条が「京勢・江州《ごうしゅう》諸勢等、山科へ責め入る」と記しているように、法華一揆以外にも「江州諸勢」という軍勢も加わっていた。この「江州諸勢」とは、具体的には、近江守護六角定頼の軍勢を意味するが（『経厚法印日記』八月二十三日条）、しかしながら、定頼といえば、細川晴元と対立していた細川高国や将軍足利義晴をささえていたはずである。それが、なぜ法華一揆に合力するようになっていたのかといえば、三好元長がほろんだのちに晴元と義晴・定頼とのあいだで和睦がむすばれていたためであった。

　幕府をめぐる混乱は、このようにめまぐるしさを増しており、そのまっただなかに日蓮宗も巻きこまれていたことがより鮮明となるわけだが、もはや後ずさりすることはかなわず、翌八月二十四日の「早旦」（早朝）に「合戦」ははじまることとなった。

　そして、その日の「巳《み》の刻《こく》ばかり」（午前十時ころ）に山科本願寺は「攻め落」とされたと『二水記』八月二十四日条は伝えている。まことにあっけない結果といわざるをえないが、「寺」や「所在の在家」は「一屋」残らず焼かれ、「その煙」は「天をおおうがごとし」であったと『二水記』同日条は記している。

　よく知られているように、山科本願寺は、寺院だけではなく、そのまわりに巨大な土塁や寺内町《じないまち》をかかえこんだ一種の都市として存在していた(7)。その本願寺が思いのほか簡単に攻め落とされたのは、法華一揆や六角勢の猛攻もさることながら、醍醐寺理性院《だいごじりしょういん》の厳助《げんじょ》という僧侶がその日記『厳助往年記《げんじょおうねんき》』の天文元年六月五日条に「山科本願寺坊主、そのほか内衆《うちしゅう》以下退去」と記しているように、本願寺宗主証如《しゅうしゅしょうにょ》以下内衆が、すでに大坂（大坂本願寺、いわゆる石山本願寺）のほうへと移動していたことにもその理由があったのであろう。

大坂本願寺攻め

となれば、今度は、大坂本願寺への出陣というのが、つぎの目標としてのぼってくることになる。そして、『祇園執行日記』によれば、それは、つぎにみえるように翌天文二年（一五三三）四月二十六日のことであったことがわかる。

法華宗陣立《じんだ》てそうろう、下京・上京の諸日蓮宗、京に居りそうろう六郎衆に交じり、大坂を退治に今日立ちそうろう、かの法ク（本願寺）ハンジ発向に立ちそうろうや、今みな一向宗大坂に居りそうろう、六郎の敵なり、

ここでもまた、法華一揆は、「六郎衆に交じり」（晴元勢とともに）、大坂へ出陣していたことが読みとれるが、これより先、三月七日に「三条京極《さんじょうきょうごく》」で公家の山科言継《やましなときつぐ》らが「見物」した「日蓮宗打ち廻り」のようすとはつぎのようなものであったという。その日記『言継卿記《ときつぐきょうき》』同日条にはこう記されている。

一万ばかりこれあり、馬上《ばじょう》四百余騎とうんぬん、ことごく地下人《じげにん》なり、兵具《ひょうぐ》以下、目をおどろかすものなり、

戦国時代にかぎらず、史料にみえる軍勢の数というのは、かならずしも正確なものではないといわれているが、それでも、このころになると、法華一揆は、「打ち廻り」だけに「一万ばかり」の軍勢を擁していたことがうかがえる。しかも、そのなかには、「馬上四百余騎」と騎馬武者さながらの「地下人」（庶民）が四百人あまりも加わっており、彼らの「兵具」（武具や武器）が、名だたる武将らの出で立ちもながめてきたであろう言継の目をおどろかすに十分なものばかりであったことも知られよう。

一般に一揆といえば、江戸時代の百姓一揆のイメージが重なって、不十分な装備しかもたなかったのではないかと思われがちである。しかしながら、戦国時代の一揆がまったくそうではなかったことはここからもあきらかとなろう。

もっとも、法華一揆の場合、厳密にいえば、一向一揆のように、史料のうえで「法華一揆」(8)と出てくることはないという点にも注意が必要である。たとえば、これまでみたきた史料でもわかるように、そのほとんどにおいて、「京勢」や「法華衆（法華宗）」「日蓮宗（日蓮衆）」と記されているからである。

その意味では、「法華一揆」ということばは、どちらかといえば、学術的な用語といわざるをえないが、ただ、『祇園執行日記』天文元年八月七日条に「京の上下の一揆」とみえ、また、これよりのち

天文五年（一五三六）の史料にも「日蓮衆僧俗一揆せしめ」（『天文《てんぶん》五年山徒集会議《さんとしゅえぎ》』）とみえる以上、当時の人々が「一揆」と認識していたことはまちがいない。嘉吉の徳政一揆の影響というものが、日蓮宗においては、法華一揆というかたちで結実したことが知られよう。

さて、『祇園執行日記』五月二十六日条が「京には人衆なくそうろう」と記しているように、法華一揆の主力は四月以降、大坂へと出陣し、長期の遠征となっていたことがわかる。しかも、大坂での戦いは苦戦をしいられていたようで、『足利季世記《あしかがきせいき》』という軍記物によれば、「城は摂州《せっしゅう》第一の名城」であったため、「寄せ手も攻めあぐんでみえにける」と記されている。

さすがに、こののち、秀吉によって大坂城が築かれる地にあったとされている大坂本願寺を晴元勢や法華一揆が、攻めあぐねていたことはあきらかといえよう。その結果、『祇園執行日記』六月二十三日条に「今日、大坂へ以前立ちそうらいつる法華宗、京の武士ども、大坂と和睦とやらいいそうらいて、ぞろぞろ早上りそうろう」とあるように、「大坂と和睦」が成立する。

そして、法華一揆も長期の遠征からようやく解放され、帰洛できるようになったこともわかるが、結局のところ、法華一揆は、山科本願寺のようには大坂本願寺を攻め落とすことができなかった。と同時に、大規模な戦闘も、これを境に終結し、それにあわせて法華一揆による軍事行動もいったん終息することとなったのである。

衆会の衆

ところで、右のような動きとあい前後して史料のうえに登場してくるのが、「衆会《しゅえ》の衆《しゅ》」というものの存在である。その史料『座中天文記《ざちゅうてんぶんき》』には、つぎのように記されている。

法花宗の諸旦方《しょだんかた》に衆会の衆とて、別《べっ》して権柄《けんぺい》をとるともがらこれあり、

これによれば、「法花宗」（日蓮宗）の「諸旦方」（檀徒）のなかで「衆会の衆」とよばれる集団が組織され、その集団が「権柄」をふるっていたと伝えられている。「衆会」（「集会」）とは、「シュエ」とよみ、「相談などをするための大勢の人々の集まり」（『日葡辞書《にっぽじしょ》』）を意味するが、この「衆会の衆」が具体的に何人で構成され、また、いつ組織されたのかという点についてまではさだかではない。ただ、同じ『座中天文記』によれば、ここでいうところの「権柄」がつぎのようなものであったことは読みとれる。

そのころ、京中に法花宗権柄をとることとあり、公方《くぼう》・管領《かんれい》の御成敗《ごせいばい》をもとに、洛中洛外《らくちゅうらくがい》の政道《せいどう》は、一向《いっこう》法花宗のままなり、

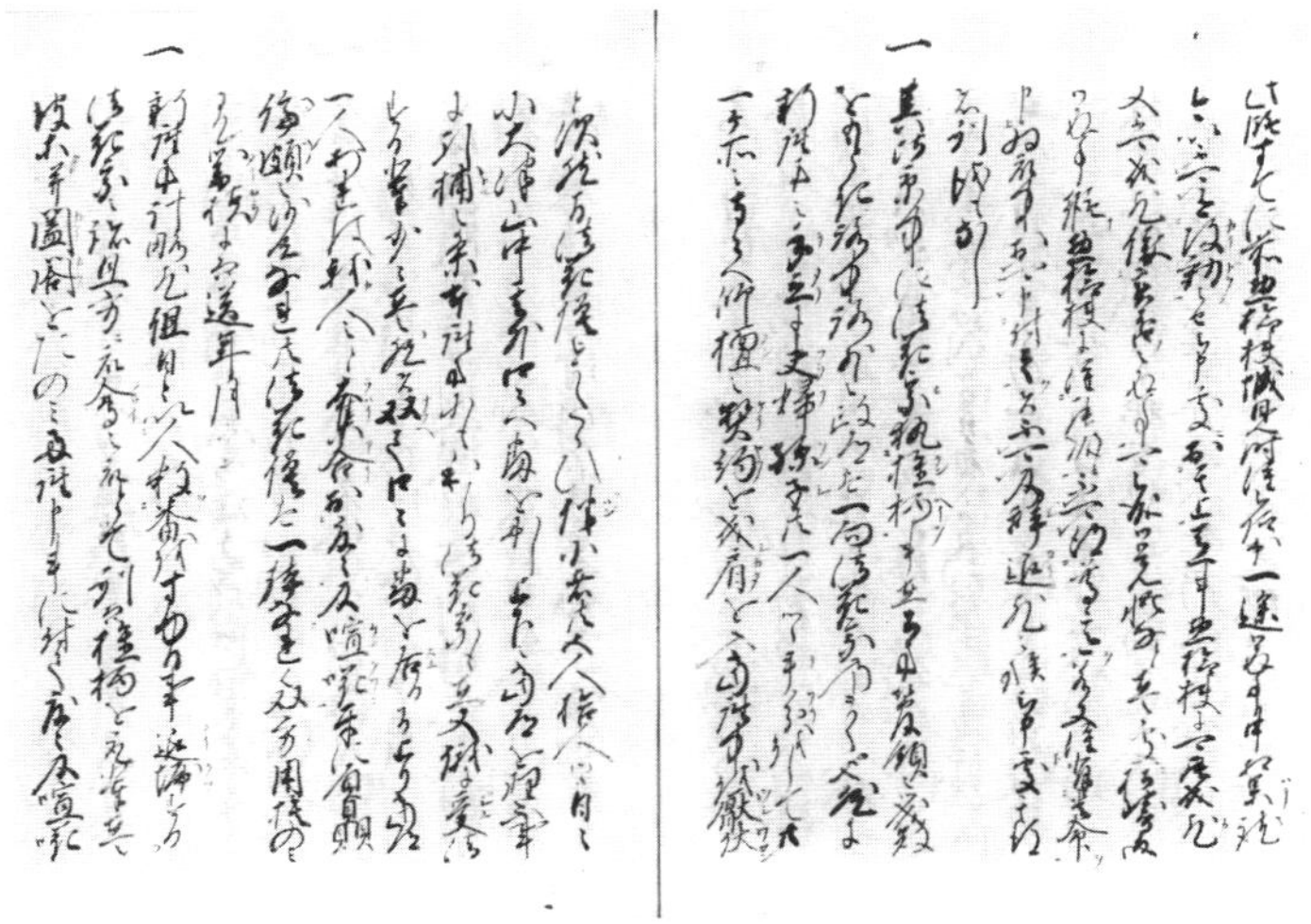

『座中天文記』野村本（東京・尊経閣文庫所蔵）
7行目に「其比京中に法花宗執権柄事在」とある。

すなわち、「権柄」とは、「洛中洛外の政道」をおこなうことであった。この場合の「政道」とは、「政治上の禁制、統制、あるいは掟」（『日葡辞書《にっぽじしょ》』）を意味すると考えられるので、「衆会の衆」には、どうやら洛中洛外の警察権、当時のことばでいえば、「検断《けんだん》」権がもたされることになったといえよう。

もっとも、ここで注意しなければならないのは、その「政道」は、「公方・管領の御成敗をもとに」とあるように、将軍足利義晴や細川晴元の「御成敗」（政務やさばき）を前提としたものであったという点である。

義晴も晴元もともにいまだ上洛することができておらず、それが一時的にも実現されるのには、『厳助往年記』によれば、天文三年（一五三四）六月二十九日まで待たなければならない。したがって、ここでいう「政道」もまた、すくなくとも義晴や晴元が上洛するまで、といった時限的なものであったと考えるのが自然であろう。

それでは、その「政道」とは具体的にはどのようなものだったのだろうか。じつはこの点については、なかなかその実態をつかむことがむずかしい。ただ、つぎのようなことがそのひとつではないかと考えられている。

すなわち、『祇園執行日記』天文二年二月十八日条に「京を法華宗打ち廻りしそうろう、人を京にて三人敵とて切りそうろう」とみえるような、「打ち廻り」の結果、「三人敵」をみつけ、それらを「切」るという行為である。

同じことを、『後法成寺関白記』同日条は、「一揆をあい憑《たの》み、下京顕本寺《けんぽんじ》に付《つ》け火《び》のもの、両三人、西京《にしのきょう》へにげ入りそうろうを召しとり、すなわち切る」と伝えており、「一揆」（一向一揆）に味方して、下京の「顕本寺」（妙顕寺のことであろう）に「付け火」（放火）した「両三人」（二、三人）を「西京」で捕らえて「切」ったことがわかる。

さらに、『言継卿記』同日条でも、「火付けそうろうもの三人召し取り、すなわち生害《しょうがい》」とみえ、放火犯三人を捕らえ、「生害」（殺すこと）したとあり、「法華宗」（法華一揆）が文字どおり警察行為をおこなっていたことがあきらかとなろう。

そのさい、注目されるのは、「日蓮衆」が「集会」したと『言継卿記』が記している点である。この

「集会」と「衆会」がもし同じものであったとすれば、大坂本願寺攻めよりまえに「衆会の衆」が成立していたと考えられるからである。また、それとともに、法華一揆のなかの「衆会の衆」が、放火犯を逮捕し、処罰するという、まさに検断権をになっていたことも知られよう。

『座中天文記』の奥書には、「天文九年庚子《かのえね》三月日」という記述がみえ、その成立は天文法華の乱後まもなくであったことがわかる。したがって、厳密にいえば、同時代の史料とはいえないが、ただ、ほかの史料でも「日蓮党衆僧《しゅうそう》ならびに集会のともがら」(『本能寺文書《ほんのうじもんじょ》』)ということばがみられるので、「衆会」(「集会」)の衆という集団が存在したことだけは確実といえよう。

衆会の衆と町

このように、「衆会の衆」による「洛中洛外の政道」については、おぼろげにしかわからないといったところが実状であるが、ここであわせて注意しておかねばならないのは、右の事件からおよそ四ヶ月後、また、大坂本願寺攻めのために法華一揆の主力が在陣しているさなかの六月という時期に、祇《ぎ》園会《おんえ》(祇園祭)山鉾をになう集団として「下京の六十六町のクワチキヤチ(月行事)ども」(『祇園執行日記』六月七日条)という「町《ちょう》」やそれにかかわる「月行事《がちぎょうじ》」といった役職が史料のうえではじめて登場してくるという事実である。(9)

かつては、これらをひとつの動きとみて、いわゆる「町衆《まちしゅう》(10)」の成長としてとらえていたわけだが、すでに西尾和美氏[11]や今谷明氏[12]によってあきらかにされているように、法華一揆や「衆会の衆」と町や月行事とは、やはり異質な存在とみるのが自然である。前者がおもに信仰や宗教のむすびつきによって成り立っていたのに対し、後者はおもに地縁によるむすびつきによって成り立っていたからである。

つまり、この時期の京都においては、異なる原理によってむすびついた集団が、「町人《ちょうにん》」[13]とよばれた人々のなかに併存していたことになるわけだが、そのうちの法華一揆・「衆会の衆」によって、一時的とはいえ、「洛中洛外の政道」がおこなわれていたことに注目するならば、こののち、江戸時代にかけて都市京都をおおいつくすことになる町や、それより上位にある「上京《かみぎょう》」「下京《しもぎょう》」といった「惣町《そうちょう》」に先行するかたちで、「衆会の衆」は、一種の都市自治をになっていたとみることもできるだろう。

有名な堺《さかい》の会合衆《かいごうしゅう》もそうであったように[14]、地縁にもとづく共同体、社会集団である町を基礎としない都市共同体が京都に存在したとしてもなんら不思議ではない。かぎられた時間であったとはいえ、「衆会の衆」にはそのような可能性も秘められていたのではないかということをここで確認[15]したうえで、つぎの天文法華の乱という合戦そのものについてみていくことにしよう。

3 天文法華の乱

日蓮宗と延暦寺大衆

一般に天文法華の乱がおこるにいたったきっかけとは、天文五年（一五三六）二月、「叡山《えいざん》花王院《かおういん》」（『二条寺主家記抜萃《にじょうじしゅけきばっすい》』）という天台宗僧と「日蓮宗に杉本《（松本カ）》」（同上）という俗人とのあいだでかわされた、いわゆる「松本問答《まつもともんどう》」[16]にあったと考えられている。ただし、この「松本問答」という名称は、『天文法乱松本問答記《てんぶんほうらんまつもともんどうき》』という後世に書かれた記録から名づけられたものであり、また、『天文法乱松本問答記』自体あまり信用できない史料とみられてきた。

ところが、近年の研究によって、「松本問答」という名称はともかく、「問答」自体がおこなわれたことは確実とみられるようになってきている。[17]そして、そのようにしてみると、日蓮宗への攻撃にもっとも積極的な姿勢をみせたのが延暦寺三塔（東塔《とうとう》・西塔《さいとう》・横川《よかわ》）のうちでも西塔であったこと、また、問題の天台宗僧を『天文法乱松本問答記』が「叡嶽《えいがく》の西塔北尾《きたお》花王房」と記していることとのあいだにも何らかの因果関係が考えられるだろう。

もっとも、その問答のみによって、天文法華の乱がおこるにいたったのかどうかという点については、なお不明な部分も少なくない。が、大坂本願寺の証如がその日記『天文日記《てんぶんにっき》』二月二十二日条に「日連《（ママ）》宗雑説《ぞうせつ》」と記していることなどからすれば、天文五年に入って日蓮宗をとりまく状況がにわかにあわただしくなっていったことはまちがいないといえよう。

実際、五月に入ると、日蓮宗と延暦寺大衆とのあいだがぬきさしならぬようすになっていたことも読みとれるようになる。たとえば、ときの後奈良《ごなら》天皇がその日記『後奈良天皇宸記《ごならてんのうしんき》』五月二十一日条に「山上《さんじょう》と法華衆取り合いの雑説あり」と記し、また、相国寺鹿苑院《しょうこくじろくおんいん》の僧侶が記した日記『鹿苑日録《ろくおんにちろく》』五月二十三日条にも「山門と法華衆の儀に法花衆当寺に陣を取るべきのよし、風聞これあり」とみえ、両者の「取り合い」（争い）がさけがたいという「雑説」や「風聞」が飛びかっていたようすが知られるからである。

ここでまず注目されるのは、右の記事からもうかがえるように、人々が延暦寺大衆と日蓮宗をあたかも並列、あるいは同列のようにみていたという点であろう。そうでなければ、「取り合い」といったことばなどつかわないからだが、思いかえしてみればあきらかなように、鎌倉時代後期に日像《にちぞう》が布教をはじめて以来、延暦寺大衆と日蓮宗との関係が並列や同列にみられることなどありえなかった。たとえば、南北朝・室町時代においては、延暦寺大衆が弾圧的な動きをみせるやいなや、日蓮宗の寺僧たちは何のうたがいもなく洛外に退散するほかなかったからである。

事書部分（読み下し）	典拠
天文五年六月朔日大講堂三院集会議に曰く、早く山務沙汰として天聴に献覧せらるべきこと	天文五年山徒集会議・三院衆議集
天文五年六月朔日山門大講堂三院集会議に曰く、早く貫主に申し入れせしめ天聴に献覧あるべきこと	田中穣氏旧蔵典籍古文書
天文五年六月朔日山門大講堂三院集会議に曰く、早く山門奉行沙汰として公聞に申し達せらるべきこと	天文五年山徒集会議・三院衆議集
天文五年六月朔日山門大講堂三院集会議に曰く、早く奉行沙汰として上聞に達せらるべきこと	田中穣氏旧蔵典籍古文書
天文五年丙申六月朔日山門大講堂三院集会議に曰く、早く公武の尊聞に達せられ、偏に諸宗に相ふれるべきこと	天文五年山徒集会議・田中穣氏旧蔵典籍古文書・三院衆議集・円教寺長吏実祐筆記
天文五年六月朔日延暦寺大講堂三院集会議に曰く、早く山門雑掌沙汰として園城寺に啓達せらるべきこと	天文五年山徒集会議・田中穣氏旧蔵典籍古文書・三院衆議集
天文五年六月朔日延暦寺大講堂三院集会議に曰く、早く雑掌沙汰として教王護国寺に啓達せらるべきこと	天文五年山徒集会議・三院衆議集

表５　延暦寺三院衆議事書一覧

年月日	文書名	宛所	典拠
(天文5年)6月2日	三院執行代連署書状	執当御房	京都東山御文庫所蔵文書
(天文5年)6月2日	三院執行代連署書状	栂尾山衆徒御中	雨森善四郎氏所蔵文書
(天文5年)6月2日	三院執行代連署書状案	平泉寺衆徒御中	天文五年山徒集会議
(天文5年)6月2日	三院執行代連署書状案	朝倉弾正左衛門入道殿	天文五年山徒集会議
(天文5年)6月8日	三院執行代連署書状	醍醐山寺務代法印御房	田中穣氏旧蔵典籍古文書
(天文5年)6月8日	三院執行代連署書状案	書写山衆徒御中	円教寺長吏実祐筆記
天文5年6月8日	三院執行代連署書状	祇園社執行御房	八坂神社文書

表６　延暦寺三院執行代連署書状一覧

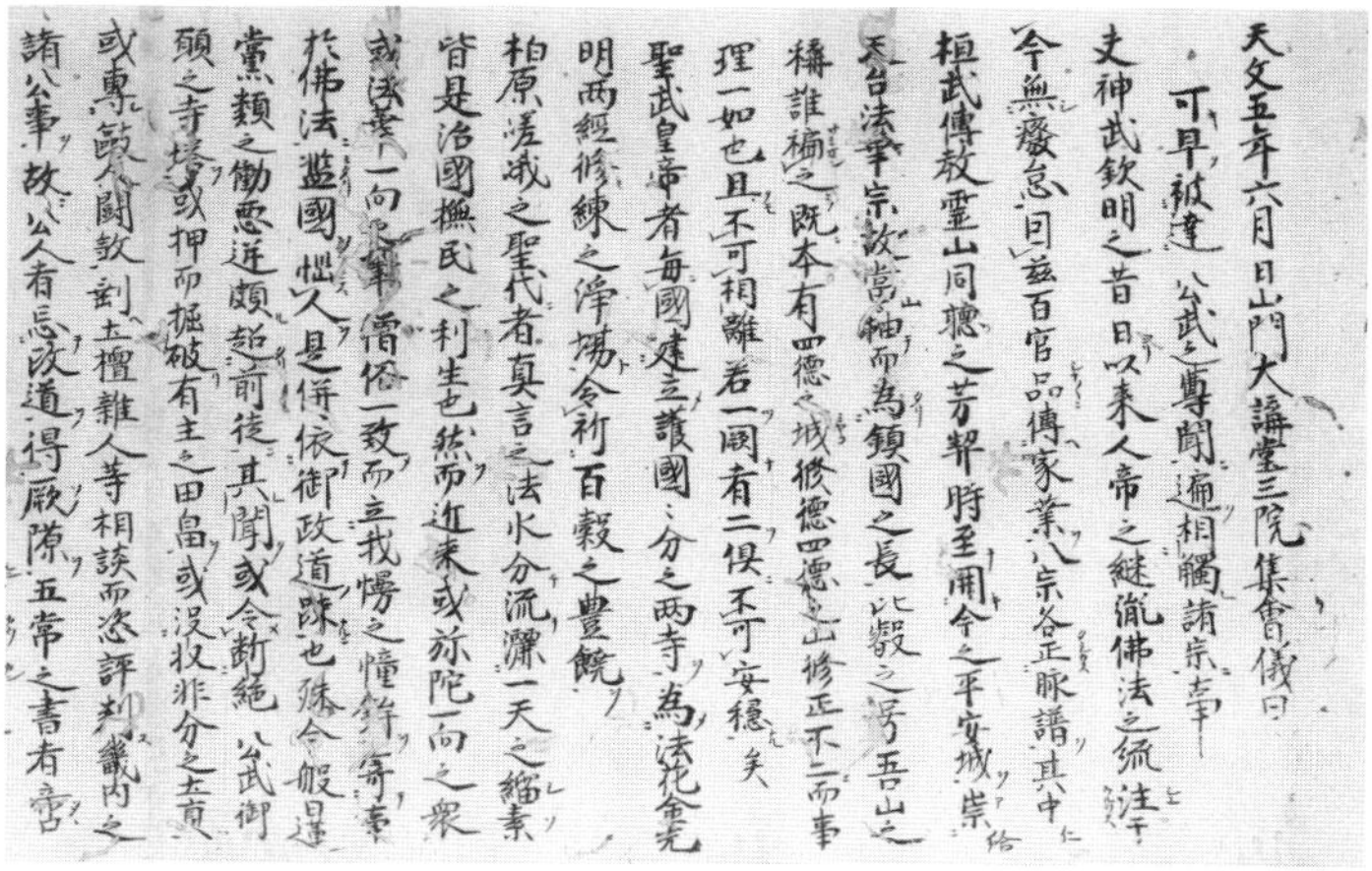
天文五年六月日山門大講堂三院集會儀曰
可早被達 公武之尊聞遍相觸諸宗事
夫神武欽明之昔日以来人帝之継軌佛法之流注
今無廢怠同茲百官品傳家業八宗各正脈譜其中
桓武傳教靈山同聴之芳契将至開令之平安城崇
天台法華宗啓嵩岫而為鎮國之長比叡之号吾山之
稱誰儞之既本有四徳之城修徳四徳之山修正不二而事
理一如也且不可相離若一闕有二俱不可安穏矣
聖武皇帝者毎國建立護國之分之両寺為法花金光
明両經修練之浄場令祈百穀之豊饒
柏原淳戒之聖代者真言之法水分流灑一天之緇素
皆是治國撫民之利生也然而近来或称陀一向之衆
或法華一向宗々輩僧俗一致而立我慢之幢併寄事
於佛法濫國悩人是併依御政道疎也殊今般日蓮
黨類之働悪逆頗超前後其聞或令断絶 公武御
願之寺塔或押而掘破有主之田畠或没収非分之土貢
或専闘諍剣土擅雑人等相談而恣評判畿内之
諸公事故公人有忘政道得厭隙五常之書有害

山門決議関連文書　山門三院大衆衆議案（冒頭部分・国立歴史民俗博物館所蔵）

それが今や、人々が意識する、しないにかかぎらず、日蓮宗の存在を、以前であれば考えられもしなかった延暦寺大衆とならべてみるということ自体、大きな変化として注目にあたいする。しかも、それが「雑説」「風聞」として伝えられていることから逆に、そのような見方がより一般的なものへと変化しつつあったこともうかがえよう。

じつはこの点については、延暦寺大衆も同じであったらしく、そのことは、翌六月朔日に延暦寺大衆が出した事書《ことがき》のありかたからもみてとることができる。表5は、このときに出された事書を一覧にしたものだが、これをみてまず気づくのは、「三院集会」ということばからもあきらかなように、三院（三塔）の大衆がそろって「集会」をもち、事書を出していたという点であろう[18]。

これまでであれば、西塔や横川、あるいは横川楞厳院《りょうごんいん》閉籠衆《へいろうしゅう》といった一部の大衆が事書を出し、日蓮宗に対し

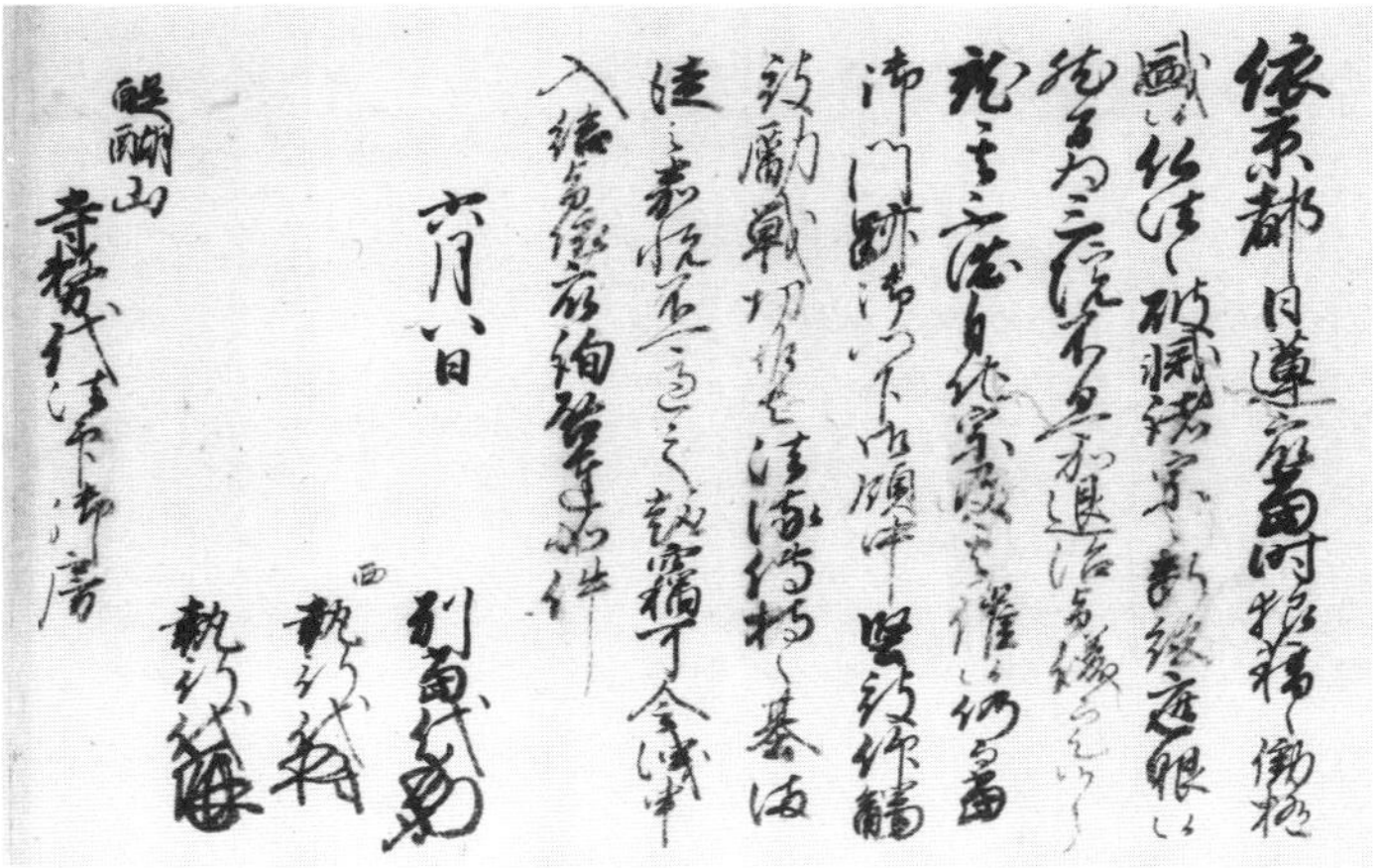

山門決議関連文書　山門三院執行代連署書状（国立歴史民俗博物館所蔵）

て弾圧的な動きをみせていた。それに対し、今回は、三塔の大衆が「惣寺《そうじ》」として一致団結して事書を出すかたちとなっていたからである。延暦寺大衆の姿勢が、これまではくらべものにならないほど強いものであったことが知られるのと同時に、そうしなければ日蓮宗とは対峙できないという意識のあらわれでもあったのだろう。

また、事書の送り先に「園城寺《おんじょうじ》」（三井寺）や「教王護国寺《きょうおうごこくじ》」（東寺）といった、延暦寺の末寺でもなく、しかも宗派も異なる寺院の名がみられる点もこれまでとは大きく異なる。この点については、これら事書とあわせて送られた、延暦寺三院《さんいん》執行代《しぎょうだい》連署書状《れんしょしょじょう》という三塔の代表者三人の署名がすえられた文書の送り先（宛所）からも知ることができる。

表6は、このときに出された三院執行代連署書状のうち、現在のところ、その存在が確認できるものを一覧にしたものだが、これからも、「祇園社」や「平泉寺《へいせんじ》」「書《しょ》

写山《しゃざん》」（円教寺《えんぎょうじ》）といった末寺のほかにも、「栂尾山《とがのおさん》」（高山寺《こうざんじ》）や「醍醐山《だいごさん》」（寺）といった他宗派の寺院へも文書が送られていたことが読みとれよう。

さらに、「天文五年六月朔日、大講堂における三院衆議条々《さんいんしゅうぎじょうじょう》」という史料（『阿刀家文書《あとけもんじょ》』『田中穣《たなかみのる》氏旧蔵典籍古文書《しきゅうぞうてんせきこもんじょ》』）によれば、これら以外にも、末寺では、「豊原《とよはら》」（寺）・「多武峰《とうのみね》」、また、他宗派では、「南都両寺」（興福寺・東大寺）・「吉野」・「高雄《たかお》」・「根来《ねごろ》」（寺）・「粉河《こかわ》」（寺）・「高野《こうや》」（山）に対してまで事書や三院執行代連署書状が送られたことがうかがえる。

そのいずれもが、有力な顕密寺院であったことからすれば、このとき延暦寺大衆は、いわば顕密仏教をあげて日蓮宗への弾圧にのぞもうとしていたことがあきらかとなろう。

合力（援軍）の要請

それでは、なぜこのとき延暦寺大衆は、末寺のみならず、他宗派の寺院へまで事書や三院執行代連署書状を送ったのだろうか。この点については、たとえば、「醍醐山」（寺）宛の三院執行代連署書状の文面に「戦功にはげまれそうらば」とみえることから、軍事的な合力《ごうりき》、つまりは援軍の要請をおこなうためであったことがあきらかとなる。

これまでであれば、延暦寺大衆は、末寺のひとつである祇園社へ事書を送り、犬神人《いぬじにん》や山門公人《さんもんくにん》をつかって日蓮宗寺院の破却などをおこなっていた。ところが、今回は、そのようなかたちではとうてい追いつかないと考えたのだろう。
それはそのまま、日蓮宗・法華一揆の軍事力がいかに強大なものへと変貌していたのかということを示すものといえようが、ただ、末寺以外で実際に軍勢を送ってきたことが確認できるのは、「園城寺」（『二条寺主家記抜萃』）だけとなっている。したがって、「叡山衆本寺末寺、都合その勢三万余騎」（同上）とあるように、結局、軍事力たりえたのは、末寺から送られてくる人々であったと考えられよう。
もっとも、それら末寺のうちでも軍勢の一端に加わったことが確認できるのは、現在のところ、「平泉寺・日光山《にっこうさん》」（『快元僧都記《かいげんそうずき》』）・「書写山」（円教寺）（『円教寺長吏実祐筆記《えんきょうじちょうりじつゆうひっき》』）・「観音寺不断衆《かんのんじふだんしゅう》」（『鹿苑日録』七月二十日条）・若狭国《わかさのくに》（福井県南西部）の「神宮寺《じんぐうじ》」（『神宮寺文書《じんぐうじもんじょ》』）などとなっている。[19]
また、西塔末寺の大坂本願寺へも六月十七日に「延暦寺より日連（ママ）宗退治の儀につき合力」（『天文日記』同日条）の要請がきているが、本願寺では、結局、人を送らず、七月十七日に銭「三万疋」（三百貫文）をつかわしただけであったこともわかる。「山門へ末寺銭毎年のごとく三千疋」（同上六月九日条）であったことからすれば、人のかわりに通常の末寺銭の十倍におよぶ銭を提供したことになろう。

山門より出張る

ところで、三塔の衆議がおこなわれ、事書が出されたのは六月朔日のことであるが、延暦寺大衆が実際に動き出したのはおよそ二ヶ月後のことであった。諸記録がいっせいに、その七月二十三日条の

六角氏の居城があった観音寺山（滋賀県近江八幡市）

ところに「山上よりおのおの出張《でば》るなり」（『後奈良天皇宸記』七月二十三日条）、「山門より出張る」（『厳助往年記』）、「叡山衆夜中より下山す、炬火《きょか》山に満つ」（『鹿苑日録』）と記しているからである。

なぜ、このような時間差がうまれたのか、その理由はさだかではない。が、ひとつには、三院（三塔）衆議とはいうものの、実際には、「別心《べっしん》を存ぜられ、彼ら悪逆を贔屓《ひいき》」（『天文五年山徒集会議』）する勢力がいるなど、三塔内がかならずしも一枚岩でなかったことが考えられる。

その勢力とは、具体的には「楞厳院若輩」（横川楞厳院の大衆）であったが、彼らを説得しようとしていたのが「西塔政所《さいとうまんどころ》」であったのは、おそらく「松本問答」にのぞんだ僧侶が、「西塔北尾花王房」と伝えられていることと無関係ではない。今回の衆議が西塔の大衆によって主導されたことがうかがえよう。

また、これとは別に、すでに五月二十九日の時点で「叡山と法花堂（党カ）忩劇《そうげき》無為《むい》の調法《ちょうほう》」（『鹿苑日録』同日条）、あるいは七月十日に「山門と日蓮党扱い」（『天文日記』同日条）、さらには合戦がはじまった後の七月二十六日にも「山徒《さんと》寺日蓮衆ついには和睦《わぼく》たるべきのよし、近江の六カク（六角）その分なり」（『後奈良天皇宸記』同日条）とみえるように、近江守護六角氏が中心となって、いくどか日蓮宗と延暦寺大衆との「扱い」（調停工作）がこころみられたということも時間差をうんだ理由と考えられる。

このとき、なぜ六角氏がこのような動きをみせたのかという点についてはその理由はわからないが、すでにみたように、天文元年（一五三二）八月の山科本願寺攻めのさい、「江州六角殿と京の法華衆一味」（『細川両家記』）したことに由来するのかもしれない。

もっとも、最後の七月二十六日の調停も実をあげなかったためだろうか、最終的に六角氏は、延暦寺大衆側につき、日蓮宗を壊滅に追いこむことになる。六角氏が、いつそのような決断をくだしたのかという点についてもさだかではないが、先にもふれた「天文五年六月朔日、大講堂において三院衆議条々」のなかには、「早く公方様（足利義晴）・細川家（細川晴元）ならびに佐々木霜台（六角定頼）につき、その届けをなすべし、しからば、三執行代、観音寺に下向《げこう》し、相談あるべきこと」という一節がみえ、三院執行代がわざわざ六角氏の居城「観音寺」城まで「下向」していたとすれば、六月一日の段階ですでに六角氏は、延暦寺大衆側につきつつあったのかもしれない。

そればかりか、ここにみえるように、「佐々木霜台《そうたい》（弾正台の唐名）」（六角定頼）とともに、「公方様」（足利義晴）や「細川家」（細川晴元）へも「その届け」がなされていたとすれば、法華一揆蜂起のきっかけをつくり、そして「衆会の衆」に「洛中洛外の政道」をゆだねていた細川晴元や幕府までもが延暦寺大衆側につくことになっていたと考えられよう。

「昨日の敵は今日の味方」ということばさながらにめまぐるしくその立ち位置をかえていく幕府や武家権力の政争に巻きこまれ、翻弄《ほんろう》されていたにすぎないということをこのときほど日蓮宗が実感したことはなかったにちがいない。したがって、日蓮宗側に残された道とは、文字どおり「合戦」しかなかったのであった。

合戦という直接対決

延暦寺大衆が動き出した七月二十三日の前日七月二十二日に、おおよそ天文二年（一五三三）以来の「打ち廻り」（『鹿苑日録』『後奈良天皇宸記』『御湯殿上日記《おゆどののうえのにっき》』）を日蓮宗・法華一揆がおこない、そして翌二十三日には、洛中の出入り口に陣を構えたことがわかる。たとえば、『鹿苑日録』同日条には、「立本寺」が「勢州の外構《せいしゅうのそとかまえ》」に、また「妙見寺（顕）」が「御霊口《ごりょうぐち》」に陣を張ったことなどが記されているからである。

いずれも洛中の北部、上京とよばれた市街地の東側にあたるが、『鹿苑日録』同日条が伝えているように、延暦寺大衆の軍勢や六角氏の軍勢は、「如意峯《にょいみね》」や「勝軍地蔵《しょうぐんじぞう》」など東山に陣取っており、鴨川《かもがわ》を渡って、洛中の東側から攻めこんでくることが予想されたからであろう。当然、日蓮宗寺院が数多くあった下京でも同じように東側の出入り口に陣が張られたと考えられる。

そして、ついに七月二十五日の「早旦《そうたん》」（早朝）、「合戦」がはじまる。『後奈良天皇宸記』同日条によれば、「東河原《ひがしかわら》において合戦」があり、「山《やま》の衆十六人」、また「日蓮衆四、五十人」が討ち死にしたと伝えられているからである。もっとも、その前日の二十四日に、すでに「御霊口にて合戦あり」（原文、かな）と宮中の女官《にょかん》の日記『御湯殿上日記』同日条にはみえ、「山の衆、悪ろき沙汰《わ》あり」（原文、かな）と延暦寺大衆側の苦戦の「沙汰」（うわさ）も聞こえているので、日蓮宗側もよく防いでいたことが知られよう。

実際、『御湯殿上日記』七月二十六日条には、「今日も東より河原を越して打ち出《い》づる、合戦はなし」（原文、かな）とみえ、延暦寺大衆の軍勢が河原を越えてきても、「合戦」にはいたらなかったことが読みとれる。おそらくは、このような状況をふまえてであろう、六角氏の軍勢が動き出すことになる。『後法成寺関白記』七月二十七日条に「四条口《しじょうぐち》において鑓《やり》あり、三雲《みくも》・蒲生《がもう》衆」とあり、下京の「四条口」を六角氏の有力被官である三雲氏・蒲生氏の軍勢が攻めこんだことがわかるからである。

ここからは、延暦寺大衆の軍勢が上京を、また六角氏の軍勢が下京を攻撃するといった、おおよその分担があったことがうかがえるが、さしもの日蓮宗・法華一揆も、いくさをなりわいとする武士たちの軍勢のまえにはひとたまりもなかったようで、またたくまに、「京衆没落」し、「下京大略焼け」てしまったと『後法成寺関白記』同日条は伝えている。

同じようなことは、『後奈良天皇宸記』や『御湯殿上日記』同日条にもみえ、「四条あたり」や「三条布《絹カ》屋」（町）が破られて、「下京ことごとく一時に焼失」したと記されている。『後法成寺関白記』

同日条では、三雲氏・蒲生氏の軍勢が「付け火」したとあるので、その火が下京を焼きつくすことになったのであろう。いっぽう、「上京は、甘露寺《かんろじ》あたりまで十間《けん》あまり焼く、日蓮党自焼」（『後奈良天皇宸記』同日条）とあるので、日蓮宗がみずからの寺などを焼いたと思われる。

結局のところ、「合戦」自体は、この七月二十七日にほぼ決着がついたようで、『後奈良天皇宸記』同日条によれば、「武家」（足利義晴）より「日蓮衆退治落居《らっきょ》」を伝える使いが天皇のもとへやってきたと記されている。

乱妨狼藉

もっとも、実際には戦禍《せんか》はなおつづいていており、たとえば、翌二十八日まで「本国寺」はもちこたえ（『天文日記』七月二十八日条）、また、同日に「上京焼けて、革堂《こうどう》・誓願寺《せいがんじ》・百万遍《ひゃくまんべん》焼くる」（原文、かな）（『御湯殿上日記』同日条）といった記事もみることができる。

このうち、後者のほうは、「近江衆、種々物忩《しゅじゅぶっそう》」（『後奈良天皇宸記』同日条）ともみえるので、六角氏の軍勢による乱妨狼藉《らんぼうろうぜき》（濫妨狼藉）（無法に他を犯し、掠奪すること）にともなうものだったのだろう。実際、三十日にいたってもなお、「近江衆、近辺《きんぺん》狼藉是非《ぜひ》もなし」と、その「狼藉」はひどさをきわめており、天皇自身が「武家」（足利義晴）から「六カク《（六角）》」（六角定頼）へそれをやめさせるようにと要請したことが、その日記『後奈良天皇宸記』同日条からは読みとれる。

内裏(「上杉本洛中洛外図屏風」部分・米沢市上杉博物館所蔵)

思いかえせば、山科本願寺攻めのさいには、「武士の衆、小勢」(『二水記』天文元年八月二十三日条)であったのに対し、今回の「合戦」では、史料でみるかぎり、その主力としては六角氏の軍勢のすがたがあったように思われる。

同じ「合戦」とはいえ、その様相はかなり異なっており、「自《じ》宗《しゅう》・他宗をえらばず、老少《ろうしょう》多くなで切り」(『座中天文記』)といった武士らによる無差別殺人や、あるいはまた、彼らの手からのがれるため、天皇の御所である「内裡《だいり》」(内裏)へ「逃げ入るもの数千人」におよび、そのようなか「女童部《わらわべ》押し殺され、又は水に飢《かつ》えて死」(『祐園記抄《ゆうえんきしょう》』)ぬといった悲惨な光景も、おそらく山科本願寺攻めのときにはみられなかったのではないだろうか。

その結果として、「日蓮衆そのほか雑人《ぞうにん》」で「打ち死に」したものの数は、「およそ三千人ばかり」(『厳助往年記』七月二十七日条)とも、「三千人とも、四千人とも」(『祐園記抄』)、あるいは「一万人」(『快元僧都記』)とも伝えられている。

実際のところは、はっきりしたところはわからないが、生きのびた寺僧たちも、「おのおの諸国に散り、多分は泉州堺《せんしゅうさかい》へおもむく」（『両山歴譜《りょうざんれきふ》』）というように、命からがら堺の各末寺へと避難を余儀なくされたのであった。

ここに、鎌倉後期に日像が布教をはじめて以来、営々と積みあげられてきた「題目の巷《ちまた》」はいったん壊滅に追いこまれることになる。そして、それとともに、応仁・文明の乱のさいにもさほど被害をこうむらなかった下京[20]もまた焼亡することで、天文法華の乱はその幕をおろすこととなった。

「諸寺敷地」の問題

今日、細川右京兆（晴元）上洛す、敵ことごとく退散のゆえなり、

これは、下級官人の壬生于恒《みぶゆきつね》の日記『于恒宿禰記《ゆきつねすくねき》』天文五年（一五三六）九月二十四日条にみえる一節である。天文法華の乱からおよそ二ヶ月後に細川晴元が「上洛」したことがわかる記事だが、その理由が「敵ことごとく退散」したためであったというのであれば、その「敵」のなかには、おそらく日蓮宗もふくまれていたことであろう。

実際、翌々月の閏十月七日にこの晴元の被官《ひかん》である飯尾元運《いいおもともち》（「上野介三善朝臣《こうずけのすけみよしのあそん》」）の名で出された定《さだめ》書《がき》（『本能寺文書』）には、「日蓮党衆僧ならびに集会のともがら」が「洛中洛外」を「徘徊《はいかい》」すること

や「日蓮衆諸党・諸寺」の「再興」を「停止《ちょうじ》」することなどが定められているからである。いっぽう、『鹿苑日録』天文六年（一五三七）七月四日条をみてみると、「法花堂跡・法花坊主跡職《あとしき》、かたく山上《さんじょう》へ仰せつけらるべし」とあり、延暦寺大衆が、日蓮宗寺院の跡地などを得ようとしていたことがうかがえる。おそらく延暦寺大衆は、合戦の習いとしておこなわれていた敵方没収地《てきがたぼっしゅうち》のように、日蓮宗寺院の跡地などをみていたのだろう。

翌天文七年（一五三八）九月にも、延暦寺大衆は、「日連《ママ》党退治につき（中略）彼の諸寺敷地など、今にあい窮《きわ》まらざる段、もってのほか」として、山門三院列参申詞《れっさんもうしことば》（『蜷川家文書《にながわけもんじょ》』）という文書を出している。ここからもまた、この問題にかなりこだわりをもっていたことが知られよう。

しかしながら、乱がおわってすでに二年もたっているにもかかわらず、「諸寺敷地」（日蓮宗寺院の跡地）の問題に決着がつけられていないという事実からは、逆に晴元や六角氏、あるいは幕府も、日蓮宗が京都へ還住《げんじゅう》（もとのところへ帰り住むこと）できる余地をたぶんに残していたと考えられる。

それを裏づけるように、「還住勅許《ちょっきょ》」として知られる、天文十一年（一五四二）十一月十四日付の後奈良天皇の綸旨《りんじ》（『両山歴譜』）が出される一年以上まえの天文十年（一五四一）八月十六日には、妙蓮寺に対して「当寺寄宿停止」を命じた晴元の被官飯尾為清《ためきよ》の奉書《ほうしょ》（『妙蓮寺文書《みょうれんじもんじょ》』）が出されている。同様に、「還住勅許」から半年前の閏三月十六日にも、本能寺に対して「当寺ならびに境内寄宿免除」をみとめた飯尾元運の奉書（『本能寺文書』）が出されていることも確認できるからである。

このようなことからすれば、「諸寺敷地」の権利は、天文五年以降もなお日蓮宗寺院の手元にあったと考えるのが自然である。実際、本能寺には、「諸寺敷地」のひとつである「旧領六角以南、四条坊《しじょうぼう》門《もん》以北、櫛笥《くしげ》以東、大宮以西四丁町《しちょうちょう》」にかかわる権利証文が今なお伝えられているからである。

しかも、本能寺の場合、天文十四年（一五四五）八月には、酒屋・土倉《どそう》の沢村《さわむら》から「六角と四条坊門油小路《あぶらのこうじ》西洞院《にしのとういん》中間方四町々」の土地を買得し（『本能寺文書』）、ここへの移転も模索しはじめる。おそらくは、このような動きに刺激されたのであろう、天文十五年（一五四六）になって延暦寺大衆は、「自今《じこん》は諸法花宗は叡山末寺たるべし」（『両山歴譜』）と、日蓮宗寺院に対して「叡山」（延暦寺）の「末寺」になるようにとの要求を突きつけることになるのである。

末寺化をめぐって

この末寺化の要求に対する日蓮宗側の動きについては、『本能寺文書』や幕府政所《まんどころ》の役人（政所代《まんどころだい》）であった蜷川《にながわ》家に伝わる『蜷川家文書』のなかに関連する史料が残されている。そして、それらによってある程度その交渉のようすも知ることができる。(21)

それによれば、交渉は、日蓮宗側から「惣代《そうだい》三ヶ寺」（本能寺・法花寺《ほっけじ》［妙顕寺］・本国寺）や「諸寺代《しょじだい》」が代表となり、また延暦寺大衆側からも「山門三院執行代」が代表となっておこなわれたことがわかる。注目されるのは、そのさい、両者が直接的に交渉をもつのではなく、仲介者としての近江守護六角氏を立てて、交渉がおこなわれたという事実であろう。
歴史的にみても、日蓮宗・延暦寺大衆ともにかならずしもよい関係にあったとはいえない六角氏しか、仲介者たりえなかったところに、両者のあいだをつなぐチャンネルがいかにとぼしかったのかということがうきぼりとなる。とともに、仲介者が立てられたことからもわかるように、日蓮宗と延暦寺大衆との関係が事実上、並列的なものになっていたことも知られよう。

この末寺化の要求について、日蓮宗側は、「申し定む条々」と冒頭に書かれた文書を三院執行代と六角氏に示し、一貫してこばみつづけることになるが、残された史料によるかぎり、交渉自体は、おおよそ天文十六年（一五四七）二月からはじまり、六月には決着がついたことがわかる。

天文十六年六月十七日付けで六角氏の被官「進藤貞治《しんどうさだはる》」と「平井高好《ひらいたかよし》」の連署でもって、「日蓮宗還住につき条々」「三ヶ条」が、「三院執行代御坊」にあてて提示されたことがあきらかとなるからである（『蜷川家文書』）。注目すべきは、そのうちの二ヶ条であり、そこには「妙伝寺一円放火のこと」という項目と「日吉御祭礼料《ひよしおんさいれいりょう》の足付《あしつき》として、毎年百貫文づつ、三月中にながく進納すること」という項目のふたつが記されている。

ここで、わざわざ妙伝寺の「放火」があげられているのは、おそらく妙伝寺が「松本問答」のきっかけをつくった「松本久吉《まつもとひさよし》」なる人物が帰依する上総国《かずさのくに》（千葉県中部）藻原《もばら》の妙光寺《みょうこうじ》（現在の藻原寺《そうげんじ》〔千葉県茂原市〕）と門流が同じであったためであろう。いわゆる戦国の作法[22]として知られる謝罪や降伏の証としての放火を意味したのではないかと考えられる。

いっぽう、「日吉御祭礼料」（おそらく四月におこなわれる日吉祭《ひよしまつり》、山王祭《さんのうさい》のことであろう）の「足付」（費用）として、「毎年」「三月」に「百貫文づつ」を「進納」するということがここに入っているのは、やや唐突のようにもみえる。しかしながら、この項目については、すでに二月の段階で、「御祭礼用《よう》脚《きゃく》として、千貫文進納せしむるのこと」（『本能寺文書』）とみえ、多少文章は異なるものの、交渉のなかでは重要な内容であったことがわかる。とすれば、これは何を物語っているのであろうか。

ここで思いおこされるのが、中世における本寺と末寺の関係についてであろう。というのも、その関係は、江戸時代以降のそれとは大きく異なり、末寺銭をおさめさえすれば、異なる宗派間でもむすばれることが一般的だったからである。実際、先にもみたように、本願寺が、「寛正《かんしょう》の法難」ののち、わずか二年後の応仁元年（一四六七）に毎年三十貫文の末寺銭をおさめることで延暦寺西塔の末寺になったことからもその点はあきらかといえよう。

このようにしてみると、「日吉御祭礼料」「百貫文」とは、それが「毎年」であるという点からしても、延暦寺大衆側からすれば、末寺銭と同じようなものと理解していた可能性は高い。しかしながら、それが末寺銭と明記されていないのは、おそらく日蓮宗側がそれをこばみつづけたからだろう。つまり、「日吉御祭礼料」「百貫文」とは、相反する両者の主張の妥協点としてかたちをあらわしたものだったと考えられるのである。

いずれにしても、これによって交渉は妥結をみたようで、それを裏づけるように、同じ六月十七日付けで三院執行代は、「佐々木弾正少弼《だんじょうしょうしょうひつ》」（六角定頼）にあてて、「日蓮宗」が「京都安堵《あんど》」（京都還住）することと「旧地など」についても「別儀《べつぎ》あるべからざる」（支障なし）旨を記した書状（『本禅寺文書《ほんぜんじもんじょ》』）を出している。

「山門と当宗御和談」（『本能寺文書』）は、ここに一応の成立をみたことになるわけだが、もっとも、妙伝寺の「放火」と「日吉御祭礼料」「百貫文」の「毎年」「進納」が、実際に日蓮宗によって履行されたのかどうかについてはさだかではない(23)。

関連する史料が見いだせないからだが、しかしながら、日蓮宗が延暦寺末寺とならずに、しかも京都への還住をはたしたことの意味は大きいだろう。天文法華の乱からおよそ十年でもって、ふたたび「題目の巷」をめざす道がひらかれたからである。

そのようになった背景には、日蓮宗寺院の努力はもとより、「日吉御祭礼料」「百貫文」という莫大な費用をまかないうるだけの檀徒のささえといったものがあったことはうたがいない。しかも、それが、天文法華の乱による焼亡からの復興途中であったことを考えあわせるならば、日蓮宗信仰は、復興する都市京都のなかでも、しっかりと人々のこころをつかんでいたといえるだろう。

もちろん、個々の寺院の再建には、かなりの差がみられ、また寺院の数も二十一ヶ寺から十五ヶ寺へと減少してはいく。しかし、復興がすすむ京都と歩調をあわせていくようにして、日蓮宗寺院もまた再建をとげ、戦国時代最末期、そして織田信長の時代をむかえることとなるのである。それでは、その具体的なようすとはどのようなものだったのだろうか。章をあらためてつぎにみていくことにしよう。

(1) 新在家については、古川元也「京都新在家の形成と法華宗檀徒の構造」(中尾堯編『中世の寺院体制と社会』吉川弘文館、二〇〇二年)、河内将芳「戦国期京都における勧進と法華教団―新在家を中心に―」(『救済の社会史』財団法人世界人権問題研究センター、二〇一〇年) 参照。

(2) 西尾和美「「町衆」論再検討の試み―天文法華一揆をめぐって―」(『日本史研究』二二九号、一九八一年)。

(3) 今谷明『言継卿記―公家社会と町衆文化の接点―』(そしえて、一九八〇年、のちに『戦国時代の貴族―『言継卿記』が描く京都―』講談社学術文庫、二〇〇二年として再刊)、『天文法華の乱―武装する町衆―』(平凡社、一九八九年、のちに『天文法華一揆―武装する町衆―』洋泉社MC新書、二〇〇九年として再刊)。

(4) 注(3)、今谷氏前掲『天文法華の乱―武装する町衆―』参照。

(5) 注(3)、参照。

(6) 初期の法華一揆については、藤井学「初期法華一揆の戦闘分析―山科・石山攻めを中心に―」(『法華衆と町衆』法藏館、二〇〇三年、初出は一九八五年) にくわしい。

(7) 山科本願寺・寺内町研究会編『戦国の寺・城・まち―山科本願寺と寺内町―』(法藏館、一九九八年)。

（8）「法華一揆」のことばがつかわれ出したのは、おそらく岩橋小弥太「天文法華乱」（『歴史と地理』第二十一巻六号、一九二八年）ぐらいからではないだろうか。そして、それが仏教史のなかでもしっかりと位置づけられたのは、藤井学「西国を中心とした室町期法華教団の発展―その社会的基盤と法華一揆を中心として―」（『仏教史学』第六巻一号、一九五二年）以降であろう。

（9）仁木宏「戦国・織田政権期京都における権力と町共同体―法の遵行と自律性をめぐって―」（『京都の都市共同体と権力』思文閣出版、二〇一〇年、初出は一九八八年）。

（10）林屋辰三郎「町衆の成立」（『中世文化の基調』東京大学出版会、一九五三年、初出は一九五〇年）。

（11）注（2）、参照。

（12）注（3）、参照。

（13）この時期の「町人」ということばの史料のうえでのつかいかたについては、五島邦治「天文法華一揆と惣町の展開」（『京都町共同体成立史の研究』岩田書院、二〇〇四年、初出は一九九八年）参照。

（14）桜井英治「湊・津・泊―都市自治の系譜―」（『朝日百科日本の歴史別冊　歴史を読みなおす6　平安京と水辺の都市、そして安土』朝日新聞社、一九九三年）。藤本誉博「室町後期・戦国期における堺の都市構造―会合衆の再検討―」（『ヒストリア』二二〇号、二〇一〇年）。

（15）河内将芳「都市共同体と人的結合―法華一揆と祇園会をめぐって―」（『中世京都の都市と宗教』思文閣出版、二〇〇六年、初出は二〇〇二年）。

（16）松本問答の内容については、注（3）の今谷明『天文法華の乱―武装する町衆―』にくわしい。

（17）冠賢一「天文法難の一考察」（『京都町衆と法華信仰』山喜林仏書林、二〇一〇年、初出は二〇〇二年）、佐藤博信「「松本問答」と茂原の藻原寺」（『日本歴史』七三〇号、二〇〇九年）。

（18）このときの事書については、古川元也「「天文法華の乱」再考―「山門大講堂三院衆議条々」第一条の検討を中心に―」（『三田中世史研究』四号、一九九七年）参照。

（19）下坂守「むすびにかえて―本寺・末寺関係に見る寺院社会の広がり―」（『中世寺院社会の研究』思文閣出版、二〇〇一年）によれば、近江の百済寺も合力したという。

（20）下坂守「応仁の乱と京都―室町幕府の役銭と山門の馬上役の変質をめぐって―」（『学叢』二四号、二〇〇二年）、河内将芳『信長が見た戦国京都―城塞に囲まれた異貌の都―』（洋泉社歴史新書y、二〇一〇年）。

（21）河内将芳「戦国期京都における法華教団の変容―『京都十六本山会合用書類』の成立をめぐって―」（『中世京都の民衆と社会』（思文閣出版、二〇〇〇年、初出は一九九七年）。

（22）藤木久志『戦国の作法―村の紛争解決―』（平凡社、一九八七年、のちに講談社学術文庫、二〇〇八年として再刊）。

（23）この後、延暦寺大衆が不満をつのらせていったことについては、河内将芳「山門延暦寺からみた天文法華の乱」（『中世京都の都市と宗教』思文閣出版、二〇〇六年、初出は二〇〇二年）参照。

【第四章】

十六本山会合の成立と展開

戦国時代から信長の時代

1　会合の成立

『上杉本洛中洛外図屏風』

戦国時代京都のすがたが描かれたことで知られる洛中洛外図《らくちゅうらくがいず》（初期洛中洛外図）のうち、織田信長から上杉謙信へと贈られたと伝えられている屏風がある。いわゆる『上杉本洛中洛外図屏風《うえすぎほん》』（山形県米沢市上杉博物館所蔵）である。

この屏風を描いた絵師が、桃山絵画を代表する狩野永徳《かのうえいとく》ということもあって、美術史の世界では古くから注目されてきた作品としてよく知られている。それが一九八〇年代以降、歴史学（文献史学）からの研究もすすみ、そのなかで、この屏風がいつつくられたのか（制作年代）、あるいはまた、描かれた京都のすがたとはいつごろのものなのか（景観年代）といった問題についての議論が深められた。

その結果、現在のところその制作年代は、おおよそ永禄《えいろく》年間（一五五八〜七〇）ではないかと考えられている。いっぽう、景観年代については、制作された永禄年間の景観だけではなく、それより少しさかのぼる天文《てんぶん》年間（一五三二〜五五）後半の景観もふくまれているのではないかとされている。(1)

妙顕寺（下）と妙覚寺（「上杉本洛中洛外図屏風」部分・米沢市上杉博物館所蔵）

そもそも絵画は写真とは異なるため、このようなことがおこるわけだが、いずれにしても、『上杉本洛中洛外図屏風』にひろがる光景とは、天文五年（一五三六）七月におこった天文法華の乱による焼亡から復興しつつある、あるいは、復興した京都のすがたとなろう。そして、そのような目でみてみると、再建された日蓮宗寺院のすがたも複数見いだすことができる。

たとえば、墨で寺院名が書きこまれ、それとはっきりわかるものだけでも、南から順に「本国寺《ほんこくじ》」・「法能寺」（本能寺《ほんのうじ》）・「めうかくじ」（妙覚寺《みょうかくじ》）・「めうけんじ」（妙顕寺《みょうけんじ》）・「ちやうめうじ」（頂妙寺《ちょうみょうじ》）の存在を確認することができるからである。

このように、『上杉本洛中洛外図屏風』に再建された日蓮宗寺院が数多く描きこまれているのは、制作者の狩野永徳自身が妙覚寺の有力檀徒であった[2]ということもさることながら、京都還住後の日蓮宗が、天文法華の乱以前と同様、あるいはそれ以上に繁昌のようすをみせつつあったこともあらわしているのだろう。

実際、この時期の京都をおとずれ、そのようすを伝えているイエズス会宣教師がしたためた一五六一年（永禄四年）付けの書簡（『耶蘇会士日本通信《やそかいしにほんつうしん》』）にも、「約三百年前死せしニキレン（日蓮）と称する他の坊主ありしが、この人はフォッケショ（法華宗）と称する他の宗旨を説き、この宗派の人多く、この坊主を聖人なりとせり」とみえるからである。

「法華宗払い」

いっぽう、視線をこの時期の幕府や武家権力をめぐる政治情勢のほうへと移してみると、天文法華の乱の直後に上洛した細川晴元《ほそかわはるもと》もすでにその地位を追われ、それを追った三好長慶《みよしながよし》もまた永禄七年（一五六四）七月に死去（『細川両家記《ほそかわりょうけき》』）、そして、その翌永禄八年（一五六五）五月には、長慶死後に力をふるっていた三好三人衆《さんにんしゅう》（三好長逸《ながゆき》・三好宗渭《そうい》・石成友通《いわなりともみち》）と松永久秀《まつながひさひで》の子久通《ひさみち》らによって将軍足利義輝《あしかがよしてる》が洛中の「武家御所」において襲撃（『言継卿記《ときつぐきょうき》』五月十九日条ほか）されるという、めまぐるしい展開をとげていたことがわかる。

この間、およそ三十年。日蓮宗もまた、このような展開と無縁というわけにはいかなかったが、ただし、長慶の弟三好実休《じっきゅう》（之虎《ゆきとら》）が頂妙寺日珖《にちこう》より永禄四年（一五六一）十二月八日に受法《じゅほう》し（『己行《こぎょう》記《き》』同日条）、また、松永久秀も「同宗派（日蓮宗・法華宗）に属し」ていたため、「同派は今繁昌」（『耶蘇会士日本通信』）といわれていた。

おそらく、先にみたイエズス会宣教師がまのあたりにしたようすにも、このような三好氏や松永氏といった武家権力との関係が影響していたのではないかと考えられる。とともに、そのむすびつきが、史料でみられるかぎり、実休や久秀に代表されるように、おもに信仰を介したものであったという点には注意しておく必要があろう。

三好実休像（京都市立芸術大学芸術資料館所蔵・土佐派絵画資料より）

実際、実休や久秀が、かつての晴元や幕府のように、日蓮宗に対して軍事的な合力を期待していたようすがみられないことからもそれはうかがえるが、もっとも、一歩外に出てみると、そのようにはみられていなかったこともまた事実であった。

たとえば、永禄四年七月、三好氏との対決を決意した近江守護の「六角承禎《ろっかくじょうてい》父子」の軍勢が東山《ひがしやま》の「勝軍《しょうぐん》」山へ出張《でば》る直前の京都では、つぎのような「風聞」（うわさ）が飛びかっていたことが知られるからである。

江州《ごうしゅう》より法華宗払いと号して、京に入るのよし、しきりに風聞なり、京中あい騒ぐなり、

これは、醍醐《だいご》寺理性《じりしょう》院《いん》の僧厳助《げんじょ》の日記『厳助往年記《げんじょおうねんき》』六月条にみえる記事だが、ここからは、六角氏が「法華宗払い」（日蓮宗を京都から追いはらうこと）のため上洛してくるという「風聞」によって「京中」が騒然となっていたことが読みとれる。三好氏と対立する六角氏が「法華宗払い」をおこなおうとしている以上、その目的とは、かつてのように日蓮宗が軍事的な合力を三好氏に対しておこなうことを未然にふせぐためであったと考えるのが自然であろう。

結局のところ、この「法華宗払い」は単なる「風聞」にすぎなかったようだが、それが「しきりに」であったという点からも、逆に日蓮宗がふたたび法華一揆のようなかたちで蜂起するかもしれないという懸念は、「京中」では広くもたれていたことがうかがえる。

それでは、このような事態に対し、日蓮宗側はどのように対応をしたのであろうか。この点については、つぎの文書（『本能寺文書』）が手がかりとなろう。

音問《おんもん》として、青銅《せいどう》三百疋《ひき》を給いそうろう、毎々《まいまい》祝着《しゅうちゃく》にそうろう、なお平井右兵衛尉（定武）・進藤新介（賢盛）中すべくそうろう、恐々謹言、

卯月十四日　承禎（六角）（花押）

本国寺
本能寺
妙顕寺
諸寺代《しょじだい》

これは六角承禎（義賢《よしかた》）が本国寺・本能寺・妙顕寺といった「諸寺代」にあてて出した、一種の礼状である。そして、その内容は、「諸寺代」から「音問」（贈り物）として贈られた「青銅」（銭）「三百疋」（三貫文《かんもん》）に対するものであった。

ここにみえる「卯月十四日」がいったい何年のことだったのか、これだけではわからない。が、「諸寺代」のひとつ本能寺が永禄四年（一五六一）の後《のちの》三月（閏《うるう》三月）十七日に六角承禎・義弼《よしすけ》（義治《よしはる》）父子に対して「在陣につき、三種三荷」の贈り物をし（『本能寺文書』）、また、それとあわせて「軍勢」の「乱妨狼藉《らんぼうろうぜき》」などを禁じる禁制《きんぜい》（『本能寺文書』）を得ていることからすれば、同じ永禄四年であった可能性は高いであろう。[3]

つまり、ここから日蓮宗は、「法華宗払い」をおこなうとうわさされていた六角氏に対して、「音問」といった贈り物をし、禁制などを得ることで、みずからが敵対する意志のないことを示していたと考えられるのである。

諸寺代と音信・礼銭・礼物

ここで注目されるのは、六角承禎に対して「青銅三百疋」を贈ったのが、「諸寺代」というものであった点である。というのも、この「諸寺代」とは、これからおよそ十五年前の天文十五年（一五四六）・十六年（一五四七）に六角氏を仲介者として延暦寺大衆《えんりゃくじだいしゅ》とのあいだで交渉がおこなわれたさいにも登場した「惣代《そうだい》三ヶ寺」「諸寺代」と同じものと考えられるからである。

この「諸寺代」が恒常的におかれていたのかどうかについてはさだかではないが、残された史料をみるかぎりでは、十五年のブランクがあったといわざるをえない。つまり、日蓮宗に危機的な状況がおとずれたさいに立ちあがってくる種類のものであったと考えられよう。

それを裏づけるように、「六角承禎父子」が七月になって実際に「出張《でば》」ってきたさいにも、「諸寺代」は「六角承禎父子」だけではなく、その被官である三雲賢持《みくもかたもち》や蒲生定秀《がもうさだひで》らに対しても「音信《いんしん》」として「扇子一本・杉原《すいばら》十帖《じょう》」「青銅百疋」「鳥目《ちょうもく》三十疋」などを贈っていることが確認できるからである（『京都《きょうと》十六本山会合用書類《じゅうろくほんざんかいごうようしょるい》』）。

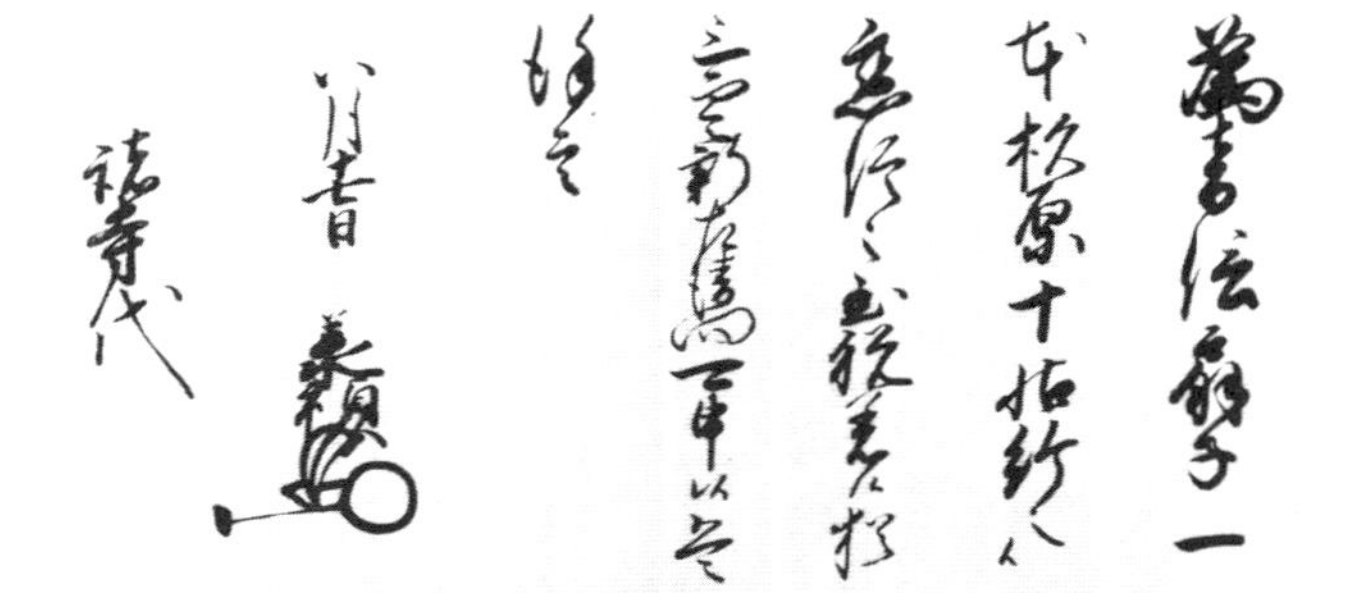

京都十六本山会合用書類　六角承禎書状（京都市左京区・頂妙寺所蔵）

ところで、この「諸寺代」がおこなう対応のしかたには、ひとつの特徴がみられた。それは、延暦寺大衆との交渉のときもそうであったように、当時、「音信」や「礼銭《れいせん》」「礼物《れいもつ》」などとよばれた贈り物を贈ることで交渉をすすめたり、敵対する意志のないことを示すというものである。

一見すると、なにか弱々しい対応のようにもみえなくもない。が、先にもふれたように、軍勢の寄宿をさけるため、銭を支払って「寄《き》宿免許《しゅくめんきょ》」（寄宿免除）の特権や禁制などを得ることが、中世ではむしろ一般的であったことをふまえるならば、きわめて現実的な対応であったとみるほうがよいであろう。

このように、外部からは、常にかつてのように武力によって諸勢力とむすびつくかもしれないとの懸念をもたれながらも、実際には、一貫して音信・礼銭・礼物などによって対応をはかっていくというその姿勢からは、日蓮宗が天文法華の乱という高い代償とひきかえに得たものが何であったのかがあきらかとなる。

それはすなわち、戦国の様相が混迷とはげしさをみせつつある首都京都にあっても、武器を手にせず、それ以外のあらゆる方法をつかって生きのびていくという、現実的かつ画期的な道をあゆむことであった。

もっとも、京都をとりまく政治情勢は、これ以降、さらに人々の予想をこえて混乱に満ちていくことになる。たとえば、翌永禄五年（一五六二）三月には、六角氏と手をむすんだ畠山高政《はたけやまたかまさ》らとの合戦で三好実休が「鉄炮に当たり死去」（『長享年後畿内兵乱記《ちょうきょうねんごきないへいらんき》』）、その後、六角氏が一時的に京都を占拠するも、六月には三好長慶の後嗣義興《こうしよしおき》によって追われるいっぽう、その義興も翌永禄六年（一五六三）八月二十五日にわずか「廿二歳《にじゅうにさい》」で病死し（同上）、十月には、六角家中でも「観音寺騒動《かんのんじそうどう》」が勃発（同上）、さらには永禄七年（一五六四）七月に長慶自身も「歓楽《かんらく》」（病気）で「死去」してしまうというありさまとなるからである（『細川両家記』）。

『細川両家記』によれば、長慶は、永禄七年五月に弟「安宅摂津守《あたぎせっつのかみ》」（冬康《ふゆやす》）を「人の讒言《ざんげん》」によって処刑してしまったことを悔やみ、その「愁歎《しゅうたん》」（泣き悲しむこと）がもとで病気になったという。また、その「讒言」（事実をまげ、いつわって人を悪くいうこと）をおこなったのが松永久秀であったとも伝えている。

ことの真相はさだかではないが、先にもふれたように、永禄八年（一五六五）五月にこの久秀の子久通と三好三人衆によって将軍足利義輝が襲撃されたことで、一連の混乱は頂点に達したといえよう。

会合の成立

じつは、この永禄八年という年に日蓮宗では、あらたな動きが史料のうえでみられるようになる。というのも、将軍義輝襲撃直後の六月十三日に「要法寺《ようぼうじ》」を「会跡《かいせき》」（会席）に会合がもたれたことが、『到来帳《とうらいちょう》』（『京都十六本山会合用書類』）とよばれる史料からみてとれるからである。注目されるのは、「会跡」となった要法寺が「諸寺代」には入っていない点で、ここから「諸寺代」とは異なる集団が立ちあがっていたことが知られよう。

それでは、その集団とはいったい何だったのか、といえば、右の『到来帳』が『京都十六本山会合用書類』（後述）という古文書群におさめられていることからもあきらかなように、のちに会合（十六本山会合）とよばれる、当時は「諸寺《しょじ》」とよばれた日蓮宗寺院による結合体であった。

このような結合体としての会合がこの時期に立ちあがってきた背景のひとつとしては、前年の永禄七年八月二十日に関東および京都でまきおこっていた一致《いっち》・勝劣《しょうれつ》の和融の動き[4]に対応してむすばれた「一致勝劣都鄙和睦《とひわぼく》の条目《じょうもく》」（『妙顕寺文書』、『本能寺文書』）（いわゆる永禄の規約《きやく》、永禄の盟約）があったと考えられている。

この「一致勝劣都鄙和睦の条目」では、「鬮次第《くじしだい》」という、鬮（籤）を取って定めた順番で計十五ヶ寺（妙顕寺・妙覚寺・妙蓮寺《みょうれんじ》・妙伝寺《みょうでんじ》・妙満寺《みょうまんじ》・妙泉寺《みょうせんじ》・本国寺・本隆寺《ほんりゅうじ》・要法寺・本満寺・本禅寺《ほんぜんじ》・頂妙寺・

寺・本法寺《ほんぽうじ》・本能寺・立本寺《りゅうほんじ》）の「役者」が署名と花押《かおう》（直筆のサイン）をしたためているが、ここからは、この時期、京都にあった日蓮宗寺院が、一揆のようなかたちで同列に位置づけられていたことがみてとれよう。

とともに、このような一揆的なむすびつきがかたちづくられていなければ、門流においても、また一致・勝劣の立場からしても大きなへだたりのある諸寺院が要法寺を「会跡」として会合することなどなかったにちがいない。

もっとも、そうはいっても、この永禄の規約の存在だけでは、会合が永禄八年に立ちあがってきた理由を説明することはできない。やはり、そこには、もうひとつの背景として、同年五月におこった将軍義輝襲撃に代表される政治情勢の極端な不安というものがあったと考えるのが自然であろう(5)。

つまり、永禄四年にみられた「法華宗払い」をきっかけに「諸寺代」が立ちあがり、そして、永禄の規約によって十五ヶ寺が一揆的にむすびついたところで、政治情勢の極端な不安に対応するため会合は立ちあがってきたと考えられるのである。

『下行帳』と『到来帳』

それでは、このようにして立ちあがってきた会合は、政治情勢の極端な不安というものに対してどのように対応したのであろうか。そのことを知る手がかりが、永禄八年八月十三日の日付が記された

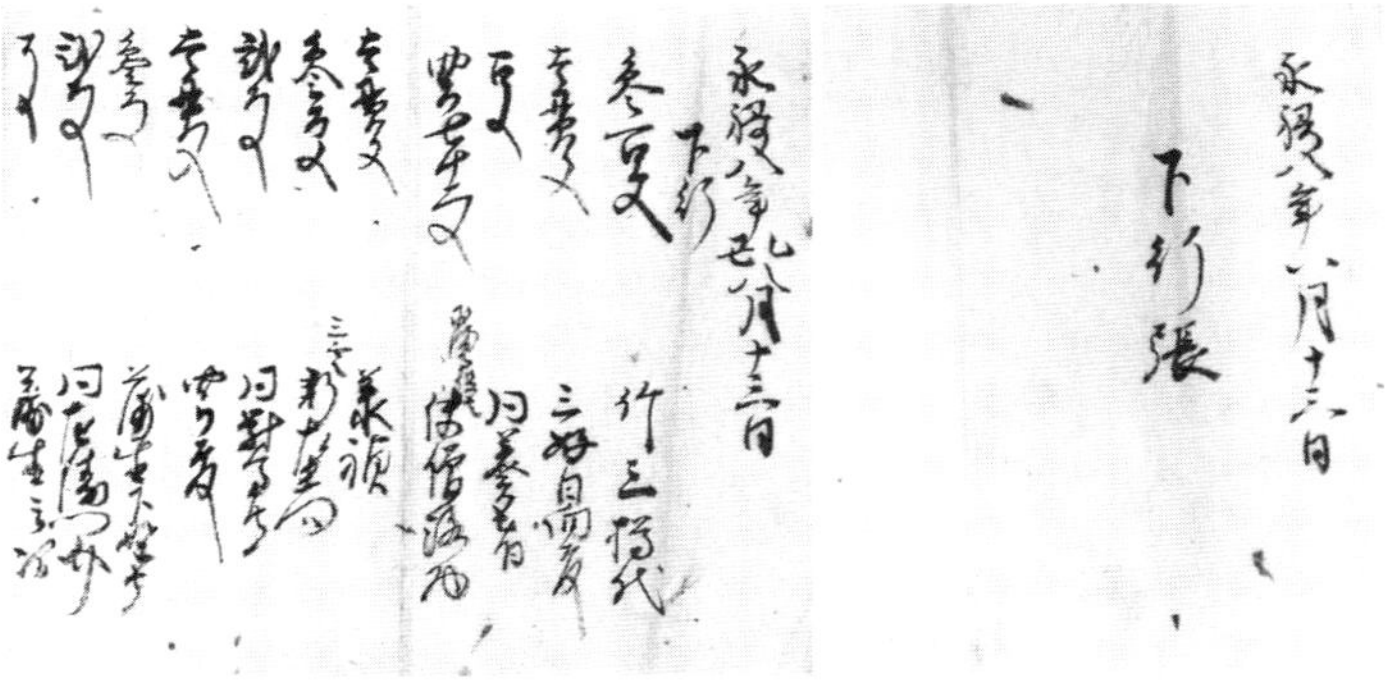

京都十六本山会合用書類　下行帳（頂妙寺所蔵）

『下行帳《げぎょうちょう》（原本は「下行張」）』（『京都十六本山会合用書類』）とよばれる史料に残されている。

表7は、その『下行帳』の記載を一覧表にしたものだが、一般に「下行」とは、物などをくだしあたえることを意味する。しかし、この場合はむしろ支払いを意味することになろう。

したがって、最初のところは、「竹三」（竹内季治《たけのうちすえはる》）という人物に対し、「樽代《たるだい》」（贈り物としての酒代）として銭三百文をつかったことになり、ここから、会合が「諸寺代」と同様、音信・礼銭・礼物などを贈るといった対応をとっていたことがあきらかとなるのである。

ここで登場する竹内季治とは[6]、イエズス会宣教師フロイスの『フロイス日本史』によれば、「公家で、富裕であり、竹内三位《さんみ》と称し」た人物をさし、「法華宗の新たな派を開くことを切望して」いたという熱烈な日蓮宗信者であったとされている。また、「その（兄）弟は松永霜台《（久秀）》の家（に仕える）貴人で、可兵衛下総殿《かひょうえしもうさどの》と称した」ともされているから、松永久秀ともつながる人物であったこ

銭額	贈り先	備考
300 文	竹三（竹内季治）	樽代
1 貫文	三好日向殿（長逸）	
100 文	同（三好長逸）奏者	
472 文	使僧（妙満寺役者）	路物
1 貫文	承禎（六角承禎）	
300 文	三雲新左衛門尉	
200 文	同（三雲）対馬守	
1 貫文	四郎殿（六角義弼）	
300 文	蒲生下野守（定秀）	
200 文	同（蒲生）左衛門介	
100 文	蒲生三次	

表7　永禄8年8月13日下行帳記載一覧

とがわかる。おそらくは、このような関係から、会合は竹内季治に対しても贈り物をしたのだろう。

また、表7からは、その久秀の子久通とともに将軍義輝を襲撃した「三好日向《ひゅうが》」（三好長逸）に対しても「妙満寺役者」を「使僧」としてつかわし、長逸本人へ一貫文（百疋）、またその「奏者《そうじゃ》」（取りつぎ役）へも百文を贈ったことが読みとれる。

ここからは、会合が松永久秀や三好三人衆との関係に神経をつかっていたことがうかがえるが、そのいっぽうで、「承禎」（六角承禎）や「四郎殿」（六角義弼）といった六角氏関係者に対しても数多くの音信・礼銭・礼物などをしていたことが読みとれる。

「法華宗払い」以来の緊張がいまだつづいていることがうかがえるとともに、三好氏との対立も再燃しかねないことを想定して会合がその対応に注意をはらっていたと考えられよう。

このようにしてみるとわかるように、会合は、「諸寺代」以上に広範囲に、しかも対立する可能性のある勢力双方に対しても音信・礼銭・礼物など贈り物をしていたことがあきらかとなる。それはすなわち、会合が、かつてのようにいっぽうの勢力だけに合力《ごうりき》（援助）するといった選択をとらずに、音信・礼銭・礼物などによって、できるだけ多方面との距離をバランスよく保とうとしていたことのあらわれといえよう。

もっとも、そうなると、「諸寺代」のときよりも、多くの財源が必要となるが、その財源は、先にもみた『到来帳』によれば、本国寺より「参貫拾三文《さんかんじゅうさんもん》」が「到来」したとあり、会合に参集した諸寺院による持ち寄りであったことがわかる。

実際、時期は少しさがるが、慶長《けいちょう》三年(一五九八)九月十三日以降に書きつがれていった『諸寺請《しょじうけ》取帳《とりちょう》』(『京都十六本山会合用書類』)という記録をみてみると、「会合の刻《きざみ》、寄銭《よりぜに》」や「当月の出銭《しゅっせん》」といったことばがみえ、会合がもたれたさいに諸寺院が一定の銭を持ち寄っていたようすが知られるからである。

残念ながら、永禄八年から慶長三年までのあいだのようすについてはさだかではないが、もしかすると、当初は「諸寺代」を構成していた寺院による持ち寄りであったのが、しだいに会合を構成する諸寺院全体へと拡大していったのかもしれない。

いずれにしても、会合は、音信・礼銭・礼物などのための財源を持ち寄りのかたちで共有するとともに、それとは切りはなすことのできない『下行帳』や『到来帳』といった文書も共有することとなった。そういう意味では、会合は、より自治色の濃い「惣」的な集団へと変化していったといえよう。

実際、これより少しのちの史料には、「法華宗惣中《そうちゅう》」(『妙顕寺文書』)といったことばも見いだすことができるようになるからである。

門跡をめざした本国寺

ここであらためて注意しておかなければならないのは、以上のような性格をもつ会合が立ちあがってくるにあたって、その焦点となった関係が、三好氏や六角氏などといった世俗の武家権力とのそれだけであり、それ以前であればもっとも重要であったはずの延暦寺大衆との関係がその視野にはまったく入っていないという点であろう。

それはつまり、日蓮宗と延暦寺大衆との関係が根本的な変化をみせつつあったことを意味するわけだが、それを裏づけるように、永禄六年（一五六三）閏《うるう》十二月には、本国寺を門跡《もんぜき》にしようという動きも見いだすことができる。

門跡といえば、青蓮院《しょうれんいん》門跡など、延暦寺の三門跡に代表されるような天皇家や摂家《せっけ》の子弟が入る特別な寺院を意味する。そのような寺院へと本国寺を押しあげていこうとする動きは、『御湯殿上日記《おゆどののうえのにっき》』閏十二月六日条によれば、「室町殿（足利義輝）より（中略）六条本国寺を門跡になされそうろうようにとの御事申さる」（原文、ひらがな）とあるように、「室町殿《むろまちどの》」（将軍足利義輝）からの申請によるものであったことがわかる。

もっとも、実際にこれを押しすすめていたのは、義輝というよりむしろ松永久秀であったが（『京都《きょうと》

本国寺（「上杉本洛中洛外図屏風」部分・米沢市上杉博物館所蔵）

東山《ひがしやま》御文庫《ごぶんこ》所蔵文書《しょぞうもんじょ》』）、結局のところは、それに反対する「山門《さんもん》三院よりの連署」（『御湯殿上日記』閏十二月二十九日条）が朝廷に示されたことによって、実現することはなかった[7]。

このように、本国寺が門跡となることはかなわなかったわけだが、そのいっぽうで、これより先、永禄二年（一五五九）十二月には、本願寺が門跡になったことが知られている（『私心記《ししんき》』十二月十七日条ほか[8]）。

おそらく本国寺が門跡をめざそうとしたのもまた、本願寺が門跡になったことに刺激されたものであろう。ただ、その結果に違いがあらわれたのは、本願寺が延暦寺西塔《さいとう》の末寺であり、また、「青蓮院境内の候人《こうじん》」（『本善寺《ほんぜんじ》文書《もんじょ》』）という青蓮院門跡とのあいだに個別の関係をむすんでいたのに対して、本国寺の場合は、日蓮宗寺院全般に共通するように、延暦寺の末寺になるといった直接的な関係をこばみつづけてきたことが影響したのだろう。

いずれにしても、このころになると、もはや僧正《そうじょう》など僧官《そうかん》に任じられるかどうかといったレベルをこえて、日蓮宗や本願寺がその社会的地位を上昇させていく動きがみられたことが知られる。もし仮に本国寺が門跡になっていたならば、延暦寺大衆との関係もよりあいまいなものとならざるをえなかったからである。

しかし、それは同時に、これまで何かにつけてかかわらざるをえなかった延暦寺大衆との関係を介することなく、公家や武家といった世俗権力、とりわけ幕府など武家権力と直接向かいあわなければならないことも意味した。おそらく門跡となった本願寺もまた、延暦寺西塔との本末関係を希薄化しつつ、独自の道をあゆみはじめていたのではないだろうか(9)。

会合という、これまでにはみられなかった結合体が永禄年間という時期に成立をみたのは、なにより日蓮宗の立ち位置が京都という都市社会のなかでこのように変化したことがもっとも大きな要因だったのではないかと考えられるのである。

『京都十六本山会合用書類』

ところで、会合が成立したと考えられる永禄八年からわずか三年後の永禄十一年(一五六八)九月、京都の日蓮宗は、またあらたな武家権力の登場をむかえることになる。足利義輝の弟義昭《よしあき》とともに美《み》濃国《ののくに》(岐阜県)岐阜《ぎふ》から上洛をはたす織田信長である。

その道中、信長の軍勢は近江国で六角承禎の立て籠もる観音寺城《かんのんじじょう》を攻め落とし（『言継卿記』九月十四日条）、上洛するやいなや三好三人衆もまた、京都から追いはらう。ちなみに、義輝襲撃後しばらくして三好三人衆と対立するようになった松永久秀は、信長に「人質」を差し出して、早々にその配下に属しているが（『多聞院日記《たもんいんにっき》』九月二十九日条）、このようにして京都にさっそうと登場してきたあらたな武家権力としての信長に対して、日蓮宗はどのようにむかいあうことになったのであろうか。

そのことをつぎにみていくことにしたいが、そのまえに、信長の時代においても日蓮宗のようすを知る重要な手がかりとなる、会合の共有文書である『京都十六本山会合用書類』について、その発見にたずさわった中尾堯《なかおたかし》氏の研究(10)をもとにしながら、あらためてみておくことにしよう。

その『京都十六本山会合用書類』が発見されたのは、昭和五十七年（一九八二）七月のこと。当時、頂妙寺の宝物調査をすすめていた中尾氏らによって、その宝蔵のなかで発見された。歴史学（文献史学）でいうところの新出史料にあたるものである。

もっとも、その存在そのものについては、他の日蓮宗寺院に残される古文書などからすでに予想されていた。ただ、それがどこにあるのか、あるいはすでに失われてしまったのかなど、そのゆくえがわからなくなっていたという。それが、さいわいにも頂妙寺において発見され、日の目をみることとなったのである。

それではなぜ、それが頂妙寺において発見されたのか、といえば、戦国時代以降、明治十年（一八七七）

代までのおよそ三百年というながきにわたってつづいてきた会合が、近代という時代をむかえて、活動を停止してしまったことにその理由があった。

ちょうど会合が活動を停止した直後の「会跡」（会席）（江戸時代以降は、会本《かいほん》といった）にあたっていたのが頂妙寺であり、それまで「会跡」の移動にあわせて、その保管先を移動させてきた共有文書もまた、おのずと頂妙寺のもとにとどまらざるをえなくなったからである。そして、時代の流れのなかで、いつしかその存在も忘れられ、「頂妙寺の庫裡《くり》の一室に眠ったまま」の状態であったところを発見されるにいたったのである。

発見されたとき、それらの古文書群は、「白木の外箱の中に「十六山会合用書類」と書かれた漆塗の内箱」におさめられていたという。この保管箱は、江戸時代後期につくられたと考えられているが、その内箱に書かれていた文字から『京都十六本山会合用書類』と名づけられることになる。

ちなみに、天文法華の乱後の京都還住《げんじゅう》のさいも、また永禄の規約のときにも、京都の日蓮宗寺院の数は十五ヶ寺であったが、おおよそ文禄《ぶんろく》四年（一五九五）以降に寂光寺《じゃっこうじ》が加わり十六ヶ寺になる。(11)そして、江戸時代には、十六ヶ寺で固定したため、「十六本山」というよびかたが一般化するようになった。

その『京都十六本山会合用書類』の内容については、「文書としての原型を忠実に伝える、いわゆる「生《うぶ》の文書」が多く残って」おり、また、「約五百点にものぼる良質なもので、保存状態もまことによ」

京都十六本山会合用書類　会合箱（頂妙寺所蔵）

かったという。

しかも、「時代的にみると、戦国時代末・織豊期《しょくほうき》から江戸時代初期のものが多くを占め」ており、その古さからしても、また、本書の関心からしても、きわめて貴重な発見であったといえよう。

実際、会合が永禄年間に成立したという事実も、この『京都十六本山会合用書類』によってはじめてあきらかとなったのであり、また、これまで個々の寺院に残される古文書などでしかうかがうことのできなかった日蓮宗全体の動きもとらえられるようになったからである。

それでは、それらからどのようなことが具体的にわかるのだろうか。信長の時代に焦点をあてつつ、つぎにみていくことにしよう。

2　諸寺勧進

本国寺・本能寺・妙覚寺と義昭・信長

永禄十一年（一五六八）九月に信長が足利義昭とともに上洛したさい、会合がどのように対応したのかという点については、じつのところよくわからない。『京都十六本山会合用書類』のなかにも関係する史料が残されていないからである。

そればかりか、会合が信長と接点をもち出したことがわかるのも、『京都十六本山会合用書類』によるかぎり、義昭を京都から追い落とした元亀《げんき》四年（天正元年、一五七三）より数年たった天正《てんしょう》四年（一五七六）以降となっている。

このような空白がいったい何を意味しているのか、という点についてはよくわからない。ただ、そのいっぽうで、この間、個々の日蓮宗寺院が信長や義昭とのあいだで接点をもっていたということは史料によってあきらかとなる。

たとえば、上洛した直後の十月十四日に義昭は、「六条本国寺へ御座《ござ》を移」（『言継卿記』十月十四日条）しているし、また、その後、十月二十九日には「御座を本能寺に移」（同上十一月一日条）したことが知られているからである。

義昭は、こののち少なくとも十二月十四日までは本能寺にいたようだが（同上十二月十四日条）、その後ふたたび本国寺へもどったらしく、そのこともあって翌永禄十二年（一五六九）正月五日には、三好三人衆によって、「本国寺取り詰め攻め」（同上正月五日条）られることになる。

このとき、信長は岐阜にもどっていたため、十日になってようやく上洛したことがあきらかとなるが（同上正月十日条）、さいわい、それよりまえの六日に「三人衆以下、申《さる》の刻《こく》、敗軍《はいぐん》」（同上正月六日条）したこともあって、義昭の身には大事はなかった。しかしながら、このまま義昭を本国寺や本能寺においておくのは危険と感じたのだろう、はやくも正月二十七日には、「勘解由小路室町《かでのこうじむろまち》」にあった「光源院《こうげんいん》」（足利義輝）の「御古城」を義昭のために「御再興」しようと動き出している（同上正月二十七日条）。

また、その普請もすぐさま実行に移されたらしく、翌二月二日には、「石蔵積み」（石垣積み）がはじめられ（同上二月二日条）、二月十三日には、義昭も「本国寺より」「城の普請御一覧」のため現場にやってきたことがわかる（同上二月十三日条）。

ここで「城」ということばがつかわれていることからもあきらかなように、このとき信長は石垣をそなえた城を築いていたことがわかる。この城がいわゆる旧二条城とも、義昭御所ともよばれる、『言継卿記』など当時の記録では「武家御城《ぶけおしろ》」と記されているものであった。

その「武家御城」に義昭が入ったのは、同年四月十四日のことである（同上四月十四日条）。つまり、ここから信長は、わずか半年にも満たない期間で城を完成させたことがあきらかとなるわけだが、それとともに、注目されるのは、その前日の十三日「晩」に信長が「妙覚寺へ移」ったということが、『言継卿記』同日条から読みとれる点であろう。

なぜなら、これが信長が日蓮宗寺院である妙覚寺に入ったことを示す最初の史料となるからである。『上杉本洛中洛外図屏風』などから確認できるかぎりでは、当時、妙覚寺は二条室町《にじょうむろまち》にあったことがわかる。その東側を通る室町小路（室町通）を北上すれば、勘解由小路室町の「武家御城」にはすぐにたどりつけるので、おそらくはそのような立地が妙覚寺をえらばせた理由となるのだろう。

禁制と寄宿免許

ところで、ここまでみてきた本国寺や本能寺、あるいは妙覚寺に義昭や信長が移ったり、入ったりするという行為が、いずれも一種の強制的な接収、つまりは当時、寺院や神社などにもっとも忌みきらわれた軍勢の寄宿を意味するものであったという点には注意しなければならない。

じつは、信長らが上洛する前後に、いくつかの日蓮宗寺院が義昭や信長からその寄宿を免許（免除）する内容をふくんだ禁制を得ていたことが確認できる。表8は、現在のところ確認できる禁制を一覧

年月日	文書名	宛所	典拠
永禄11年6月日	篠原長房禁制	本能寺	本能寺文書
永禄11年7月12日	室町幕府禁制	本能寺境内	本能寺文書
永禄11年9月日	織田信長禁制	本能寺	本能寺文書
永禄11年9月日	織田信長禁制	妙顕寺	妙顕寺文書
永禄11年9月日	織田信長禁制	妙伝寺	妙顕寺文書
永禄11年9月20日	室町幕府禁制	妙蓮寺	妙蓮寺文書

表8　永禄11年付けの禁制一覧

表にしたものだが、おそらくは、そのほかの寺院もまた、同じように禁制を得ていた可能性は高いであろう。

たとえば、そのことは、つぎのイエズス会宣教師の書簡（『耶蘇会士日本通信』）からも読みとることができる。

> ロチオの寺院の坊主らは尾張の王（織田信長）がこの公方様（足利義昭）をその兄弟の位に復《ふく》せんとすることを知り、はるかに前より、越前《えちぜん》および尾張の国にいたり、公方様および上総殿（織田信長）より特許状を得、軍隊、都に入るとき、その寺院なんら害をこうむらず、またこれを宿舎とせざらんことをはかり、これがため一万クルサドを消費せり、

宣教師たちがいう「ロチオ」とは「六条」、つまり本国寺のことを意味する。ここから、本国寺が「尾張の王」（「上総殿《かずさどの》」、信長）や「公方様《くぼうさま》」（義昭）の上洛を「はるかに前より」知り、「一万クルサド」という費用でもって、「軍隊、都に入るとき、その寺院なんら害をこうむらず、またこれを宿舎とせざらん」「特許状」を得ていたことがわかる。

この「特許状」が寄宿免許の内容をふくんだ禁制であることはあきらかであるが、しかしながら、思いかえせばわかるように、その本国寺に義昭は入っている。つまり、このときの禁制はまったく意味をなさなかったことになるわけだが、その理由について、同じ書簡（『耶蘇会士日本通信』）は、つぎのように伝えている。

> 公方様（足利義輝）とともにその母を殺したるとき、その家はなはだよきため、坊主ら弾正殿（松永久秀）の寵により、これを破壊して、もち出すたることを聞きたりとみえ、公方様（足利義昭）、都に入りしとき、その報いとして部下を同寺に宿泊せしめたり、

これによれば、義昭の兄「公方様」（義輝）が三好三人衆・松永久通らによって襲撃されたさい、義輝や「その母」（慶寿院《けいじゅいん》、近衛《このえ》尚通《ひさみち》の娘、義昭の母でもある）[12]の「家」を本国寺の「坊主ら」が「弾正殿《だんじょうどの》」（松永久秀）とのむすびつきから、「破壊して、もち出」したことへの「報いとして部下を同寺に宿泊せしめた」という。

ことの真相はさだかではないが、ここからは、軍勢側の事情によっては、禁制が出されながらも、それが反故《ほご》（無効）にされることもあったことが知られよう。実際、表8をみればわかるように、本能寺もまた、永禄十一年七月十二日に幕府から、また九月にも信長から禁制を得ていたにもかかわら

ず、義昭がしばらく滞在したことは先にみたとおりだからである。

もっとも、本能寺に対しては、「当寺寄宿のこと、たびたび御下知を帯びるといえども、今度、御《お》理《ことわり》により御座を移され」るといった内容の文書（『本能寺文書』）が幕府から出されており、ここから、幕府や武家権力といえども、いったん寄宿免許の禁制を出している以上、それを反故にするには、それなりの「理」（理由や事情）を用意する必要もあったことが知られよう。

ただし、結果的には、強制的に接収されることにはかわりはないので、禁制も寄宿されるほうにとっては、一種の保険以上の効果を期待できないこともまた事実であった。

妙覚寺・本能寺と信長

それではなぜ、義昭や信長は、数ある寺院のなかで本国寺・本能寺・妙覚寺といった日蓮宗寺院に寄宿したのであろうか。残念ながら、その理由を文献史料のなかからみつけ出すことはむずかしい。ただ、『上杉本洛中洛外図屏風』でみるかぎり、洛中において一定の広さをもつ寺院というのは、思いのほか少なかったようにも思われる。

実際、義昭が寄宿した本国寺については、イエズス会宣教師も「この堂は小銃弾の到達することを得《う》べき広さの敷地内にあり、この地は方形にして、各方面の大きさ等しく、敷地の周囲には深さおよび幅相当なる濠《ほり》あり」（『耶蘇会士日本通信』）と伝えているからである。本国寺が、洛中の日蓮宗寺院の

旧二条城跡碑（京都市上京区）

なかでも最大規模の敷地をしめていたことはよく知られているが、[13]ここからは、その周囲に「深さおよび幅相当なる濠」もあったことが読みとれよう。

もっとも、『上杉本洛中洛外図屏風』に描かれる本国寺には、堀（濠）のすがたを見いだすことはできない。[14]そのいっぽうで、妙覚寺や妙顕寺には堀が描きこまれており、また、本能寺も、東側に通る西洞院大路《にしのとういんおおじ》（西洞院通）に流れる川を自然の堀のようにしていたことがみてとれるので、複数の日蓮宗寺院に堀が掘られていたことなども寄宿先にえらばれる理由となったのだろう。

それを裏づけるように、じつは、義昭の兄義輝もまた、最期の地となる「武家御所」へ移るまえに、「二条法花堂本覚寺《ほんかくじ》」（『厳助往年記』永禄二年正月条）に寄宿していたことが知られている。この「本覚寺」とは、その立地から考えて妙覚寺のことと考えられるが、興味深いのは、義輝がここに寄宿していたあいだに若き日の信長も京都に滞在していたことが知られる点であろう（『言継卿記』二月二日条）[15]。このときなぜ信長が京都にいたのか、その理由については、いまひとつわからない。が、このときの記憶もまた、信長が妙覚寺に入るきっかけになったのではないだろうか。

もっとも、翌元亀元年（一五七〇）八月には、信長は妙覚寺ではなく、「本能寺」（『言継卿記』八月二十三日条）に入る。そして、その十二月には、本能寺を「定宿《じょうやど》」にして、「余人《よじん》」（ほかの人）の「寄《き》宿停止《しゅくちょうじ》」を「条々《じょうじょう》」（『本能寺文書』）として定めたことも確認できる。

ここからは、信長がかならずしも妙覚寺にこだわっていなかったようにもみえるが、しかしながら、その翌年の元亀二年（一五七一）九月の延暦寺焼き討ち直後に「妙覚寺」に「逗留《とうりゅう》」（『言継卿記』九月十三日条）して以降、日蓮宗寺院としては、ほぼ一貫して妙覚寺に寄宿していることからすれば、おおよそ妙覚寺を京都の寄宿先と定めていたことはまちがいないといえよう[16]。

ちなみに、信長がふたたび本能寺に宿所を移したのは、公家の吉田兼見《よしだかねみ》の日記『兼見卿記《かねみきょうき》』や信長の伝記として知られる『信長公記《しんちょうこうき》』によれば、天正八年（一五八〇）以降となる。つまり、本能寺が信長の宿所となった期間というのはけっして長いものではなかったわけだが、そのわずかな期間に本能寺の変がおこり、本能寺は甚大な被害をこうむることとなった。

市の法華宗徒約千五百人の会合

少し話が先走ってしまったので、もう一度、「武家御城」とよばれた義昭御所のほうへと話をもどすことにしよう。すると、半年にも満たない期間で信長がその城を完成させたかげには、じつは、つぎのようなできごともあったことが、イエズス会宣教師の書簡（『耶蘇会士日本通信』）からは読みとることができる。

信長は石材工事すでに終わりたれども、もし公方様（足利義昭）の宮殿をあらたに建築するときは、非常に遅延するべく、公方様またすみやかに城に入ることあたわざるべきを思い、なんら躊躇《ちゅうちょ》することなく、同寺の美麗なる座敷そのほかの部屋を破壊し、ことごとく屏風（画《か》きたる布の折りたたむもの）およびはなはだよき絵画を取り、直にこれを公方様の城を飾るに用いたり、

「石材工事」、つまり石垣積みがおわっても、さすがに義昭の「宮殿」までを即席につくることはむずかしかったのだろう、「同寺」（本国寺）の「美麗なる座敷」や「部屋を破壊」するだけではなく、「屏風」など調度品まで移して、「公方様の城を飾る」のにつかったという。

信長の場合、のちの安土城《あづちじょう》築城のさいにも、同じようなことをおこなっているので、それほど特別

な行為ではなかったのかもしれない。しかしながら、それに直面した本国寺側では、つぎのような動きをみせたことが、同じ書簡（『耶蘇会士日本通信』）から読みとることができる。

　市の法華宗徒約千五百人会合し、殿下（織田信長）の望みにまかせ、金銀何ほどにても出し、日本全国に有名なる彼の寺院（本国寺）に対し、かくのごとき屈辱を加うることを中止せんことを信長に請願せんとし、内裏（正親町天皇）および公方様（足利義昭）のもとにいたりしが、何らの効なくして、ことごとく破壊せられ、坊主らは涕泣《ていきゅう》せり、

　ここからは、「日本全国に有名なる」本国寺の一部が破壊されることを「中止」させるため、「市の法華宗徒約千五百人」が「会合」し、信長や義昭、あるいは「内裏《だいり》」（正親町《おおぎまち》天皇）へも「請願」しようとしたことがわかる。注目されるのは、「法華宗徒」が「約千五百人」も「会合」したことであり、また、「金銀何ほどにても出し」と、金銭でもって問題を解決しようとしていた点であろう。

　ここにみえる「法華宗徒」とは、おそらく本国寺の檀徒と考えられるが、ここからは、個々の寺院でも檀徒たちの「会合」がもたれていたことが知られるとともに、「会合」（十六本山会合）と同じように、檀徒たちもまた贈り物を贈ることで武家権力に対応しようとしていたことが知られるからである。

　かつて「衆会《しゅえ》の衆《しゅ》」（「集会のともがら」）が法華一揆を主導していたことを思いかえせば、檀徒たちも

また、諸寺院と同じように天文法華の乱から多くのことをまなんでいたことがわかる。戦国時代のさなかにありながらも、武器を手にすることなく、それ以外のあらゆる方法をつかって生きのびていくという点では、日蓮宗の僧俗はともに、時代の一歩先をあゆんでいたといえるのかもしれない。

「上様」への贈り物

さて、先にもふれたように、『京都十六本山会合用書類』に残される史料のなかで、信長との接点が確認できるのは、天正四年（一五七六）以降のことになる。たとえば、「諸《しょ》寺《じ》勧進《かんじん》之《の》内遣方《うちつかわしかた》」と表紙に記された帳簿のなかに、つぎのような記載がみられるからである。

艮（銀）五拾目《ごじゅうめ》　上様（織田信長）　雑賀御陣の御見舞 てつはうのくすり十斤

艮（銀）百五拾目　上様　綿卅把《さんじゅうは》　妙覚寺にて

（中略）

諸勧進停止の御折紙のとき、御礼

艮（銀）四百六拾弐匁七分《ろくじゅうにもんめしちぶ》　金一枚　村井（貞勝）殿

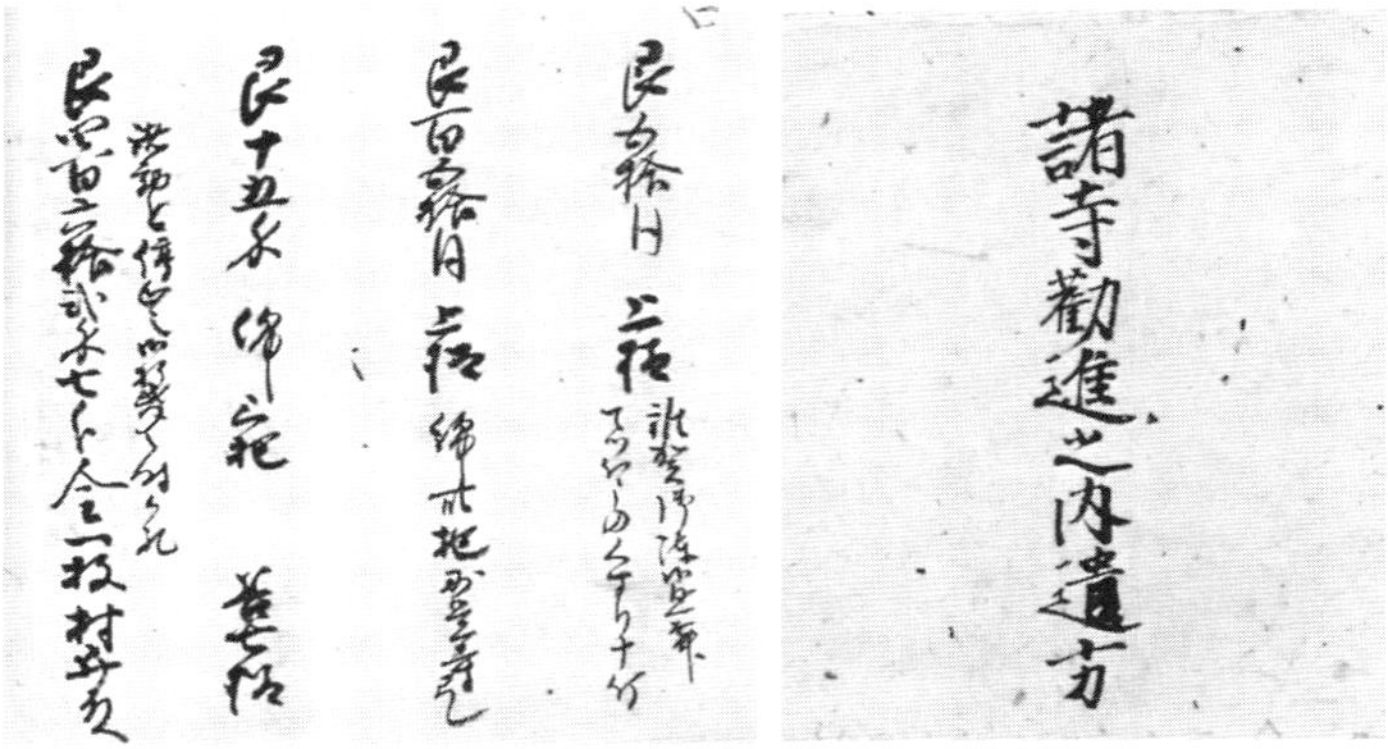

京都十六本山会合用書類　諸寺勧進之内遣方（部分・頂妙寺所蔵）
右が表紙。左の帳簿には、会合が織田信長へ贈り物をした具体的な記載がある。

ここにみえる「上様《うえさま》」とは、信長のことを意味するが、その信長が「上様」とよばれはじめるのは、天正三年以降とされている。[17] また、信長が紀伊国《きいのくに》（和歌山県）雑賀《さいか》へ出陣したのは、天正五年（一五七七）二月であったことがわかる（『兼見卿記』二月十三日条）。つまり、冒頭の記事からは、天正五年ころに会合が信長の出陣見舞と「てつはう」（鉄砲）の「くすり」（火薬）を贈るため銀五十目（五十匁）をつかったことが読みとれるのである。

したがって、ふたつめの記事も、会合が妙覚寺に寄宿する信長に対して贈り物として綿三十把を贈るのに銀百五十目（百五十匁）をつかい、また、みっつめの記事も、信長の有力家臣である「村井殿」（村井貞勝《むらいさだかつ》）の名で天正五年二月朔日《ついたち》に出された文書（『京都十六本山会合用書類』[18]）に対する「御礼」「金一枚」を贈るのに銀四百六十二匁七分をつかったことを意味しよう。

このように、その記載のごく一部をみただけでも、右の帳簿が、信長やその家臣らへの贈り物に要した費用をことこまかに書きつけたものであることがあきらかとなる。その総額は、銀で五貫七百六十六匁九分六厘《りん》五毛《もう》。

この額は、同じように『京都十六本山会合用書類』に残される「天正四年十月廿日　諸寺勧進銭《しょじかんじんせん》萬《よろず》納分《おさめぶん》」と表紙に記された帳簿にみえる五貫八百十一匁二分とほぼ一致することから、天正四年十月二十日までに集められた費用（「萬納分」）を、それ以降につかった（「遣方」）という事実もあきらかとなろう。

天正四年といえば、信長が近江国に安土城を築きはじめた年にあたる（『信長公記《しんちょうこうき》』）。また、その前年の天正三年（一五七五）十一月には信長は権大納言《ごんだいなごん》と右近衛大将《うこのえたいしょう》（右大将《うだいしょう》）に任じられ（『公卿補任』）、名実ともに武家の棟梁《とうりょう》として天下にのぞみはじめた時期としても知られている。

それはつまり、いよいよ天下が信長を中心に統合されていくという道筋がみえはじめたころにもあたるわけだが、おそらくは、そのような動きに対応するために会合は、少なくとも京都では唯一の武家権力となった信長やその家臣に対して積極的に音信・礼銭・礼物を贈ることにしたのであろう。

ただ、それにしても、その贈り物についやす費用の額は、これまでとはけたが違っている。先の「天正四年十月廿日　諸寺勧進銭萬納分」と表紙に記された帳簿によれば、銀五貫八百十一匁二分のうち四貫七十目三分が、銭に換算すると千二百三十三貫四百四十五文におよぶと記されているからである。

会合が立ちあがった永禄八年ころ、その費用が一貫文や三百文であったこととくらべてみても、その差は歴然といえる。これが天正四年・五年にかぎられたものであったのかどうかについてはさだかではないが、ただ、会合がこれまで経験したこともないような費用が必要になったということだけは確実といえよう。

「諸寺勧進」

それでは、会合はその費用をどのようにして集めることにしたのであろうか。じつは、そのことを示しているのが、先にみたふたつの帳簿に共通してみられる「諸寺勧進」とよばれるものであった。「諸寺勧進」の「諸寺」とは会合を意味し、また「勧進」とは、「宗教的な慈善事業などのために寄附を募ること」（『日葡辞書』）を意味する。

したがって、一見すると、会合が不特定多数の人々に対して寄附を募ったかのように思ってしまうが、そうではなかった。『京都十六本山会合用書類』には、「洛中勧進記録《らくちゅうかんじんきろく》」とよばれる膨大な文書群と「諸寺勧進帳《しょじかんじんちょう》」と表紙に書かれた四冊の帳簿『諸寺勧進帳』が残されており、ここから、「諸寺勧進」の実態がうかびあがってくるからである。

たとえば、「洛中勧進記録」のひとつをみてみると、つぎのようになっている。

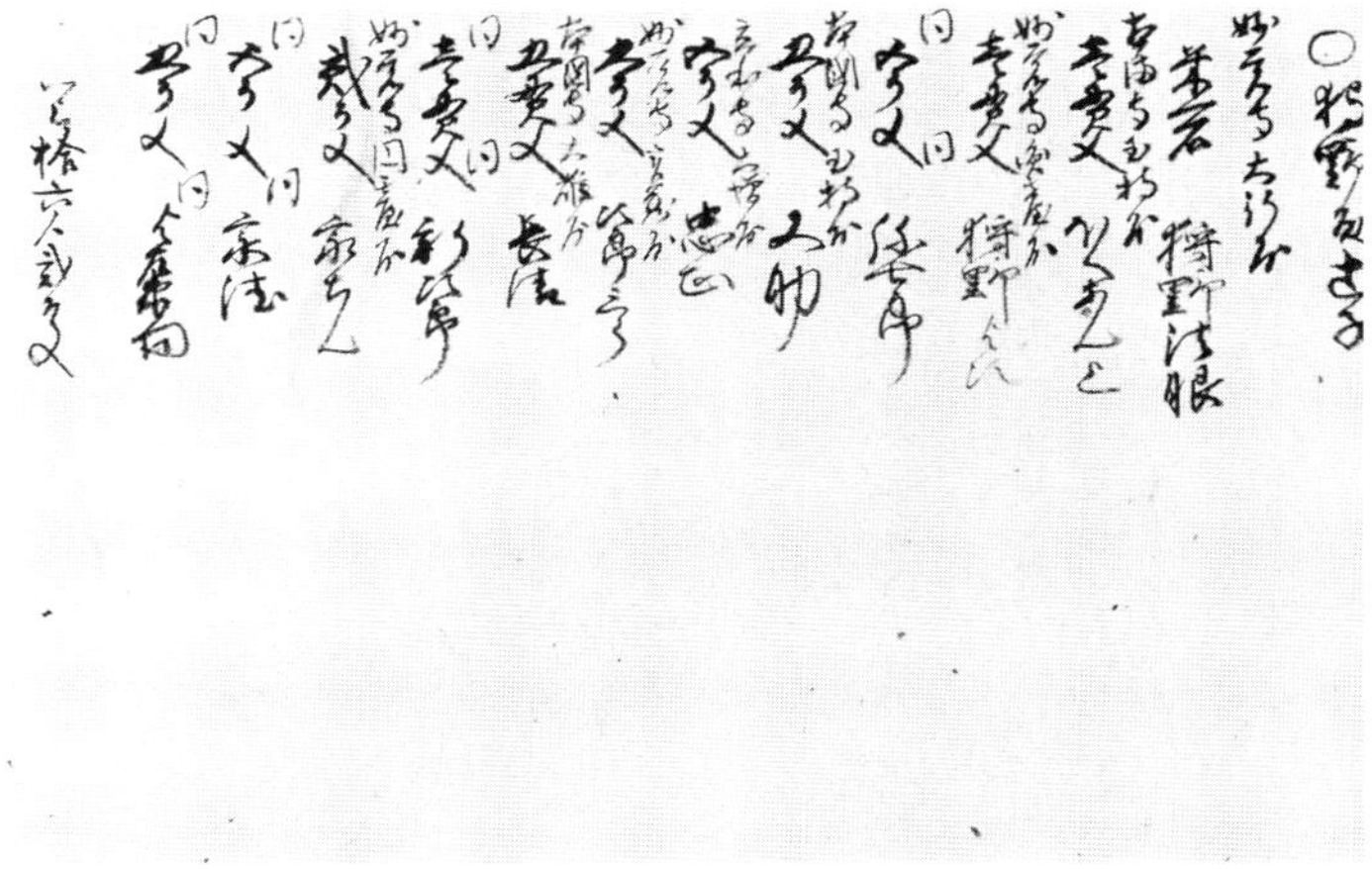

京都十六本山会合用書類　洛中勧進記録（部分・頂妙寺所蔵）

○狩野殿辻子《かのうどののずし》
妙覚寺大行房《たいこうぼう》
米一石　　狩野法眼《ほうげん》
本満寺玉持房《ぎょくじぼう》
壱貫文　　ほく（卜庵）あん上《かみ》
妙覚寺円台房《えんたいぼう》
壱貫文　　狩野与次《よじ》
（中略）
妙覚寺円台房
弐百文　　宗《そう》ち（珍）ん
同　同
五百文　　宗徳《そうとく》
同　同
五百文　　与《よ》左《ざ》衛《え》門尉《もんのじょう》
以上拾六貫弐百文

ここからは、檀徒ひとりひとりがどの日蓮宗寺院のどの寺僧に帰依《きえ》し、どれほどの寄附をおこなったのかということがこまかに読みとることができる。そして、それをふまえてみてみると、たとえば、冒頭の部分からは、「狩野法眼」という檀徒が、「妙覚寺」の「大行房」という寺僧に帰依し、「米一石」を今回、寄附したということがあきらかとなろう。当然、そのあとも同じようにみていけばよく、その結果として、「狩野殿辻子」という町《ちょう》では、合計十六貫二百文におよぶ銭が集められることとなった。

このように、「洛中勧進記録」は、檀徒たちが住む町ごとにまとめられているところに特徴がみられるが、それとともに注目されるのは、この時期の日蓮宗信仰のありかたが、「狩野法眼」の例でもわかるように、ひとりの檀徒に対してひとりの寺僧という一対一の関係で成り立っていた点であろう。いわゆる師檀《しだん》関係とよばれているものがこれにあたるが、このようなありかたが、江戸時代以降に一般化する寺檀《じだん》関係とよばれる、寺院と檀家という集団同士の関係とは大きく異なるのはあきらかといえる。同様に、室町時代の柳酒屋《やなぎさかや》のように、個々の寺院の枠をこえて日蓮宗をささえたり、他宗の檀徒にもなるといった複線的なありかたとも大きく異なるといえよう。

ところで、右の「狩野法眼」という檀徒についてであるが、戦国時代の京都で「狩野法眼」といえば、「古法眼《こほうげん》」のよび名で知られる絵師の狩野元信《もとのぶ》の名がうかびあがってくる。しかしながら、その元信はすでに永禄二年（一五五九）に亡くなっているので（『画乗要略《がじょうようりゃく》』）、元信ではない。おそらくはその子孫にあたる人物なのだろう。

もし仮に元信の孫であったならば、それは、『上杉本洛中洛外図屛風』を描いた狩野永徳となる。もっとも、今のところそれを確定できるような史料にめぐまれていないので、はっきりしたところはわからない。しかし、仮に永徳ではなかったとしても、法眼という位を名乗っている以上、狩野家を代表する人物であったことはまちがいないであろう。

したがって、「狩野法眼」のつぎのつぎにみえる「狩野与次」もまた、絵師の狩野一族となる。このように狩野家では、おのおの妙覚寺の僧侶と師檀関係をむすぶとともに、「狩野殿辻子」という町に居住していたことも「洛中勧進記録」からは読みとることができるのである。

なお、右の史料には記されていないが、ほかの「洛中勧進記録」をみてみると、その冒頭に「奉加《ほうが》帳《ちょう》」「当宗諸寺勧進記」「勧進の日記」などと書かれているものも見いだすことができる。ここからは、「洛中勧進記録」が、「諸寺勧進」のためにつくられた文書であることがあきらかになるとともに、「諸寺勧進」が、一般の勧進のように不特定多数の人々から寄附を募るようなものではなく、日蓮宗檀徒にかぎられた、かなり特殊なものであったこともあきらかとなろう。

『諸寺勧進帳』

それでは、それらの寄附はどのようにして会合のもとへと集められたのだろうか。この点については、たとえば、「しんまちへんさいてんちやう」（新町弁財天町《しんまちべんざいてんちょう》）の「洛中勧進記録」に「そうふく《宗福》より集め申しそうらいて、参りそうろう」と書かれていることから、同町に住む「そうふく」（宗福）という檀徒によって集められ、会合へと渡されたことがわかる。

もっとも、そのいっぽうで、「白雲町《しらくもちょう》」の「洛中勧進記録」の最後には、この町には居住しない「立《たて》入《り》祐信《ゆうしん》」なる人物が署名をしているので、それ以外の方法もあったのかもしれない。

いずれにしても、ここからは、定められた檀徒たちの手をへて銭や米などが会合のもとに集められていたことがあきらかとなるわけだが、そのさい、「洛中勧進記録」もあわせて提出がもとめられ、それらを転記したうえで集計がなされていたと考えられる。『京都十六本山会合用書類』には、「洛中勧進記録」とほぼ同じ内容の記載をもつ帳簿が残されているからである。じつは、それらこそ、『諸寺勧進帳』四冊にほかならなかった。

こころみに、そのうちの一冊の「狩野辻子」のところをみてみると、つぎのように書かれていることがわかる。

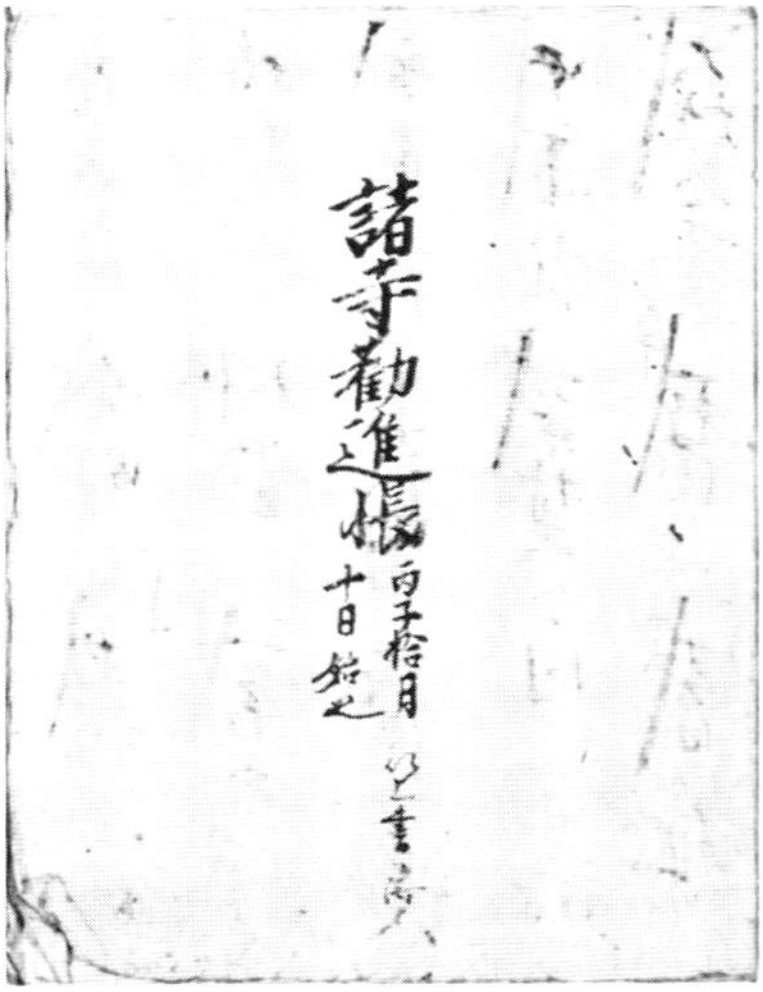

京都十六本山会合用書類　諸寺勧進帳・表紙
（頂妙寺所蔵）

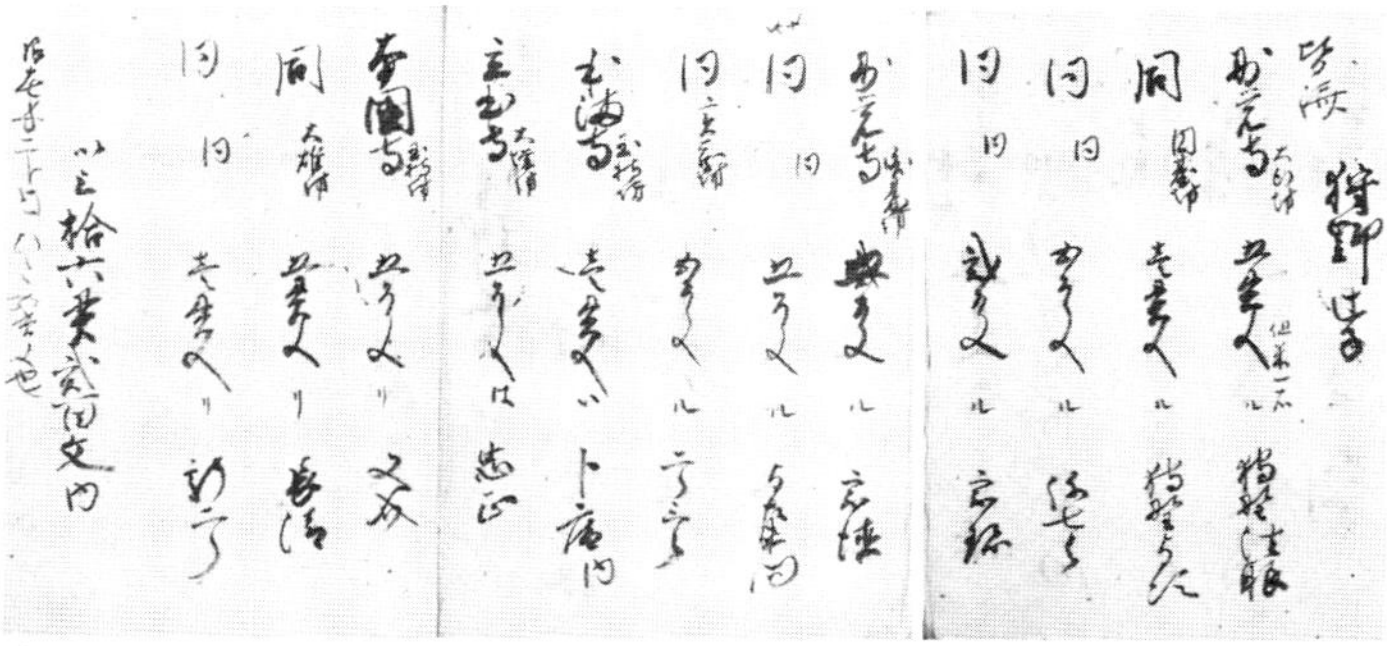

京都十六本山会合用書類　諸寺勧進帳（部分・頂妙寺所蔵）

皆済　　狩野辻子

妙覚寺大行坊　五貫文但し、米一石ル　狩野法眼

同　円台坊　壱貫文ル　狩野与次

（中略）

同　同　弐百文ル　宗珍

妙覚寺円台坊　五百文ル　宗徳

同　同　五百文ル　与左衛門尉

（中略）

本満寺玉持坊　壱貫文い　卜庵内《ぼくあんうち》

（中略）

以上拾六貫弐百文内

先の「洛中勧進記録」とくらべてみると、「狩野法眼」以降の檀徒たちの順番が異なっているものの、檀徒の名や帰依する寺僧の名、あるいは寄附の額、合計がまったく同じであることが読みとれる。

また、「洛中勧進記録」は、「狩野殿辻子」のものをふくめて、その記載のしかたにかなりのばらつきがみられるのに対して、『諸寺勧進帳』のほうは、すべて右のように、帰依する寺僧の名・寄附の額・檀徒の名の順で統一されている。

それはつまり、『諸寺勧進帳』が作成されるにあたって、会合側でかなり整然としたかたちで整理・集計されたということを意味するわけだが、たとえば、その集計作業の一端については、右にもみえる「ル」や「い」といった記号からもうかがうことができる。

というのも、「ル」と妙覚寺、「い」と「本満寺」とが対応していることからもわかるように、これらは、最終段階での集計のためつけられたということがあきらかとなるからである。実際、そのことは、『諸寺勧進帳』の奥書をみてみるとよくわかる。

本法寺　廿九家　代廿六貫文
（中略）
本満寺　十七々（家）　代六貫八百五十文
（中略）
妙覚寺　卅六々（家）　代廿一貫百文
（以下、略）

狩野殿辻子・狩野元信邸址碑（京都市上京区）

これは、「狩野辻子」の記事が書かれている『諸寺勧進帳』の奥書の一部であるが、これによって町ごとに集められた寄附が、最終的には各寺院ごとにまとめ直されていたことが知られよう。つまり、「ル」や「い」といった記号はこの集計をおこなうためにつけられていたのであった。

先にもふれたように、「諸寺勧進」は、師檀関係をもとにおこなわれていたが、その師である寺僧は基本的には各寺院に所属していたので、集められた寄附が寺院ごとに集計されたとしても、それほど不思議ではない。ただ、そのいっぽうで注意しておかなければならないのは、各寺院ごとに寄附が集計されるのにあたって、不思議と檀徒の人数ではなく、家の数として記されている点であろう。

なぜ檀徒数ではなく家数だったのか、といえば、その理由は、たとえば、春日町《かすがちょう》の「洛中勧進記録」に「家十一間《けん》（軒）」と記され、また鷹司町《たかつかさちょう》の「洛中勧進記録」にも「一町五拾八間（軒）うち当宗廿五間《にじゅうごけん》（軒）」と記されていることからもわかるように、檀徒たちが町ごとに寄附をとりまとめるにあたって、あわせて家数も報告していたためであった。

このように、『諸寺勧進帳』の奥書をみていると、寺院と檀家という寺檀関係の萌芽のようなものもみえてきそうだが、いずれにしても、「諸寺勧進」が、師檀関係をもとに寄附がおこなわれつつも、実際には居住する町ごとに寄附が集められるとともに、おのおのの檀徒の名からその寄附の額、そして帰依する寺僧の名や檀徒の家数にいたるまでことこまかな情報を「洛中勧進記録」に記して、銭などとともに会合へ渡すというやりかたですすめられていたことがあきらかとなろう。

洛中勧進

それでは、勧進自体はどのような規模でおこなわれたのであろうか。そのことを知るために、『諸寺勧進帳』に記載される町名と「洛中勧進記録」が残された町名、ならびにおのおのの寄附の合計を一覧表にしてみると、表9のようになる。

この表9からまずわかることは、『諸寺勧進帳』「洛中勧進記録」にみえる町名が、すべて上京《かみぎょう》とよばれた洛中北部の市街地ばかりであるという点であろう。逆に、南部の市街地である下京《しもぎょう》にかかわるものが一点も残されていないところにも特徴がみられる。

したがって、これだけをみていると、「諸寺勧進」は、上京に住まう檀徒に対してだけおこなわれたかのようにも思ってしまう。が、実際のところは、先にもふれた「天正四年十月廿日　諸寺勧進銭萬納分」と表紙に記された帳簿のなかに「上京分」「都合　八百七拾参貫四百四十五文」といった記載とともに、「参百六拾貫文　下京より」という記載もみられるので、下京でもおこなわれたことは確実と

弁才天町	弁才天町	3 貫文
堀出町	堀出町	7 貫文
南猪熊町	南猪熊丁	13 貫 550 文
上柳原	●	1 貫文

第 3 冊

『諸寺勧進帳』にみえる町名	「洛中勧進記録」にみえる町名	寄附の合計額
伊佐町	●	51 貫文
大宮観世町	大宮観世町	45 貫文
芝大宮町	●	35 貫 600 文
けいかい院大宮町	●	3 貫 400 文
香西殿町	●	1 貫 600 文
西北小路町	西北こうしちやう	10 貫 10 文
芝薬師町	●	24 貫 500 文
北舟橋町	北舟橋町	32 貫 100 文
堀上町	堀上町	5 貫 270 文
北猪熊町	北猪熊町	20 貫文
五辻町	五辻子町	14 貫 670 文
御屋形様町	●	400 文
大宮薬師町	●	7 貫 600 文
廬山寺町	ろさん寺町	2 貫 30 文

第 4 冊

『諸寺勧進帳』にみえる町名	「洛中勧進記録」にみえる町名	寄附の合計額
飛鳥井殿町	飛鳥井殿町 飛鳥井殿西町	53 貫 200 文
狩野辻子	狩野殿辻子	16 貫 200 文
西無車少路	西無車少路	6 貫文
中無車少路	中武者少路	5 貫 100 文
大炊道場町	大炊之道場町	3 貫 300 文
今町	今町	7 貫 300 文
革堂町（川堂）	かうたうの町	20 貫 650 文
北少路町	北小路町	31 貫 400 文
一条材木町	一てうまちさいもくちやう	1 貫 400 文
薮内丁	●	200 文
安禅寺殿町	あんせん寺之ちやう	2 貫 830 文
一条殿町	一条殿町	4 貫 400 文
小川羅漢橋下町東面	小川らかんの橋下町ひかしのつら	31 貫 300 文
小川羅漢橋南町西面	羅漢橋南町にしのかた	31 貫 800 文
春日町（春日室町）	春日町	8 貫文
徳大寺殿町	徳大寺殿町	2 貫 950 文

［注］・冊は、『諸寺勧進帳』の冊数。
・（　）は、「洛中勧進記録」『諸寺勧進帳』の中で異なった記載をされたもの。
・●は、「洛中勧進記録」のその町の分が残されていないもの。
・「洛中勧進記録」が残されていて、『諸寺勧進帳』に記載されていないものとしては、「中すち町」「しからきつし」「立売ひかし町」「御所八まん町」「かたおかつし」「新町五霊前」があるが、その経緯は未詳である。
・ほかに、「洛中勧進記録」としては断簡が数通残されている。

第１冊

『諸寺勧進帳』にみえる町名	「洛中勧進記録」にみえる町名	寄附の合計額
一条小島町	一条小島町	31 貫文
新屋敷弁才天町	しんまちへんさいてんちやう	2 貫 610 文
近衛町（近衛室町）	このへ町	5 貫 20 文
舟橋辻（町）	ふなはし辻	1 貫 500 文
下柳原町	下柳原町	5 貫 200 文
冷泉室町	冷泉室町（冷泉町）	11 貫 300 文
頂妙寺ノ前町	ちやうめうちのまへ町	1 貫 350 文
一条出口東町	一条出口東町	1 貫 700 文
一条室町	●	31 貫 300 文
大炊御門室町鏡屋町	大炊御門室町鏡屋町	12 貫文
五霊通子西東二町	五霊通子西東二丁（御りやうのつし）	13 貫文
新町二条町	新町二条町	500 文
鷹司室町	鷹司町	17 貫 400 文
白雲町	白雲町	15 貫文
裏築地町	裏築地町	30 貫文
畠山殿辻子	●	5 貫文
立売	立売町（南北）	149 貫文
新在家中町	新在家	34 貫文
新在家北町東	●	13 貫 500 文
同北町之西	●	21 貫 500 文
中小川	●	19 貫 300 文
へうたんの辻子	●	3 貫 800 文
立売頭町	●	1 貫文
二本松町	二本松町	2 貫 320 文
頂妙寺下町	●	1 貫 750 文
今辻子	●	5 貫文
上小川	●	40 貫文
花立薬屋町	●	10 貫文
うつほ屋町	うつほや町	22 貫文

第２冊

『諸寺勧進帳』にみえる町名	「洛中勧進記録」にみえる町名	寄附の合計額
安楽少路町	安楽光院少路町	8 貫 310 文
西舟橋町	西舟橋町	25 貫 700 文
一条日野殿町	一条日野殿町	5 貫 100 文
惣門築山上半町	惣門築山上半町	10 貫 25 文
築山町下半町	惣門築山南半町	10 貫 750 文
西大路	西大路	20 貫文
山名殿辻子	（町名が欠けている）	7 貫 100 文
石屋辻子	石屋之辻子	11 貫 800 文
藤木下	●	2 貫文
風呂辻子	ふろのつし	2 貫 800 文
北少路室町	北少路室町	11 貫 150 文
羅漢風呂町	らかんのふろの町	15 貫文
室町頭上半町	室町頭上半町	5 貫 300 文
室町頭下半町	室町頭下半町	4 貫 700 文

表９　『諸寺勧進帳』「洛中勧進記録」にみえる町名・寄附の合計額

いえよう。

このように、残された史料からあきらかとなるのは、「諸寺勧進」が上京・下京をあわせた洛中（京中）に住まう檀徒を対象におこなわれたものであったという点である。そのこともあって、「諸寺勧進」は、「天正の洛中勧進」とも、「天正四年の洛中勧進[19]」ともよばれている。

また、四冊の『諸寺勧進帳』の表紙すべてに「丙子《ひのえね》」（天正四年）「拾月十日これを始む」と書かれていることから、勧進は、天正四年十月十日からはじめられ、そして、「天正四年十月廿日　諸寺勧進銭萬納分」にみえる「天正四年十月廿日」という日付を信じるならば、十日後にいったん集計されたと考えられよう。

このわずか十日間で集められたのが、千二百三十三貫四百四十五文におよぶ膨大な銭だったわけだが、ただ、『京都十六本山会合用書類』には、「天正五年七月廿九日　諸寺御勧進之未進分《みしんぶん》」と表紙に書かれた帳簿も残されており、「未進分」（未納分）もあったことがわかる。したがって、ここからは、会合がさらに多くの銭を集めるつもりであったことが知られるのと同時に、少なくとも「天正五年七月廿九日」という時期まで「諸寺勧進」がつづけられていたことも知られよう。

すでに指摘されているように[20]、ここで「未進分」ということばがみられることから、「諸寺勧進」は、檀徒たちがのぞんで寄附にあたっていたとはかならずしもいえそうにはない。その意味では、強制的な側面も少なくなかったわけだが、ただ、具体的にどのようなかたちで強制されていたのかとい

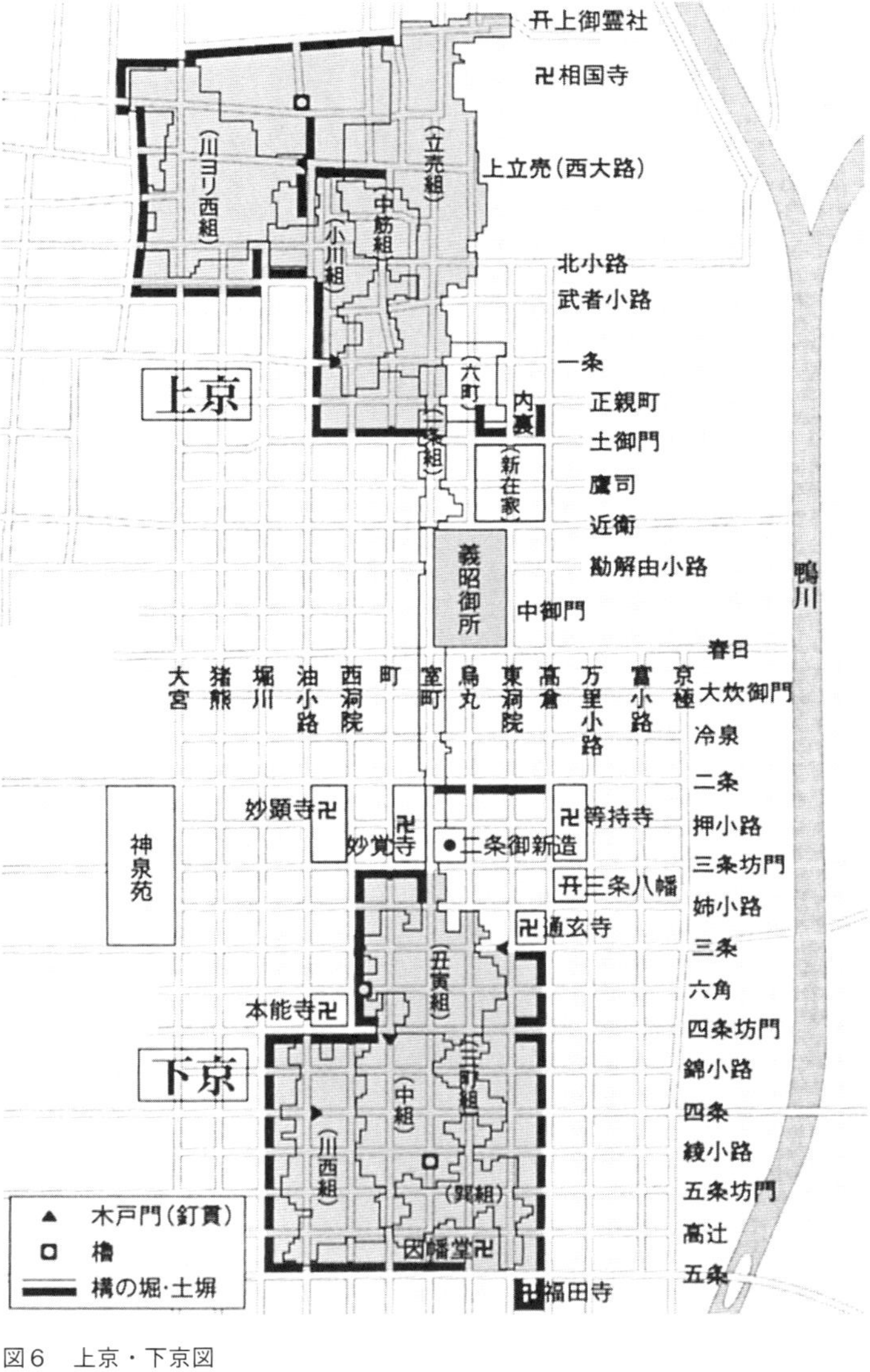

図6　上京・下京図
(滋賀県立安土城考古博物館『室町最後の将軍―足利義昭と織田信長―』図録より)

う点についてはさだかではない。そこがまた、勧進というかたちでの費用集めのむずかしいところでもあったのだろう。

なお、表9をみてもわかるように、檀徒たちの寄附はすべて銭で計算されているのに対して、それらをつかうさいには会合は銀で計算していたことが、先の「諸寺勧進之内遣方」と表紙に記された帳簿からは読みとれる。当然、どこかの段階で換銀されたと考えられるわけだが、残念ながらくわしいことについてはさだかにすることができない。

諸寺の檀那衆

ところで、「諸寺勧進」がおこなわれた洛中のうち、上京が、この直前に壊滅的な状況に追いこまれていたことには、注意しなければならない。というのも、天正四年からかぞえてわずか三年前の元亀四年(一五七三、天正元)四月に、信長に反旗をひるがえした義昭を降伏させるため、信長の軍勢によって上京は焼き討ちされたことが知られているからである。(21)

史料によれば、「上京、一宇《いちう》残らず回禄《かいろく》」(『東寺光明講過去帳《とうじこうみょうこうかこちょう》』)し、「焼失したる家の数は六、七千」(『耶蘇会士日本通信』)、おおよそ天皇の住まう内裏周辺をのぞいて焼け野原になったことがわかる。もちろん、家々が焼かれただけではなく、「洛中洛外において、町人・地下人《じげにん》数知れず殺害」(『兼見卿記』四月四日条)と伝えられているように、人的な被害もまた甚大なものであった。

これよりおよそ四十年前の天文法華の乱のときは、「下京大略焼」けたのに対して、「上京三分一ばかり焼」けた程度であったことが、『後法成寺関白記《ごほうじょうじかんぱくき》』天文五年（一五三六）七月二十七日条などからわかる。したがって、上京焼き討ちは、上京にとっては、応仁・文明の乱以来の戦禍であったといえるだろう。

にもかかわらず、それからわずか三年しかたっていない時期におこなわれた「諸寺勧進」をとおしてみられる上京のようすは、その町の数からしても、また、そこに住まう日蓮宗檀徒たちの経済力からしても、驚異的なスピードでもって復興をとげていたと考えざるをえない。

なぜそのようなスピードでもって復興ができたのか、その理由を史料でもって説明することはむずかしい。が、応仁・文明の乱後の京都の復興が、たとえば、祇園会《ぎおんえ》（祇園祭）の再興までに三十三年もかかったことからもうかがえるように、遅々としたものであったのに対して、天文法華の乱による下京焼亡からわずか二年後の天文七年（一五三八）には祇園会山鉾《やまほこ》が巡行していることからすれば（『親俊《ちかとし》日記《にっき》』十二月二十一日条）、戦国時代の京都は、時期がさがればさがるほどに、急速に復興がすすむようになっていたとはいえるだろう。

もしそうでなければ、焼き討ちからわずか三年しかたっていない上京において、「諸寺勧進」がおこなわれることなど想像もできない。おそらく日蓮宗や日蓮宗寺院もまた、このような流れに乗って、再興され、繁栄をとげていったのではないかと考えられる。

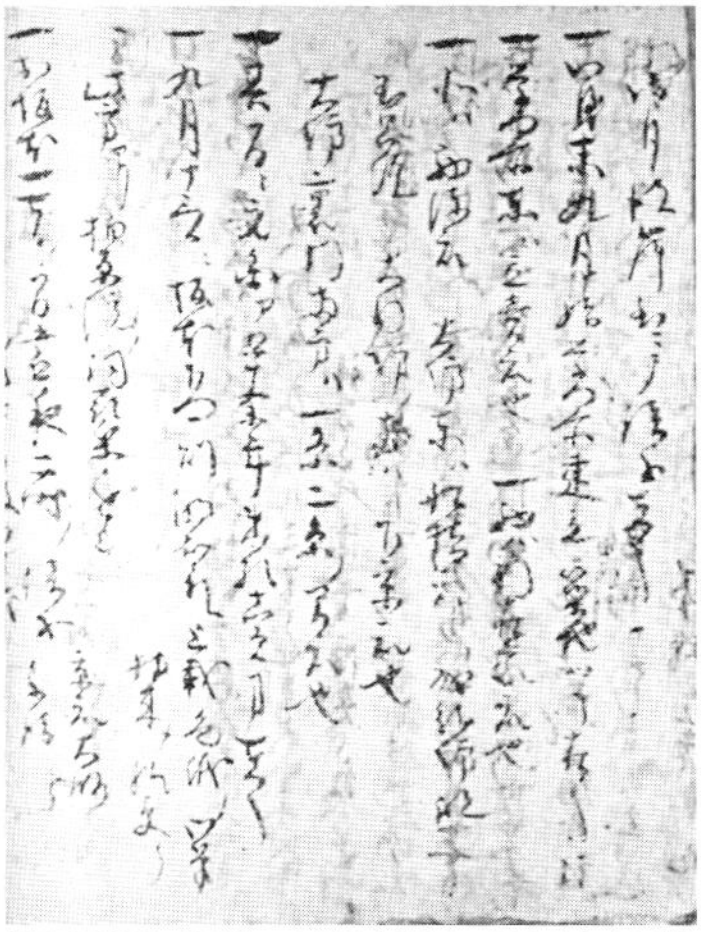

『己行記』（部分・大阪府堺市・妙国寺所蔵）
２行目に「八月末九月始学問所建立築地ツキ在之」とある。

実際、それを裏づけるように、上京焼き討ちによって四月「四日に焼」けた「頂妙寺」も、翌天正二年（一五七四）三月には、はやくも「再興」されはじめたことが、頂妙寺住持であった日珖《にちこう》の日記『己行記《こぎょうき》』から読みとることができる。とりわけ興味深いのは、『己行記』の天正三年（一五七五）のところには、その再興にかかわって、つぎのような記事も見いだせる点であろう。

一、八月末九月はじめ、学問所建立《こんりゅう》、築地《ついじ》ツキこれあり、
一、学問所東は立売衆《たちうりしゅう》なり、一、西は新在家衆《しんざいけしゅう》なり、
一、北は西陣衆《にしじんしゅう》、大坊《おおぼう》東は船橋衆《ふなばししゅう》、成就坊跡玉昌院《じょうじゅぼうあとぎょくしょういん》、大行坊《たいこうぼう》の前は下京衆なり、大坊裏門　両方は一条《いちじょう》二条《にじょう》の間衆《あいだしゅう》なり、

ここからは、頂妙寺に「建立」された「学問所」に付属する「築地」（築地塀）の「ツキ」（築、築くこと）に「立売衆」「新在家衆」「西陣衆」「船橋衆」「下京衆」「一条二条の間衆」とよばれる町人たち

も参加していたことがわかる。

日蓮宗寺院の「築地ツキ」に町人たちが参加していること自体、注目されるのだが、常識的にみれば、これらの人々とは、頂妙寺の檀徒と考えるのが自然であろう。ところが、『諸寺勧進帳』をみるかぎりでは、たとえば、新在家では、「中町《なかちょう》」「北町東《きたちょうひがし》」をあわせても頂妙寺の檀徒は一人しかおらず、また、舟橋でも「西舟橋町《にしふなはしちょう》」「舟橋辻《ふなはしつじ》」「北舟橋町《きたふなはしちょう》」をあわせてもわずか二人しか確認することができない。

おそらく、このようなわずかな人々をさして「衆」とよぶことはないであろうし、また、そもそもそのような人数で「築地ツキ」に参加するとは考えられないであろう。とすれば、ここにみえる人々とは、頂妙寺の檀徒だけではなく、おのおのの町に住む日蓮宗檀徒の集団であったとみるほうが自然である。

実際、そのことは、「西陣衆」や「下京衆」といった、あきらかにおのおのの町の範囲をこえた集団が参加していることからもうかがえるが、そのようにしてみたとき注目されるのが、『己行記』にみえる、つぎのような記事の存在であろう。

一、この夏、諸寺の檀那衆御登講《ごとうこう》あり、

これは、『己行記』天正二年（一五七四）条にみえる記事だが、これによって、「諸寺の檀那衆」がそろって日珖の講義を聴くため頂妙寺に参詣していたことがわかる。この場合の「諸寺」とは、おそらく会合を意味するものであろうから、ここからは、諸寺院が会合というかたちでむすびつきを強めたことにともなって、本来、個々の寺院や僧侶に帰依してきた檀徒たちもまた、横のむすびつきを強めていたことが知られよう。

このようなむすびつきが具体的にいつできあがったのかという点についてはさだかではないが、あるいは、先にみた「市の法華宗徒約千五百人会合」（『耶蘇会士日本通信』）なども、その人数からして本国寺の檀徒だけではなかったのかもしれない。いずれにしても、「諸寺勧進」は、会合の力だけで実現できたわけではけっしてなく、それにこたえる檀徒側の横のむすびつきもあって、はじめて実現をみたことがあきらかとなろう。

なお、信長に焼き討ちされなかった下京では、「下の都を焼かざりし恩恵に対する感謝のため、（中略）大小の各町に銀十三枚を課した」（『耶蘇会士日本通信』）ことが知られているが、それにかかわる『下京《しもぎょう》中《ちゅう》出入《でいり》之帳』（早稲田大学図書館所蔵）という帳簿には、「下京かまえの内寺銀《てらぎん》の分」と下京内にあった寺院も銀を分担していたことが読みとれる。

注目されるのは、その筆頭に「妙覚寺」、「ほんのうし」（本能寺）、「りうほん寺」（立本寺）、「ようほう寺」（要法寺《ようぼうじ》）、「妙伝寺《みょうでんじ》」、「めうせん寺」（妙泉寺《みょうせんじ》）と会合に属する日蓮宗寺院の名も見いだせる点で、ここから、この時期、これらの寺院が下京に所在していたことがあきらかになるとともに、下京という都市共同体の一員としてもしっかりと根づいていたことが知られよう。

このようにして、天正四・五年ころ、「諸寺勧進」によって集められた費用をもとにした贈り物が、会合から信長やその家臣たちに対して贈られたわけだが、それでは、それらをうけとったほうの信長らには京都の日蓮宗というのはどのように映ったのであろうか。

残念ながら、そのことを伝えてくれる史料は残されていない。が、これからわずか三年後の天正七年（一五七九）に、京都の日蓮宗が、信長らも深くかかわる安土宗論《あづちしゅうろん》（安土問答《もんどう》、安土法問《ほうもん》、安土法難《ほうなん》ともいう）[22]にまきこまれることをふまえるならば、それをとおして、信長側のみかたというものをうかがうことができよう。それでは、それはどのようなものだったのだろうか。節をあらためてみていくことにしよう。

3　会合と安土宗論

安土宗論

天正七年（一五七九）五月二十七日、信長の居城安土城の城下町である「安土町末浄土宗の寺浄厳院仏殿《あづちまちすえじょうごんいんぶつでん》」（『信長公記』）において、日蓮宗と浄土宗の宗論がおこなわれた。いわゆる安土宗論である。一般に宗論とは、宗派間の教義上の論争を意味するが、日蓮宗の場合、天文法華の乱の発端にもなった「松本問答《まつもともんどう》」を思いおこしてもわかるように、このような教義上の論争をとおして布教をすすめていく折伏《しゃくぶく》をおこなうことで知られていた。

しかも、その折伏が、僧侶だけではなく、檀徒や信徒らによってもおこなわれていたところに特徴がみられる。今回の安土宗論もまた、その発端は、『信長公記』や『フロイス日本史』『耶蘇会士日本通信』などによれば、天正七年「五月中旬」、「関東より」やってきた浄土宗僧の「霊誉《れいよ》」（霊誉玉念《ぎょくねん》）が「安土町」にて「説教」していたところ、「建部紹智《たけべしょうち》」と「大脇伝介《だいわきでんすけ》」という「法花宗」徒らが、「説教の最中にいくつかの疑問」を投げかけたことにあった。そして、霊誉のほうが、「法華宗の僧侶

浄厳院（滋賀県近江八幡市）

をよぶがよい」と発言したことから、日蓮宗僧の登場ということになったのである。

この安土でのできごとの一報が京都へもたらされたのは、宗論に参加した日淵《にちえん》（日雄《にちゆう》）が書き残した記録『安土《あづち》宗論実録《しゅうろんじつろく》』によれば、五月二十五日の「早晨《そうしん》」（早朝）であったことがわかる。そして、その知らせを聞いた京都の日蓮宗では、「七、八人」の僧侶が「頂妙寺」住持の「日珖[23]」のもとに集まり、その日の「巳《み》の刻《こく》」（午前十時ころ）には京都を出立し、「亥《い》の刻《こく》」（午後十時ころ）には「安土にいた」ったとされている。

ここからまずわかることは、今回のできごとに、かならずしも会合が対応していたようにはみえない点であろう。その理由についてはさだかではないが、あるいは、大脇伝介や建部紹智を日蓮宗に改宗させた「普伝《ふでん》」（「不伝」）、あるいは「フンデン」（『耶蘇会士日本通信』）とよばれた普伝院日門《にちもん》[24]という僧侶と日珖とのあいだに個人的な

日珖像（部分・京都市上京区・本法寺所蔵）

つながりがあったということが関係するのかもしれない。

この日門については、イエズス会宣教師のなかでも、「法華宗の仏僧のなかに普伝と称する重立った僧」として、また、「その学問と権威を人々はおおいに重んじた」（『フロイス日本史』）ことでもよく知られていた。

しかも、「説教をもってはなはだ有名」（『耶蘇会士日本通信』）であり、その説教を聞こうとして「安土中の老若男女群集をなして来詣」し、「毎日百人、二百人ごとにいやまし受法すれば、今は安土の城下近辺に他宗というは残り少なになりにけり」（『安土問答諺註《あづちもんどうげんちゅう》』）といわれるほどの影響力をもっていた。

したがって、宗論にこの日門が加わっても不思議ではなかったわけだが、実際に宗論にのぞんだのは、『安土宗論実録』や『信長公記』によるかぎり、頂妙寺日珖、妙覚寺の代僧《だいそう》（住持代理の僧）日諦《にったい》、そして久遠院《くおんいん》日淵の三人であったことがわかる。

なぜ日門が加わらなかったのか、その理由については、日珖が「普伝は近日帰伏人《きぶくにん》のよしにそうろうあいだ、問答の人数に」は入れないと語ったためと『安土宗論実録』は伝えている。ここからは、日門が、日珖などのように特定の寺院に所属する僧侶ではなかったことが知られる。が、しかし、そのような僧侶によって新興都市安土での布教がすすめられていたこともまた事実であった。

宗論自体は、五月二十七日の早朝から浄厳院仏殿の「西方には法華宗」「東方には浄土宗」(『安土宗論実録』)が座しておこなわれたが、『フロイス日本史』には、「その場所の立派なこと、座席の準備、仏僧の格式、民衆の集合という点では、ヨーロッパの著名な大学で上演される公開劇の雰囲気と貫禄をそなえていた」と伝えられている。安土宗論が一種の公開討論のようなものであったことが知られよう。

宗論の結果と影響

ところで、宗論の内容についてであるが、不思議というべきか、また当然というべきか、日蓮宗側の記録と浄土宗側の記録ではかなりの食い違いがみられる。したがって、いずれが正確なものなのかという点についてはさだかではない。

ただ、結論だけでいえば、『安土宗論実録』に「関東長老」こと、霊誉が「立ちながら、日諦の五《ご》条《じょう》袈裟《けさ》を引き切りてと」り、それに対抗して日淵も「座をたち、関東長老の袈裟を相当にとらんと」したところ、「数千人一同に打ち寄り」、とり押さえられてしまったため、一方的に日蓮宗側が袈裟をとられるかたちになったことがわかる。

「問答の法なれば、袈裟をたまわろうずる」(『安土宗論実録』)とか、「約束のとおり袈裟をうばい」(『耶蘇会士日本通信』)ともみえるように、宗論の作法としては袈裟をうばわれたほうが負けとされていたので、[25] つまるところ日蓮宗側の負けとなった。

このように勝敗が決すると、たちまち会場周辺は混乱におちいり、「同所にもちこまれていた多量の食物は、居合わせていた人々によって略奪され」、「群衆の一部は、法華宗の僧侶を殴打」、「都や堺から来た法華宗徒らはわれさきにと逃走した」と『フロイス日本史』は伝えている。

おそらく、宗論となれば、大なり小なり、このような混乱がつきものだったのだろうが、今回の安土宗論の場合、日蓮宗側にとっては、さらに過酷な運命が待ちうけていた。というのも、『安土宗論実録』によれば、宗論がおこなわれるまえに、「まかりくだるところの法華宗寺々住持ならびに代僧連判いたし、問答負け申すにおいては、京都ならびに御分国中寺々破却あるべきよしの一札」という書面を提出していたからである。

『フロイス日本史』によれば、この書面を提出したのは、日蓮宗側が「宗論のための許可をたまわりたい」ためであったとされているが、実際のところはよくわからない。ただ、その結果として、「安土山にありし坊主の僧院および住宅はことごとく破壊せられ、檀徒の家も法華宗徒みずから門より文字をとりさりたるもののほかは多数同一の処罰をうけ」、また、「伊勢《いせ》・尾張《おわり》・美濃・近江四ヶ国にある法華宗の諸寺はことごとく掠奪せられたり」と『耶蘇会士日本通信』は伝えている。

いっぽう、『安土宗論実録』によれば、「法華宗の僧俗百人ばかり召《め》し籠《こ》めして置かれし」とみえるが、この人数については、「七百余人」（『兼見卿記』五月二十八日条）とも、また「八百余人」（『兼見卿記』六月一日条）、「千人ばかり」（『言経《ときつね》卿《きょう》記《き》』五月二十八日条）ともみえ、一定しない。

しかしながら、多数の関係者が拘束《こうそく》されたことはまちがいなく、結局のところ、その人々の命をすくうためにも、また、日蓮宗が存続するためにも、宗論に参加した三名をはじめとする京都の日蓮宗寺院の代表者たちが「起請文《きしょうもん》」（いわゆる詫《わ》び証文）に署名し、それを提出することによって、一応の解決をみることとなった。

その「起請文」の内容については、公家の山科言経《やましなときつね》の日記『言経卿記』などにも写されており、かなり流布していたことがわかる。そして、そこには、頂妙寺日珖・久遠院日雄（日淵）・妙覚寺代僧日諦のほかにも、本国寺・要法寺・妙満寺・妙伝寺・本能寺・立本寺・妙顕寺・妙蓮寺・本隆寺・本禅寺の計十三ヶ寺の僧侶たちが名を列ねている。この十三ヶ寺は、この時期の会合と考えられるので、会合が「起請文」に署名させられたことが知られよう。

もっとも、会合がこのように安土宗論にかかわるようになったのがどの段階であったのかという点についてはさだかではない。[26] また、三ヶ条におよぶ「起請文」のうちの一ヶ条に「向後《こうご》、他宗に対し、いっさい法難いたすべからざること」を誓約させられたため、折伏《しゃくぶく》などこれまでの布教のありかたに大転換がせまられるようになったと、宗門においても、歴史学においても考えられてきた。そして、それをふまえて、安土宗論自体、信長による宗教弾圧であるという理解もながくなされてきた。

もちろんそのような側面もまったくなかったわけではないであろうが、しかしながら、『信長公記』には、「信長公御諚《ごじょう》として御扱《おあつかい》なさる」とみえ、信長が日蓮宗と浄土宗の「御扱」(仲裁)をしようとしていたことが読みとれる。

また、『フロイス日本史』にも、信長の発言として、「なんじらがここで論争するのは、それに要する努力と費用からしても予《よ》には不必要なことに思」うとあり、かならずしも宗論がおこなわれることに積極的ではなかったようすもうかがえよう。

金二百枚

このようにしてみると、これまでの理解のように、安土宗論のすべてがすべて計画的であったととらえることにも、検討の余地があるように思われる。ただ、そのいっぽうで、今回の事態をまねいた大脇伝介や日門らの布教のありかたについて信長が問題視していたこともまた、まちがいないところといえよう。

それが、「起請文」の提出へとつながっていったわけだが、ここで見落としてはならないのは、つぎにみえるように、このとき信長が会合に対して要求していたのは、じつは「起請文」だけではなかったという点である。

信長は三日前に矢部の七殿（善七郎）を都に派遣し、法華宗の檀徒一同に対し従前のとおり再起せんことをのぞまば金二千六百ゼシマイを主要なる十三の僧院に分担せしめて納付すべし

これは、『耶蘇会士日本通信』にみえる記事だが、ここにみえる「三日前」というのが具体的にいつだったのかという点については不明なものの、宗論後に信長が、当時は十三ヶ寺（「十三の僧院」）であった会合に対して、莫大な礼金（礼銭）を要求していたことが知られよう。

『耶蘇会士日本通信』では、これを「罰金」とも記しているが、その額「金二千六百ゼシマイ」については、『フロイス日本史』では「黄金二百枚」とみえる。また、『京都十六本山会合用書類』に残される文書でも「金子弐百枚」とあるので、その額は金二百枚であったことがあきらかとなろう。

この金二百枚というのが、当時どれぐらいの価値であったのかという点については、はっきりとはわからない。が、ほぼ同じころに「座頭衆《ざとうしゅう》」（琵琶法師《びわほうし》）の「常見検校《じょうけんけんぎょう》」なる人物から没収した「黄金二百枚」で信長は「宇治川《うじがわ》平等院《びょうどういん》の前」に橋を建造していることからすれば（『信長公記』）、かなりの額にのぼるものであったことはまちがいないであろう。

したがって、さすがの会合も、このような莫大な礼金をみずからの力だけではまかないきれないと判断したようで、中世都市としても著名な堺《さかい》の末寺や檀徒へも助成《じょじょう》（援助）をたのむ「堺勧進《さかいかんじん》」をおこなったことで知られている。[27] また、『京都十六本山会合用書類』のうち、永禄八年（一五六五）から

天正末年にいたるまでの史料のなかでも、この「堺勧進」にかかわるものが、「諸寺勧進」についで多数をしめていることがわかる。(28)

これらのことからすれば、会合にとっては、「起請文」以上に、金二百枚が重くのしかかっていたことが知られよう。しかしながら、事態はそれだけにとどまることはなく、翌天正八年（一五八〇）になると、「京都諸寺へ公儀《こうぎ》奉《ぶ》行衆《ぎょうしゅう》より御礼の金催促」（『己行記』五月条）とあるように、信長の奉行衆から礼金を催促されることにもなる。

そして、その結果として、『耶蘇会士日本通信』が伝えるように、「法華宗徒が略奪によりて失うところは黄金一万をこえ、その困却のきわみ、かくのごとく繁栄せる呪うべき宗派はほとんど倒るるにいたるべく」というありさまにまでおちいることとなったのであった。

この『耶蘇会士日本通信』の記事は、やや誇張があるようにも思われるが、いずれにしても、会合は、これまでとってきた音信・礼銭・礼物などを贈ることで武家権力とのあいだに良好な関係をとりむすぶという対応を信長によって逆手にとられ、莫大な礼金を要求されるようになってしまったことが知られよう。

そこからは、信長が折伏という日蓮宗独自の布教のありかたを問題視していたのと同様、洛中において繁昌のようすをみせる日蓮宗寺院の存在や「諸寺勧進」であきらかとなったその経済力に対しても危惧をいだいていたことがうかがえる。

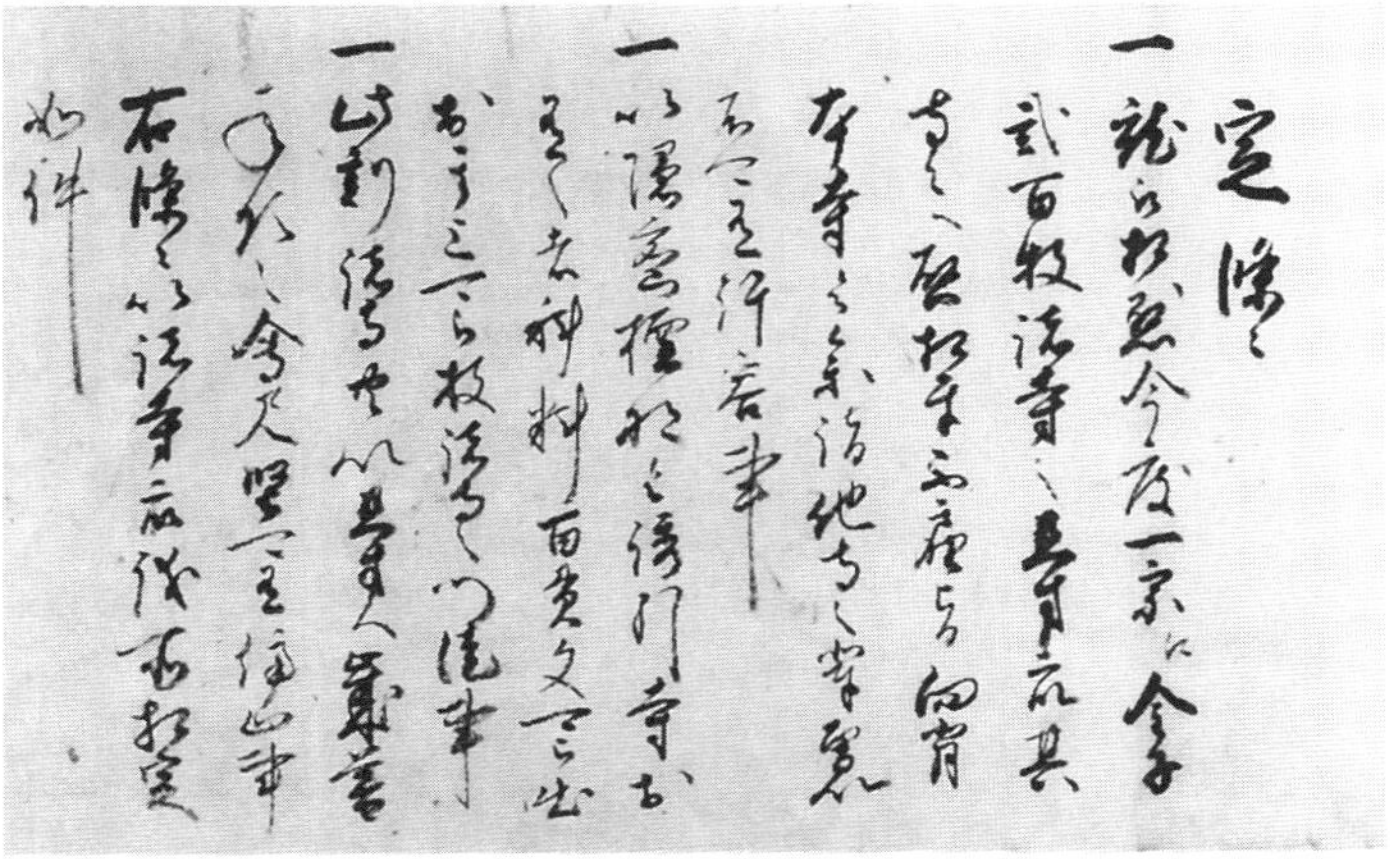

京都十六本山会合用書類　京都諸寺定条々（頂妙寺所蔵）
第一条に「金子弐百枚」についての記載がある。

と同時に、注意しておく必要があるのは、日蓮宗の場合、これより八年前の元亀二年（一五七一）九月に焼き討ちされた延暦寺[29]や、また、天正八年八月におよそ十年におよぶ「石山合戦《いしやまかっせん》」のすえ、大坂を退去させられた本願寺のように、けっして信長と敵対する存在ではなかった点であろう。

たしかに、今回の宗論の発端をつくった「不伝」（普伝院日門）や「伝介」（大脇伝介）は、宗論後に信長の命によって「生害《しょうがい》」（殺害）させられてしまう（『兼見卿記』『言経卿記』五月二十八日条）。しかし、そのいっぽうで、宗論に参加した三人の僧侶が処罰された形跡はなく、また、京都の日蓮宗寺院もその寺地すら移動させられることがなかったからである。

このことから逆に、信長もまた、日蓮宗を敵視していなかったことがわかる。それを裏づけるように、焼き討ち直前にそれをさけようとした延暦寺大衆が、「黄金の判金三百を贈」ったさいには、「信長は毫《ごう》もこれを受納せず、彼の来たりしは黄金の富を得んがためにあらず、厳重に彼らの罪を罰せんがため」（『日本耶蘇会年報』）と伝えられているからである。

これまでみてきたように、永禄年間（一五五八～七〇）以降にみられるようになった、武器を手にせず、音信・礼銭・礼物などを贈ることによって交渉をすすめたり、敵対する意志のないことを示すという会合の対応は、一見すると弱々しく、また、ときには逆手にとられて、大きな損失をこうむることすらあった。

しかしながら、それが結果的に正しい選択であったことは、延暦寺大衆や本願寺のゆくすえを目のあたりにしたとき、もはやあきらかといえよう。寺院として、また教団としての日蓮宗は、京都に確固とした地盤をたもったまま、つぎの秀吉の時代をむかえることができたからである。

（1）今谷明『京都・一五四七年―描かれた中世都市―』（平凡社、一九八八年、のちに『京都・一五四七年―上杉本洛中洛外図の謎を解く』平凡社ライブラリー、二〇〇三年として再刊）、瀬田勝哉「公方の構想―上杉本「洛中洛外図」の政治秩序―」（『洛中洛外の群像―失われた中世京都へ―』平凡社、一九九四年、のちに『増補　洛中洛外の群像―失われた中世京都へ―』平凡社ライブラリー、二〇〇九年として再刊）、黒田日出男『謎解き洛中洛外図』（岩波新書、一九九六年）、小島道裕『描かれた戦国の京都―洛中洛外図屏風を読む―』（吉川弘文館、二〇〇九年）。

（2）藤井学「近世初頭における京都町衆の法華信仰」（『法華文化の展開』法藏館、二〇〇二年、初出は一九六三年）。

（3）藤井学・上田純一・波多野郁夫・安国良一編著『本能寺史料　中世篇』（思文閣出版、二〇〇六年）では、年紀を永禄八年と推定しているが、村井祐樹編『戦国遺文　佐々木六角氏編』（東京堂出版、二〇〇九年）や天野忠幸「三好氏と戦国期の法華宗教団―永禄の規約をめぐって―」（『市大日本史』一三号、二〇一〇年）が指摘しているように、永禄四年のほうがよいであろう。なお、天野氏は、「法華宗払い」についてはとくにふれていない。

（4）都守基一「永禄の規約をめぐる中世日蓮教団の動向」（『興風』一八号、二〇〇六年）、注（3）、天野氏前掲「三好氏と戦国期の法華宗教団―永禄の規約をめぐって―」参照。なお、都守氏論文や関連する史料については、天野氏からご教示いただいた。

（5）中尾堯「寺院共有文書と寺院結合―『京都十六本山会合用書類』をめぐって―」（『日蓮真蹟遺文と寺院文書』吉川弘文館、二〇〇二年、初出は一九九一年）。

（6）竹内季治については、杉山博「久我庄の預所―竹内季治―」（『庄園解体過程の研究』東京大学出版会、一九五九年）、藤井学「日蓮宗徒の活躍」（京都市編『京都の歴史　4　桃山の開花』学芸書林、一九六九年）にくわしい。

（7）立正大学日蓮教学研究所編『日蓮教団全史　上』（平楽寺書店、一九六四年）、河内将芳「宗教勢力の運動方向―中近世移行期における―」（『中世京都の都市と宗教』思文閣出版、二〇〇六年、初出は二〇〇四年）、注（3）、天野氏前掲「三好氏と戦国期の法華宗教団―永禄の規約をめぐって―」参照。

（8）本願寺史料研究所編『増補改訂　本願寺史　第一巻』（本願寺出版社、二〇一〇年）、安藤弥「戦国期宗教勢力論」（中世後期研究会編『室町・戦国期研究を読みなおす』思文閣出版、二〇〇七年）。

（9）井上寛司『「神道」の虚実と実像』（講談社現代新書、二〇一一年）。

（10）中尾堯・寺尾英智「京都十六本山会合用書類　目録Ⅰ・Ⅱ」（『立正大学大学院紀要』四・五号、一九八八年・一九八九年）、注（5）、中尾氏前掲「寺院共有文書と寺院結合―『京都十六本山会合用書類』をめぐって―」、頂妙寺文書編纂会編『頂妙寺文書・京都十六本山会合用書類』一～四（大塚巧芸社、一九八六～一九八九年）。

（11）注（5）、参照。

（12）柴田真一「近衛尚通とその家族」（中世公家日記研究会編『戦国期公家社会の諸様相』和泉書院、一九九二年）。

（13）森田恭二「中世京都法華「寺内」の存在―六条本国寺を中心として―」（『ヒストリア』九六号、一九八二年）。

（14）ただし、発掘調査では、堀跡が発見されている（『京都市文化財ブックス　第二〇集　京の城―洛中洛外の城郭―』京都市、二〇〇六年参照）。

（15）河内将芳『信長が見た戦国京都―城塞に囲まれた異貌の都―』（洋泉社歴史新書y、二〇一〇年）。

（16）日蓮宗寺院以外としては、相国寺やみずからの屋敷として普請した二条御新造などを宿所としたことが知られている。半田実「安土宗論について」（『年報中世史研究』五号、一九八〇年）、河内将芳「中世本能寺の寺地と立地について―成立から本能寺の変まで―」（『立命館文学』六〇九号、二〇〇八年）参照。

（17）（天正三年）十一月十六日付松井友閑書状（『青蓮院文書』、奥野高広著『増訂織田信長文書の研究』下巻、五九二号参考、吉川弘文館、一九八八年）、藤田達生『信長革命―「安土幕府」の衝撃―』（角川選書、二〇一〇年）、池上裕子『織田信長』（吉川弘文館、二〇一二年）参照。

（18）河内将芳「戦国期京都における勧進と法華教団―新在家を中心に―」（『救済の社会史』財団法人世界人権問題研究センター、二〇一〇年）。

（19）古川元也「天正四年の洛中勧進」（『古文書研究』三六号、一九九二年）、河内将芳「戦国最末期京都における法華宗檀徒の存在形態―天正四年付「諸寺勧進帳」の分析を中心に―」（『中世京都の民衆と社会』思文閣出版、二〇〇〇年、初出は一九九二年）、河内将芳「「天正四年の洛中勧進」再考―救済、勧進、経済―」（『立命館文学』六一四号、二〇〇九年）。

（20）注（19）、古川氏前掲「天正四年の洛中勧進」参照。

（21）注（15）、参照。

（22）歴史学からの安土宗論についての通説としては、辻善之助「安土宗論」（『日本仏教史　第七巻　近世篇之一』岩波書店、一九五二年）がその地位をしめているであろう。

（23）安土宗論のさいの日珖の動向については、高木豊「安土宗論拾遺」（『中世日蓮教団史攷』山喜房仏書林、二〇〇八年、初出は一九六二年）にくわしい。

（24）日門については、中尾堯「安土宗論の史的意義」（『日本歴史』一一二号、一九五七年）、注（6）、藤井氏前掲「日蓮宗徒の活躍」にくわしい。

（25）神田千里「中世の宗論に関する一考察」（大隅和雄編『仏法の文化史』吉川弘文館、二〇〇三年）。

（26）天正三年（一五七五）八月に定められた、いわゆる天正の盟約（『本能寺文書』）には、「楚忽法理の相論」（宗論）を「停止」するいっぽう、どのようにもしかたがない場合、「諸寺」（会合）に「あい届けられ、対論におよばるべきのこと」と記されているので、安土宗論もまた、会合への届けはなされていたのではないかと考えられる。

（27）『京都十六本山会合用書類』には、「堺勧進」や堺の日蓮宗寺院の実態がわかる史料が豊富に残されている。それについては、河内将芳「中世末期堺における法華宗寺院―天正七・八年の「堺勧進」を中心に―」(『中世京都の都市と宗教』思文閣出版、二〇〇六年、初出は一九九九年)参照。
(28)注(5)、中尾氏前掲「寺院共有文書と寺院結合―『京都十六本山会合用書類』をめぐって―」参照。
(29)延暦寺の焼き討ちについては、河内将芳「山門延暦寺焼討再考序説」(『中世京都の都市と宗教』思文閣出版、二〇〇六年、初出は二〇〇五年)参照。

おわりに　附　本能寺の変と秀吉の時代

戦国時代京都の日蓮宗

戦国時代京都の日蓮宗の歴史は、歴史学（文献史学）においては、これまでおおよそ天文法華の乱や安土宗論に焦点をしぼって語られるか、あるいは、天文法華の乱の時期を頂点にその勢力が増していくいっぽう、その後、安土宗論にむかって、しだいに世俗の武家権力に屈服していくというかたちで語られることが多かった。

前者の代表が辻善之助《つじぜんのすけ》氏の研究(1)であり、また、後者を代表するのが藤井学《ふじいまなぶ》氏の研究(2)となるが、いずれにしても、ともに著名なできごとをつなぐことでその歴史が語られるという点では共通していたといえる。しかしながら、天文《てんぶん》五年（一五三六）におこった天文法華の乱から天正《てんしょう》七年（一五七九）の安土宗論までのあいだにはおおよそ四十年におよぶ間隔があり、それを一足飛びにつなぐやりかたにはやはり強引という印象はぬぐえない。

もっとも、藤井氏の場合は、その当時にみることのできた史料を駆使して説明がなされており、現在でもなお参考にすべきところが少なくない。が、『京都十六本山会合用書類《きょうとじゅうろくほんざんかいごうようしょるい》』が発見される以前ということもあって、日蓮宗全体の動きが不明確など限界がみられるのもまたやむをえないところといえよう。

その『京都十六本山会合用書類』の発見によってみえてきたこととは、なにより京都の日蓮宗寺院が戦国時代の永禄《えいろく》年間（一五五八～七〇）に会合《かいごう》（当時の史料では「諸寺《しょじ》」）を組織し、戦国京都というきびしい都市社会のなかを生きのびていく道をえらんだことがあきらかとなった点といえる。

また、そのさい、戦国という時代にありながらも武器を手にせず、音信《いんしん》・礼銭《れいせん》・礼物《れいもつ》などを贈ることによって、武家権力と交渉をすすめたり、敵対する意志のないことを示すという、現実的かつ画期的な対応をとっていたところにも大きな特徴がみられよう。

もちろん、このような対応というのは、会合のみがおこなっていたわけではなく、本願寺もまた、山科本願寺が焼き討ちされて以降、しばらくおこなっていたことが知られている(3)。しかしながら、本願寺の場合、元亀元年（一五七〇）九月以降、いわゆる「石山合戦」（石山戦争）とよばれる、およそ十年におよぶ信長との合戦にふたたび突入していく。

それとくらべたとき、会合の一貫性は際だっており、そして、その一貫性をささえていたのが、天文法華の乱という高い代償であったことは、これまでどちらかといえば否定的な評価の強かったこの乱の意義をあらためてとらえなおすきっかけにもなったといえよう。

いっぽう、『京都十六本山会合用書類』に残された『諸寺勧進帳《しょじかんじんちょう》』などをとおして、「諸寺勧進」という、それまでまったく知られてこなかった事実があきらかとなったことで、会合、そしてそれをささえる檀徒たちもふくめた教団としての日蓮宗が、信長政権に対してどのように対応していたのかということがはじめて具体的に知られるようになった点は注目される。

そして、その延長線上のできごととして、安土宗論後に信長によって課せられた「罰金」金二百枚が位置づけられるようになったことは、信長が京都の日蓮宗に対してどのような視線をむけていたのかがあきらかになるとともに、安土宗論の意義もまた大きく修正されるようになったといえよう。

このようにしてみるとわかるように、天文法華の乱から安土宗論にかけての時期というのは、京都の日蓮宗がしだいに世俗権力である武家権力と直接、対峙していかざるをえなくなっていった時期と重なることに気づく。そして、その前提には、それまでであれば絶対的な存在であった延暦寺大衆《えんりゃくじだいしゅ》との関係がしだいに相対的なものへと変化をとげていったということがあった点には注目しなければならないであろう。

具体的には、日蓮宗寺院の住持として摂家《せっけ》をはじめとした公家出身の僧侶が数多く入室し、その出自ゆえに権僧正《ごんのそうじょう》などの高い僧官《そうかん》に任じられたり、あるいは本国寺《ほんこくじ》が門跡《もんぜき》をめざすなど、日蓮宗自体の社会的地位の上昇にともない、延暦寺大衆を介さないで直接、世俗権力とも関係をむすぶようになっていったことが知られるからである。

もちろんそのようになるには、寛正の盟約や法華一揆などをとおして僧俗《そうぞく》（僧侶と檀徒）が一揆的なむすびつきを強め、京都の日蓮宗がその政治力を高めていくとともに、世俗権力の目からみて、経済力や軍事力など社会的な実態としての力も延暦寺大衆と同列、あるいは並列するものとしてみられるようになっていったことも大きいといえよう。

もっとも、そのいっぽうで、延暦寺大衆や多くの公家たちの日蓮宗に対する認識というのは、中世の王法仏法相依《おうほうぶっぽうそうい》にささえられて、戦国時代がおわるまで、いわれなき忌避感に満ちていたこともまた事実であった。しかしながら、そのような認識を実態のほうがはるかに追いこすかたちで現実になっていったところにこそ、この時期の日蓮宗の特徴があるといえよう。

以上のように、本書でみてきたことをあらためてまとめるならば、これまでの研究では手薄であった、天文法華の乱と安土宗論のあいだにあたる時期の歴史をできるだけ具体的にうきぼりにしていくことをとおして、その前後の時期の歴史をとらえ直すとともに、応仁・文明の乱前後、さらにはその前の室町時代の歴史までをみつめ直すことであったといえる。

それがはたして妥当なものであったのかどうかについては、もはや読者の判断にゆだねるほかはないが、ただ、京都というかぎられた地域ではあるものの、ここまで戦国時代の日蓮宗について長々とみてきた以上、あらためてその内容が、いわゆる「戦国仏教」論と関連してどのような意味をもつのかという点についてはふれておく必要があろう。

「戦国仏教」論と関連して

その「戦国仏教」論とは、本書の「はじめに」でもふれたように、日蓮宗や本願寺などを鎌倉仏教（鎌倉新仏教）ではなく、「戦国仏教」としてとらえ直していこうというものである。そして、その動きが、近年、かなり具体的にみられるようになってきている。(4) たとえば、それは、『戦国仏教―中世社会と日蓮宗―』(5) という、そのものずばりの書名の書物が湯浅治久《ゆあさはるひさ》氏によって刊行されたことなどからもあきらかといえよう。

この最新の研究成果である書物では、鎌倉仏教（鎌倉新仏教）としての日蓮宗が、「どのような過程を経て」「社会に浸透してゆくのか」という点について、「一揆」「村や町」「有徳人」「気候や環境」といった「中世社会をめぐる研究成果の接点」と関連づけて論じられている。その視点はおもに宗祖日蓮がうまれた東国社会におかれ、また、東国社会における日蓮宗の歴史にその多くのページがあてられているが、その内容は、京都に視点をおく本書とも共鳴するところが少なくない。

ただ、そのいっぽうで、この書物では、「戦国仏教」としての日蓮宗にどのような特徴があったのかという点については、思いのほかふれられていないように思われる。それは、この書物の主眼が「戦国仏教の誕生」までを論じることにおかれている点とも無関係ではないであろう。また、そもそも「戦国仏教」ということば自体が、どちらかといえば、それだけでひとり歩きしてきたという、これまでのいきさつとも無縁ではない。

したがって、その特徴をのべるにしても、本来であれば、今後の研究の進展を待つ必要があるわけだが、ただ、ここまで本書でみてきたことからだけでも、少しはその特徴を指摘することができそうにも思われる。とすれば、その特徴とはいったい何か、といえば、それはやはり、天文法華の乱において日蓮宗と延暦寺大衆が「合戦」というかたちで直接対決したことでもあきらかなように、あるいはまた、永禄年間に本国寺が門跡をめざしたことでもわかるように、室町時代までであれば考えられもしなかった、社会的地位の上昇という動きだったのではないだろうか。

その結果として、日蓮宗と延暦寺大衆との関係は、かぎりなく並列的、同列的なものへとむかうわけだが、ひるがえって、このような動きを「戦国仏教」の特徴としてみることは、近世仏教のほうからみても、ある程度、的を射ているように思われる。というのも、すでに近世仏教の特徴のひとつとして、「近世の幕藩体制の確立・固定の過程で、仏教の各宗は、はじめて相互に対等で自立的な宗派として、分立した」[6]という点が指摘されているからである。

おそらく、その直接的な端緒となったのが、秀吉の時代、文禄《ぶんろく》四年(一五九五)九月に秀吉の命によって、「新儀にまず、真言衆・天台宗・律僧・五山禅宗・日蓮党・浄土宗・遊行《ゆぎょう》・一向衆」と『言経《ときつね》卿記《きょうき》』九月二十五日条にみえるように、「新儀」の「八宗」(真言宗・天台宗・律宗・禅宗・日蓮宗・浄土宗・時宗・浄土真宗)が一堂に集められてはじめられた京都東山大仏千僧会《ひがしやまだいぶつせんぞうえ》[7]ではないかと考えられるが、当然のことながら、そこにいたるまでの過程というものが必要となろう。

本書では、日蓮宗以外については具体的にみていないので、他宗のことについてはなんともいえないものの、たとえば、公家の一条兼良《いちじょうかねら》が戦国時代にあらわした『樵談治要《しょうだんちよう》』には、「いわゆる八宗は、真言・華厳《けごん》・天台・三論《さんろん》・法相《ほっそう》・倶舎《くしゃ》・成実《じょうじつ》・律宗これなり、ただし、倶舎をば法相につけられ、成実をば三論に兼学するによりて六宗となれり、そののち浄土と禅との二を加うれば、なお八宗と称すべし」[8]とみえることなどからすれば、浄土宗と禅宗については、あるいは、日蓮宗に先行するかたちで社会的地位の上昇をとげていったといえるのかもしれない。

それに対して、日蓮宗の場合は、本書でみてきたようなことが、「新儀」の「八宗」へといたる過程、あるいは道程といえるだろう。そこには、室町時代の日蓮宗とも、また近世、江戸時代の日蓮宗とも大きく異なるようすがみてとれるからである。

よく知られているように、東山大仏千僧会は、秀吉政権によって「国家の祈禱」と「同事」(『妙顕寺文書』)と位置づけられた法会であったが、そのような法会に天台宗や真言宗など顕密仏教とならんで日蓮宗が出仕することなど、おそらく室町時代であれば想像もできなかったであろう。しかしながら、そのような想像もできなかったことが現実になったこともまたまぎれもない事実であり、それが単に秀吉政権という世俗権力の強権によってのみうみだされたものではなく、それを準備する歴史的過程があったと説明できる点にも、「戦国仏教」論の意義があるように思われる。

本書の内容が、そのことを説明していくのに役に立つのかどうかという点についてはさだかではないが、せめてそこへむかうための捨て石のひとつにでもなれればさいわいに思う。

本能寺の変、妙覚寺の変

さて、本書は、「はじめに」において、本能寺の変にかかわる話題から説きおこしたので、「おわりに」においてもまた、本能寺の変にふれてむすぶことにしよう。もっとも、宗門では、本能寺の変については、「本能寺の変」といういいかただけではなく、「妙覚寺《みょうかくじ》の変」といういいかたもすると聞いている。

この「妙覚寺の変」といういいかたはあまり耳なれないものだが、しかしながら、歴史的にみれば、むしろこちらのほうが適当なようにも思われる。「はじめに」でもふれたように、天正十年（一五八二）六月二日に京都でおこった事件とは、本能寺だけでおこったわけではなく、妙覚寺もまた重要な舞台となったからである。

しかも、それが単なる偶然ではなかったことは、先にもふれたように、信長が天正八年（一五八〇）に本能寺をふたたび宿所として定めて以降、これまで寄宿《きしゅく》してきた妙覚寺には、信長の後嗣《こうし》である織田信忠《のぶただ》が寄宿するようになった点からも確認できる。

実際、天正十年のときもまた、五月二十一日に信忠が妙覚寺に入り、その八日後の五月二十九日に信長が本能寺へ入ったことがあきらかとなるからである（『言経卿記』）。事件がおこるのは、そのわずか二日後のことだが、もしこのように信長が本能寺に、そして信忠が妙覚寺にいることがはっきりとしていなければ、明智光秀も襲撃しようとは考えなかったであろう。そのような意味では、本能寺の変、妙覚寺の変は、信長らみずからがまねいたできごとでもあったといえるのかもしれない。

本能寺（「上杉本洛中洛外図屛風」部分・米沢市上杉博物館所蔵）

　それでは、この事件は、寺院の側からみてみるとどのようになるのだろうか。たとえば、事件によって本能寺は焼失したと一般に考えられているが、しかしながら、そのことを具体的に示す史料というのはかならずしも多いとはいえない。実際、もっとも信頼できる史料として知られる『兼見卿記』六月二日条でさえ、「本応《(能)》寺・二条御殿など放火」とみえるだけで、また、同じく同時代史料である公家の勧修《かじゅう》寺《じ》晴豊《はれとよ》の日記『日々記《にちにちき》』同日条でも、「信長いられそうろうところへ明智取りかかり、やき打ち」とみえるだけだからである。

　ここからは、信長と信忠が死んだ本能寺と二条御殿（二条御所、下御所《しもごしょ》）に火がかけられたということはわかるものの、それ以上の事実を読みとることはむずかしい。もっとも、そのいっぽうで、妙覚寺に火がかけられたという史料が一点も残されていないことからすれば、逆に妙覚寺は無傷であったこともうきぼりとなってこよう。それでは、本能寺の被害とはどのようなものだったのだろうか。

信長御屋敷

この点についても、手がかりとなる史料はほとんどといってよいほどに残されていない。が、奈良の興福寺蓮成院《れんじょういん》の記録『蓮成院記録』六月二日条に「御殿へ火をかけ」とみえ、また、秀吉につかえた大村由己《おおむらゆうこ》が記した『惟任退治記《これとうたいじき》』（『惟任謀反記《これとうむほんき》』）にも「御殿にてづから火をかけ」、さらには『信長公記』にも「御殿も焼け落ち」とみえることなどからすれば、信長の居所となっていた「御殿」が焼けたことは確実といえよう。

おそらく、この「御殿」[9]とは、『兼見卿記』天正八年三月十七日条に「信長の御屋敷普請、本応（能）寺」とみえる「御屋敷」にあたるものと考えられるが、その普請が具体的にどのようなものであったのかという点についてもさだかではない。

ただ、『兼見卿記』天正九年（一五八一）二月二十二日に「信長御屋敷」ということばが登場し、また、『信長公記』にも同年二月二十日に信長が「本能寺に至って御座を移させらる」とあることからすれば、おおよそ一年をかけて普請がなされたと考えられよう。

ちなみに、イエズス会宣教師が記した『イエズス会日本年報』には、「信長が都において宿泊する例であり、僧侶をことごとく出し、相当に手を入れた天王寺（本能寺の誤り）と称する僧院」とあり、事件のときには、本能寺の僧侶たちが寺院から退去させられていたと伝えられている。寺院の側からすれば、ゆゆしき事態だが、おそらくこれは事実だろう。というのも、『本能寺文書』には、つぎのような史料が残されているからである。

御屋敷のこと、今度、御墓所となす、ことに当寺旧地たるうえは、返しつかわすの条、寺僧《じそう》前々《さきざき》のごとく還住《げんじゅう》せしめ、法事《ほうじ》勤行《ごんぎょう》懈怠《けたい》あるべからざるものなり、

天正十
七月三日　信孝《（織田）》（花押）
本能寺

これは、羽柴秀吉とともに六月十三日に明智光秀を山崎の戦いでほろぼした織田信孝《のぶたか》の書状である。信孝は信長の子であり、信忠の弟にあたるが、ここからは、その信孝が、戦いからおよそ半月後に本能寺にあった「御屋敷」跡を「御墓所」にし、その跡地をふくめた敷地を本能寺へ返還するとともに、

「寺僧」の「還住」（もとの所へかえり住むこと）と信長の菩提をとむらう「法事」をつとめるよう命じていたことが知られる。

ここで、わざわざ「寺僧」の「還住」ということがふれられている以上、このころにいたってもなお、僧侶たちは本能寺へもどることができていなかったことがわかる。また、これより十日後の七月十三日に秀吉の家臣増田《ました》長盛《ながもり》が本能寺へ出した書状（『本能寺文書』）にも、「寺家衆御還住そうろうようにと御訴訟」とみえるので、本能寺への還住は僧侶たちの「訴訟」（願い）によるものであったことも知られよう。

これらのことから、『イエズス会日本年報』が伝えている内容はおおよそ事実であったことが裏づけられるわけだが、ただし、僧侶たちが退去させられていたのが、信長が最後に「御屋敷」に入った天正十年五月二十九日以降だったのか、あるいはそれ以前だったのかという点についてはさだかではない。

この点、『信長公記』には、「御殿」や「御厩《うまや》」のほかにも「面《おもて》御堂《みどう》」があったとみえ、また、明智勢のひとりとして本能寺に突入したとされる本城《ほんじょう》惣《そう》右《え》衛門《もん》という人物がのちに記した覚書《おぼえがき》（『本城惣右衛門覚書』）にも「だう（堂）」があったとみえるので、本能寺全体が「御屋敷」になっていたわけではなく、寺院としての施設も残されていたと考えられよう。したがって、信長が京都に不在のときは、僧侶たちも居住し、寺院としても機能していたのではないだろうか。

しかし、いずれにしても、本能寺の僧侶たちにとっては、けっして歓迎できるような状況になかったことはまちがいなく、このような点が、単なる寄宿先であった妙覚寺とのあいだの違いとしてあらわれることになったのかもしれない。

秀吉の時代へ

さて、本能寺の変、妙覚寺の変からわずか一年のあいだに京都をめぐる政治情勢は大きく変化をとげることになる。秀吉が天正十一年（一五八三）四月に柴田勝家《しばたかついえ》を賤ヶ岳《しずがたけ》の戦いでやぶり、事実上、信長政権を継承する地位についたからである。それから五ヶ月後の九月のこと、『兼見卿記』九月十一日条には、つぎのような興味深い記事を見いだすことができる。

妙見（顕）寺、筑州（羽柴秀吉）屋敷になる、寺中ことごとく壊《こ》ぼち取るとうんぬん、近日普請これありとうんぬん、

信長をまねてであろうか、ここからは、「筑州《ちくしゅう》」（筑前守《ちくぜんのかみ》、秀吉）もまた、日蓮宗寺院の妙顕寺を「屋敷」にしようとしたことがわかる。しかしながら、そのやりかたはまったく異なるものとなった。なぜなら、秀吉の場合は、妙顕寺を完全に破壊して、そこへ「屋敷」を普請しようとしたことが読みとれるからである。

じつは天正十年七月にも秀吉は、「下京六条《しもぎょうろくじょう》」（本国寺）を「城に拵《こしら》」えようとしたことが『多聞院日記』七月七日条から読みとれるが、実際にどのようになったのかについてまではさだかではない。それに対して、妙顕寺のほうは、それが実施に移されたことが、本願寺の坊官宇野主水《ぼうかんうのもんど》が記した日記『宇野主水日記《うのもんどにっき》』天正十三年（一五八五）七月六日条にみえる、つぎのような記事からあきらかとなろう。

京都には玄以宿所、民部卿法印《みんぶきょうほういん》と号す、三条（二条カ）なり、元妙顕寺という寺なり、それに要害《ようがい》を構え、堀を掘り、天主《てんしゅ》をあげてあり、秀吉御在京のときは、それに御座そうろうなり、常は玄以の宿所なり、

ここにみえる「玄以」とは、秀吉のもと京都の施政をあずかる所司代《しょしだい》としてその名が知られる、いわゆる前田玄以のことを意味する。そして、その「玄以宿所」が、この当時、「元妙顕寺」にあったこともここからはあきらかとなるが、しかし、そこは同時に、「秀吉御在京」のときの宿所でもあった。この「玄以宿所」が、『兼見卿記』にみえる「筑州屋敷《ちくしゅうやしき》」と同じものであることはいうまでもないが、「元妙顕寺」とはいうものの、もはや寺院の面影はなく、「堀」が掘られ、「天主」（天守閣）までそなえられた、文字どおり「要害」（城郭）へと変貌していたことが知られよう。

となれば、妙顕寺は失われてしまったのかといえば、そうではなかった。というのも、『妙顕寺文

書』のなかには、天正十二年（一五八四）九月三日付けで「二条妙顕寺の替地《かえち》として」「東西へ七拾二《しちじゅうに》間半《けんはん》、南北へ百卅三間《ひゃくさんじゅうさんけん》」におよぶ「敷地」を渡すことを伝えた玄以の書状が残されているからである。つまり、妙顕寺は、「替地」への移転を余儀なくされていたのであった。

豊臣秀吉妙顕寺城跡石碑（京都市中京区）

この「替地」に所在しているのが現在の妙顕寺であるが、このように戦国時代の所在地から移転させられた日蓮宗寺院というのは妙顕寺にかぎられたわけではなかった。たとえば、本能寺にも、「天正拾九年新屋敷へ移る」と書かれた史料（『本能寺文書』）が残されており、妙顕寺におくれること七年後の天正十九年（一五九一）に現在地へ移転したことが知られるからである。

残念ながら、妙顕寺や本能寺のように、その移転のことを伝える史料にすべての寺院がめぐまれているとはいいがたいので、その実態については不明な点も少なくない。が、おおよそでいえば、本国寺をのぞいて、ほぼすべての寺院が秀吉の時代に移転を余儀なくされたと考えてよいであろう。

もっとも、移転をまぬがれた本国寺もまた無傷というわけではなかった。というのも、本能寺が現在地へ移転した同じ年の天正十九年閏《うるう》正月、秀吉によって「京都へ引っ越」しを命じられた本願寺の「屋敷」地が、本国寺の所在する「六条」の地にほかならなかったからである。

そのことを示す秀吉の朱印状（『本願寺文書』）には、「本国寺屋敷、南北五十六間、東西百二十七間をあい除く」とあるので、そっくりそのまま敷地すべてを本願寺にとられたわけではなかったようだが、南側の敷地をある程度失うことになったといえよう。

こうしてみるとわかるように、京都の日蓮宗は、世俗権力による寺地の強制移転という、これまでに味わったこともない経験をとおして、戦国時代のおわりと、新しい時代の到来を体感することになる。それでは、このあらたな世俗権力として登場した秀吉政権に対して、京都の日蓮宗はどのように対応していったのだろうか。

興味はつきないが、しかしながら、この問題は、戦国時代をあつかってきた本書の領分をこえたものとなろう。すでに別の機会[10]にその一端についてはふれたことがあるものの、その全般については、あらためてつぎの機会にみることにして、ひとまず本書をしめくくりたいと思う。

（1）辻善之助「法華宗」（『日本仏教史　第五巻　中世篇之四』岩波書店、一九五〇年）、「安土宗論」（『日本仏教史　第七巻　近世篇之一』岩波書店、一九五二年）。
（2）藤井学「法華一揆と町組」（京都市編『京都の歴史　3　近世の胎動』学芸書林、一九六八年）、「日蓮宗徒の活躍」

（京都市編『京都の歴史　4　桃山の開花』学芸書林、一九六九年）。
（3）石田晴男「『天文日記』の音信・贈答・儀礼からみた社会秩序―戦国期畿内の情報と政治社会―」（『歴史学研究』六二七号、一九九一年）。また、大山崎という都市が、「礼物・礼銭による都市防衛を優先する」「非戦都市」へ転換したという指摘も鍛代敏雄氏によってなされている（「一五～一六世紀における地域社会の変動と寺社―都市と交通の「場」をめぐって―」『戦国期の石清水と本願寺―都市と交通の視座―』法藏館、二〇〇八年、初出は二〇〇六年）。
（4）キリスト教をふくめた宗教全体からみたものとしては、神田千里『宗教で読む戦国時代』（講談社選書メチエ、二〇一〇年）、また、思想史の観点からは、大桑斉『戦国期宗教思想史と蓮如』（法藏館、二〇〇六年）、さらには「宗教勢力」という観点からも、安藤弥「戦国期宗教勢力論」（中世後期研究会編『室町・戦国期研究を読みなおす』思文閣出版、二〇〇七年）などがおもなものとしてあげられる。
（5）湯浅治久『戦国仏教―中世社会と日蓮宗―』（中公新書、二〇〇九年）。
（6）黒田俊雄『黒田俊雄著作集　第2巻　顕密体制論』（法藏館、一九九五年、初出は一九七五年）。
（7）河内将芳「京都東山大仏千僧会について―中近世移行期における権力と宗教―」（『中世京都の民衆と社会』思文閣出版、二〇〇〇年、初出は一九九八年）、『秀吉の大仏造立』（法藏館、二〇〇八年）。
（8）大田壮一郎「室町幕府宗教政策論」（注（4）、前掲『室町・戦国期研究を読みなおす』）。
（9）「御殿」については、今谷明「信長の本能寺〝御殿〟について」（今谷明編『王権と都市』思文閣出版、二〇〇八年）参照。
（10）河内将芳『中世京都の都市と宗教』（思文閣出版、二〇〇六年）、注（7）、前掲『秀吉の大仏造立』参照）。

京都における日蓮宗年表

西暦	元号	月	事項	室町将軍	天皇	日蓮宗関連以外のおもな事項
一二九四	永仁二	四（二月とも）	日像、入洛する		伏見 後伏見	
一三〇七	徳治二	五	日像、京都を追われると伝わる（三黜の第一）		後二条	
一三〇九	延慶二	七 八	日像、伝授状を大覚へつかわす 日像、ゆるされると伝わる（三赦の第一）		花園	
一三一〇	三	三	日像、京都を追われると伝わる（三黜の第二）			
一三一一	四	三	日像、ゆるされると伝わる（三赦の第二）			
一三一三	正和二		大覚、日像と出会うと伝わる			
一三二一	元亨元	一〇 一一	日像、京都を追われると伝わる（三黜の第三） 日像、ゆるされると伝わる（三赦の第三）		後醍醐	
一三三一	元弘元				光厳	八月、元弘の変
一三三三	三	五	妙顕寺に大塔宮令旨がつかわされると伝わる			五月、鎌倉幕府滅亡 六月、後醍醐天皇、帰洛
一三三四	建武元	四	日像に妙顕寺を勅願寺とみとめる後醍醐天皇綸旨がつかわされる 日像、授与状を大覚へつかわす		後醍醐	
一三三六	三（延元元）	八	法華寺（妙顕寺）、足利直義によって将軍家祈禱所とみとめられる			五月、湊川の戦い
一三三八	暦応元（延元三）		この間、大覚、備前・備中・備後に滞在する		光明	八月、足利尊氏、将軍任官
一三四二	康永元（興国三）	一一	日像、没す			

一三五一	正平六			一一月、正平一統
一三五二	七	二	法華堂(妙顕寺)破却の延暦寺西塔集会事書が出される	閏二月、仏光寺破却の延暦寺集会事書が出される
			このころ、大覚、祈雨の祈禱をおこなう	
一三五八	延文三(正平一三)	七	大覚に後光厳天皇綸旨がつかわされる	
一三六四	貞治三(正平一九)	四	大覚、没す	
一三八七	嘉慶元(元中四)	八	四条櫛笥の敷地の知行を認める後小松天皇綸旨が出される	
			この年か、四条大宮妙顕寺が破却される	
一三九二	明徳三			閏一〇月、南北朝合体
一三九三	四	七	足利義満により妙本寺敷地(三条坊門堀川)の知行がみとめられる	
一三九八	応永五	八	妙本寺に足利義満が渡御する	
一四一三	二〇	五	月明、権僧正に任じられる	
		六	山門嗷訴により三条坊門堀川法華堂(妙本寺)が破却される	
一四一四	二一	七	四条法華堂が破却される	
一四四一	嘉吉元			六月、足利義教暗殺(嘉吉の乱) 八月、嘉吉の徳政一揆

将軍	尊氏	義詮	義満	義持	義量		義教		義勝

北朝	崇光	後光厳	後円融	後小松	称光	後花園
南朝	後村上	長慶	後亀山			

西暦	和暦	月	事項	将軍	天皇	一般事項
一四六五	寛正六	一二	延暦寺楞厳院閉籠衆による日蓮宗寺院破却の動きが阻止される	義政	後土御門	正月、本願寺、延暦寺西塔勅願不断経衆により破却される(寛正の法難)
一四六六	七	二	寛正の盟約がむすばれる			
一四六七	文正二 応仁元					正月、応仁・文明の乱勃発 三月、本願寺、延暦寺西塔の末寺となる
一四六九	文明元	七・八	延暦寺楞厳院閉籠衆による日蓮宗寺院破却の動きがふたたび阻止される			
一四七七	九	二	妙蓮寺日応、権僧正に任じられる			一一月、応仁・文明の乱終結
一四八一	一三	三	妙蓮寺に足利義政・日野富子夫妻が渡御する	義尚		
一四八四	一六	二	近衛房嗣、本満寺で談義を聴聞する			
一四九三	明応二	五	細川・赤松両氏の喧嘩により妙満寺焼失する、そのさい、檀那衆が防戦に加わる	義稙		四月、明応の政変
一四九四	三	一〇	日蓮忌日に京中の檀徒が各本山へ参詣する	義澄		
一四九六	五	三	近衛政家の娘奥御所、本満寺で没する			
		八	後土御門天皇、二条尚基の日蓮宗帰依を諌める			
		六	妙覚寺と妙蓮寺のあいだで問答がおこなわれ、それを機に合戦もおこる			
		七	延暦寺政所集会事書が出される			
		一一	近衛政家の姉瑞光院、本満寺で没する			
一五〇〇	九	一二	近衛政家の姉端御所、本満寺で没する			六月、祇園会再興

一五〇一	十	正	鷹司政平息、妙本寺で出家する		後柏原	
	文亀元	五	本国寺と浄土宗の宗論がおこなわれる			
			細川政元、本国寺をおとずれる、そのさい、受法したとのうわさも流れる			
一五〇三	三	三	本国寺日了、権僧正に任じられる(口宣案の日付は三月九日)			
		一一	立本寺日禘、権僧正に任じられる(口宣案の日付は三月九日)			
一五〇七	永正四					六月、細川政元暗殺
一五〇八	五	九	妙蓮寺日応、没す	義稙		
一五二二	大永二	一〇	妙顕寺日芳、大僧正に任じられる	義晴		
一五二四	四	七	延暦寺大講堂集会事書が出される			
一五二七	七				後奈良	二月、細川高国勢、桂川において細川晴元勢にやぶれる
一五三一	享禄四					六月、細川高国敗死
一五三二	五					六月、三好元長、一向一揆により攻めほろぼされる
	天文元	八	細川晴元の要請により法華一揆が立ちあがる			
			法華一揆・六角氏の軍勢、山科本願寺を攻めほろぼす			
一五三三	二	二	衆会の衆・法華一揆、放火犯を逮捕・処刑する			六月、祇園会停止に対して、下京六十六町の月行事らが訴えをおこなう
		四	法華一揆、大坂本願寺攻めのため京都を発つ			
		六	大坂本願寺との和睦がなり、法華一揆が帰京する			
一五三七	五	二	「松本問答」がおこる			

		六	延暦寺三院集会事書が出される		後奈良	七月、天文法華の乱により下京全焼、上京も三分の一焼失
		七	法華一揆と延暦寺との合戦がはじまる			九月、細川晴元上洛
			六角氏の軍勢により下京が攻撃され、法華一揆の敗北が決定的となる(天文法華の乱)			
		閏一〇	日蓮宗の再興を停止する細川晴元定書が出される			
一五三八	七	九	延暦寺三院、日蓮宗寺院の跡地についての決着を幕府にもとめる			
一五四一	一〇	八	妙蓮寺に寄宿停止の奉書が出される			
一五四二	一一	一一	日蓮宗寺院の京都還住をみとめる後奈良天皇綸旨が出される			
一五四三	一二	閏三	本能寺に寄宿免除の奉書が出される			
一五四五	一四	八	本能寺、六角と四条坊門油小路西洞院の土地を買得、移転をうかがう			
一五四六	一五		延暦寺より日蓮宗寺院に対して末寺となるようにとの要求がつきつけられる			
一五四七	一六	六	六角氏を仲介者とした調停が決着、日蓮宗の京都還住がみとめられる	義輝		
一五五八	永禄元	一二	足利義輝、二条法華堂本覚寺(妙覚寺)を仮御所とする			
一五五九	二					二月、織田信長上洛
						一二月、本願寺、門跡となる
一五六〇	三					五月、桶狭間の戦い
一五六一	四	卯	諸寺代、六角氏へ音問を贈る			
		七	六角氏による「法華宗払い」のうわさが流れる			
		一二	三好実休、日珖より受法する			
一五六二	五					三月、三好実休戦死
一五六三	六					八月、三好義興病死
						一〇月、観音寺騒動

西暦	和暦	月	事項	将軍	天皇	一般事項
一五六四	七	閏一二	本国寺の門跡成がめざされるも、延暦寺三院により阻止される		正親町	七月、三好長慶、没する
一五六五	八	八	永禄の規約(盟約)がむすばれる このころ、江村専斎うまれる			五月、足利義輝暗殺
一五六八	一一	六 一〇	要法寺で会合がもたれる、このころ「諸寺」(会合)が成立か 足利義昭、本国寺に御座を移す 足利義昭、本能寺に御座を移す	義栄		九月、織田信長・足利義昭上洛
一五六九	一二	正 四	三好三人衆、足利義昭宿所本国寺を攻撃する 織田信長、妙覚寺を宿所とする	義昭		四月、足利義昭、「武家御城」(旧二条城)に入る
一五七〇	元亀元	八 一二	織田信長、本能寺を宿所とする 織田信長、本能寺を定宿と定める条々を出す			
一五七一	二	九	織田信長、妙覚寺を宿所とする(以降、定宿となる)			九月、延暦寺焼き討ち
一五七三	四	四 六 七	上京焼き討ちにともない頂妙寺が焼失する 『下京中出入之帳』に妙覚寺・本能寺・立本寺・要法寺・妙伝寺・妙泉寺の名がみえる 新在家絹屋町の建設がはじまる			四月、上京焼き討ち 七月、足利義昭、京都を追われる
一五七四	天正二	三	頂妙寺再建がはじまる			

西暦	和暦	月	事項	天皇	一般事項
一五七五	三	八	天正の盟約がむすばれる	正親町	一一月、織田信長、権大納言・右近衛大将に任じられる
一五七六	四	一〇	諸寺勧進(天正四年の洛中勧進)がおこなわれる		二月、安土築城開始
一五七七	五	二	諸勧進停止の村井貞勝折紙が出される		一〇月、松永久秀、信貴山城で自害
一五七九	七	五	安土宗論がおこる		
			日門・大脇伝介が殺害される		
			金子二百枚が会合に課せられる		
		一〇	堺勧進がはじまる		
一五八〇	八	三	織田信長、本能寺に御座所普請をはじめる		閏三月、本願寺、大坂退去
一五八二	一〇	五	織田信忠、妙覚寺に入る		
			織田信長、本能寺に入る		
		六	明智光秀、織田信長を本能寺で攻めほろぼし(本能寺の変)、ついで妙覚寺の織田信忠を二条御所で攻めほろぼす(妙覚寺の変)		六月、山崎の戦い
		七	織田信孝、本能寺屋敷を墓所とする旨の書状を出す		
			羽柴秀吉、本国寺を城にしようとする		
一五八三	一一	九	羽柴秀吉、妙顕寺を城にする		四月、賤ヶ岳の戦い
一五八四	一二	九	妙顕寺に替地が羽柴秀吉よりあたえられる		
一五八五	一三				七月、羽柴秀吉関白任官
一五九一	一九		本能寺、新屋敷へ移転する	後陽成	閏正月、豊臣秀吉の命により本願寺が本国寺の南側に移転させられる

あとがき

二〇〇九年（平成二十一年）は、『立正安国論』奏進七百五十年の年にあたり、それを記念して京都国立博物館において特別展覧会『日蓮と法華の名宝』が開催された。そのおり、同博物館の大原嘉豊氏よりお声をおかけいただいて、伝統ある土曜講座（十月三十一日、於　京都女子大学）で「天文法華の乱と戦国京都」と題するお話をさせていただいた。多数の方々が熱心に耳をかたむけていただいたことを今でもよく覚えているが、そのなかに淡交社の安井善徳氏や『秀吉の大仏造立』でお世話になった法藏館の田中夕子氏のすがたもみられた。

今回、本書がそのうちのひとり安井氏の尽力で日の目をみることになったのは、まさに土曜講座のご縁以外のなにものでもない。土曜講座へお声をおかけいただいた大原氏、また、著者の名を候補にあげていただいたと後日うかがうことになった中尾堯先生にあらためて感謝申しあげたいと思う。

じつは、これより少しまえの二〇〇八年（平成二十年）より日蓮宗京都府第一部教化センターの事務長をされている山下義孝師らのお声かけで、日蓮宗京都府第一部宗務所（頂妙寺内）において三ヶ月に一回ほどのペースで法華塾「中世京都の宗教と文化を学ぶ」と題して、錚々たる僧侶のみなさんのまえでお話する機会を得ていた。

さいわいにもそれは現在もつづいているが、ここでもまた、著者のつたない話を熱心にお聞きいただいたうえ、さまざまなことをお教えいただく、著者にとっては貴重な勉強の場となっている。本書を刊行しようと考えたのは、そのことに対して少しでもご恩返しができないかということがあったのだが、例により、読みにくい文章ばかりを羅列してしまい、ご恩返しになるどころか、みずからの未熟さをあらためて痛感することとなった。もう少し修行を重ねて、将来、もっとわかりやすいものが書けるようになることを誓って、少しばかりのご恩返しにかえさせていただきたいと思う。

さて、日蓮宗・法華宗の歴史に著者がはじめてふれたのは、学部時代に藤井学先生にくっついて本能寺の古文書調査のお手伝いをさせていただいたときにまでさかのぼる。結局は何のお手伝いにもならなかったが、ご一緒させていただいた安国良一先生や波多野郁夫先生、さらには上田純一先生らの手によってその調査の成果が思文閣出版より『本能寺史料』全六巻として刊行されたことは、調査のようすを多少なりとも知るものにとってたいへん感慨深く思う。とともに、天野忠幸氏ら気鋭の研究者たちにも大いに活用されていることをまのあたりにして、藤井先生もきっとおよろこびになられているのではないかと考える。

いっぽう、大学院時代にお世話になり、現在もなおお世話になりつづけている下坂守先生は、いうまでもなく中世延暦寺研究の第一人者でいらっしゃるが、おりにふれお聞きすることのできた最新の延暦寺研究の成果が、中世京都における日蓮宗・法華宗の位置づけを考えるのに、どれほど有意義であったのかは、ことばではとうていいいあらわせない。もし、先生のお話を直にお聞きする機会がなかったなら、本書のような視点で日蓮宗・法華宗の歴史をみることなどおそらくできなかったであろう。本書に、もし少しでも新味があるとするならば、それはこのような視点をのぞいて何ひとつとしてないように思われる。

いずれにしても、このように、本書もまた、多くの方々とのご縁によってかたちをなすことができたわけだが、おりしも本年二〇一三年（平成二十五年）は、「大覚大僧正六百五十遠忌」という記念すべき年にあたる。とともに、「日隆聖人五百五十遠忌」、「日什大正師生誕七百年」にもあたり、日蓮宗・法華宗にとって特別な年といえる。そのような年に本書を刊行できるのは、仏縁以外のなにものでもない。宗門の人間ではまったくない著者のようなものが、さまざまなご縁にみちびかれて本書を公にできるしあわせにあらためて感謝することで、あとがきとしたいと思う。

平成二十五年四月三日

河内　将芳

＊史料の閲覧に便宜をはかっていただいた関係諸機関に厚く御礼申しあげる。とりわけ、「妙顕寺文書」についてお世話いただいた妙顕寺執事長の清田学英師に対して記して感謝申しあげたいと思う。

◆索引

◆ 著者略歴

河内 将芳（かわうち・まさよし）

1963年、大阪府生まれ。奈良大学文学部史学科教授。京都府立大学文学部文学科を卒業後、甲南高等学校・中学校教諭。その間に京都大学大学院人間・環境学研究科博士課程修了、京都大学博士（人間・環境学）。京都造形芸術大学芸術学部歴史遺産学科准教授を経て、現職。日本中世史専攻。中世後期の都市社会史を中心に研究を進めている。主な著書に、『祇園祭の中世―室町・戦国期を中心に―』（思文閣出版・2012年）、『信長が見た戦国京都―城塞に囲まれた異貌の都―』（洋泉社歴史新書y・2010年）、『秀吉の大仏造立』（法藏館・2008年）、『祇園祭と戦国京都』（角川叢書・2007年）などがある。

日蓮宗と戦国京都

平成二十五年七月二十五日　初版発行

著　者　河内 将芳
発行者　納屋 嘉人
発行所　株式会社　淡交社
本社　〒六〇三-八五八八　京都市北区堀川通鞍馬口上ル
営業　(〇七五)四三二-五一五一
編集　(〇七五)四三二-五一六一
支社　〒一六二-〇〇六一　東京都新宿区市谷柳町三九-一
営業　(〇三)五二六九-七九四一
編集　(〇三)五二六九-一六九一
http://www.tankosha.co.jp
印刷・製本　図書印刷株式会社
装　幀　上野 かおる(鷺草デザイン事務所)

ISBN978-4-473-03882-1